Su woar´sch – So war es

Su woar´sch – So war es

Heiteres und Besinnliches aus der Nachkriegszeit

von Marlit Hoffmann

In Mundart geschrieben und ins Hochdeutsche „übersetzt“, damit jeder Leser die liebenswerten Episoden auch verstehen kann.

2. Auflage 1998
1. Auflage 1996
Landwirtschaftsverlag Hessen GmbH
Postfach 1329, 61364 Friedrichsdorf
Umschlagfotos und Illustrationen: Marlit Hoffmann
Umschlaggestaltung: Sabine Theis
Gestaltung: Helmut Ruppert
Druck: Fischer Druck + Verlag, Wolfenbüttel

ISBN 3-87337-005-0

Inhaltsverzeichnis

Alltagsleben

Dorfleben

Feiern im Jahresrhythmus

Vorwort

Die meisten Bewohner hessischer Dörfer lebten über Generationen nur von der Landwirtschaft und hatten wegen der damit verbundenen Arbeit und mangelnder Verkehrsmittel nur wenig Zeit für enge Kontakte zu Nachbardörfern oder Städten.

Da durch die Realteilung in vielen Gegenden die Ländereien im Erbfall auseinandergerissen wurden, waren „Äcker-Hochzeiten" durchaus üblich, um benachbarte Felder und Wiesen zusammenlegen zu können und damit rentabler zu machen.

In den Kriegswirren kamen viele Fremde in die Dörfer. Im Zeichen allgemeinen Umbruchs und der zunehmenden Mechanisierung der Landwirtschaft suchten viele Dorfbewohner in naheliegenden Städten Arbeit.

In dieser unruhigen, von großen Umwälzungen geprägten Zeit veränderte sich auch die früher von Dorf zu Nachbardorf deutlich verschiedene Mundart, die ja - wie auch das Hochdeutsche - eine lebende Sprache ist.

Mundart ist durch einen oft vom Hochdeutschen abweichenden recht einfachen Wortschatz geprägt und folgt mitunter eigenen grammatikalischen Regeln. Sätze, die durch das Wort und (en und un) eingeleitet und endlos aneinandergereiht sind, machen deutlich, daß Mundart keine Schreibsprache ist, sondern die Schriftform lediglich ein Festhalten erzählter Begebenheiten.

Auffallend dabei ist die häufige Verwendung von Hilfszeitwörtern, die meist in Verbindung zum Verb oder teilweise als Vollverb genutzt werden.

z.B. „he dät mitbringe" statt „er brachte mit"

„do där aich laafe" statt „da lief ich"

Ebenso ungewohnt ist die gern ausgesprochene doppelte Verneinung, die in Mundart eine verstärkte Verneinung, im Hochdeutschen dagegen stets eine Bejahung bedeutet.

z.B. „es dofft koa Bodder net gemoacht wern" statt „es durfte nicht gebuttert werden" oder „man durfte nicht buttern"

Deshalb ist es sehr schwer, Mundart ins Hochdeutsche zu „übersetzen". Will man den Mundarttext wörtlich wiedergeben, leidet das hochdeutsche Sprachgefühl.

Formuliert man die Sätze in gefälliges Hochdeutsch um, gehen Einfachheit und Direktheit der Mundart verloren, die ja im Mittelpunkt dieser Nachkriegsepisoden steht und das eigentliche Buch ausmacht.

Die „Übersetzung" ins Hochdeutsche soll nur eine Hilfe sein, eine Möglichkeit, nicht verstandene Satzteile in der gewohnten Sprache nachlesen zu können. Der Reiz dieser Geschichten liegt aber eindeutig in der Mundart, deren Erhaltung dieses Buch gewidmet ist.

Ich habe versucht, in kurzen ernsten oder heiteren Episoden ein wenig Zeitgeschichte festzuhalten. Trotzdem soll und kann dies Buch kein Geschichtswerk sein, sondern nur aufzeigen, mit welchen Augen und welchen Gefühlen ein Kind diese schlimme, oft von bitterer Not geprägte Kriegs- und Nachkriegszeit erlebt und verarbeitet hat.

Mit Rücksicht auf noch lebende Angehörige sind die Personennamen im Buch geändert.

Mein Dank gilt vor allem meinem Mann für die großartige unermüdliche Unterstützung, sowie der Leitung des Heimatmuseums Aßlar-Werdorf für die Erlaubnis, zu fotografieren.

Marlit Hoffmann

Biographische Notiz

Die Autorin Marlit Hoffmann, geboren im Kriegsjahr 1941, zog wegen eines Bombenschadens mit den Eltern und drei Geschwistern notgedrungen in die Wildnis außerhalb eines kleinen Bauerndorfes am Fuße des Westerwaldes.

Noch heute wohnt die Autorin mit ihrer Familie in der inzwischen etwas geordneteren Wildnis und betreibt eine kleine, sehr erfolgreiche Pferdezucht mit irischen Connemaraponys.

Sie ist als freie Mitarbeiterin für einige Pferdezeitschriften tätig, schreibt Pferde-Sachbücher, die bereits in mehreren Sprachen übersetzt wurden und illustriert Bücher.

Meine Familie

Einleitung

Bis fast ans Ende des letzten Krieges war das Haus, in dem wir wohnten, verschont geblieben. In den letzten Tagen ist es dann doch passiert, und wir sind bombardiert worden.

Weil man in einem zerstörten Haus nicht wohnen bleiben konnte, sind wir aufs Land gezogen. Es wollte ja niemand eine Familie mit vier lebhaften Kindern aufnehmen, außerdem glaubten wir, auf dem Land besser über die Hungerjahre hinwegzukommen. Unser Vater, ein Beamter, hatte ein kleines Stück Wildnis geerbt und darauf ein Nothaus errichtet, so daß wir ein Dach über dem Kopf hatten und nicht zu frieren brauchten. Nun hatten wir Platz genug für Beamtenkühe, wie man die Ziegen auch nannte, Hühner und allerlei anderes Getier, und Ödland, welches wir mit viel Mühe zum Garten umgestaltet haben. Obwohl unsere Eltern auch vom Land kamen, haben sie mit uns Kindern nur „Hochdeutsch" gesprochen, damit wir am Gymnasium keine Schwierigkeiten hatten.

Als wir aufs Land zogen, haben wir Kinder ganz schnell „Platt" sprechen gelernt, damit wir nicht als Außenseiter oder Angeber angesehen wurden.

Ich bin im Dorf eingeschult worden, habe bald viele Freunde gefunden und kann deshalb die Dorfsprache besser als meine Geschwister, die damals schon das Gymnasium in der Stadt besuchten. Heute wird auch im Dorf nur noch „Hochdeutsch" gesprochen. Und wenn die Alten nicht mit ihren Enkelkindern üben, geht die wunderschöne Landsprache verloren, und das wäre wirklich schade.

Um den schönen Dialekt zu erhalten und auch, um den Kindern einmal zu erzählen, wie unsere Jugendzeit aussah, habe ich ein paar Alltagsgeschichten aufgeschrieben. Und damit man alles noch besser verstehen kann, habe ich auch ein paar Bildchen dazu gezeichnet und Fotos beigefügt.

Die heutige Jugend mag diese Geschichten kaum glauben, wo man doch jetzt alles so leicht kaufen kann und Überfluß herrscht. Daß wir aber trotz der Armut glücklich waren, das will ich mit diesen Geschichten beweisen, die alle wahr und wahrhaftig sind. Meine Eltern leben leider nicht mehr, aber Sie können meine Geschwister gerne danach fragen.

Mei Familje

Enleiring

Bis bal om En vom letzte Kriech woar doas Haus, wu mir wohnte, verschunt gebliwwe. En de letzte Doache eres doann doch bassiert, un mir sei bombardiert woarn. En weil mer enem gebotte Haus net wohne bleiwe konnt, do seimer offs Loand gezooche, weil jo niemoand e Familje mit vejer lebhafte Kenn offnemme wollt, en weil mir glaabte, offm Loand besser üwwer dej Hungerjoahrn drüwwerzekomme.

Us Voadder, en Beoamte, hatt e kloa Stückche Wildnis geerbt en dodroff e Nuthaus gestellt, su doaß mir e Dach üwwerm Kopp harre en net friern mußte. En mir harre jetzt genung Platz für Beoamtekeuh, wej mer dej Gaaße aach nennt, un Hinkel en allerlei oanner Gedejersch, un Ödloand, doas mer en grußer Meuh zoum Goarde gemoacht hu.

Obwohl us Ellern aach vom Loand koome, hu se mit ihre Kenn nur Hochdeutsch geschwätzt, domit doaß mir em Gimnasium koa Schwierichkeire net krooche. Wej mir offs Loand zooche, hu mir Kenn goanz schnell Platt schwätze gelernt, domit mer net als Ogewwer owwer Außeseirer gilt. En aich sei em Doff engeschult woarn en hu bal ville Freunde gefonne en koann deshalb vill besser dej Doffsproch, als wej mei Geschwister, dej domols schu off dej Hug Schul en die Stoadt ginge.

Heut wird aach em Doff nur noch Hochdeutsch geschwätzt. En wenn dej Aale net mit de Enkelcher üwe, gitt dej wunnerschie Loandsproch verlorn, en es wär wirklich schoad drim.

Im de schiene Dialekt ze erhaale en aach, im de Kenn emol ze verzähle, wej us Juchendzeit ausgeseh hot, hu aich e poar Alldoachsgeschichte offgeschriwwe. En domit mer alles besser verstieh koann, hu aich e poar Bildcher dezou gemolt en Fotos debeigedo.

Dej heutich Juchend koann dej Geschichte kaum glawe, wu mer doch alleweil alles su leicht kaafe koann en Üwwerfluß es. Doaß mir trotz de Oarmut glücklich woarn, doas will aich mit dene Geschichte beweise, dej all wohr en wahrhaftich sei. Mei Ellern lewe leirer naut mieh, owwer Ihr könnt mei Geschwister gern denooch freje.

Unsere Eltern

Vater

Als ich geboren wurde, war mein Vater im Krieg und konnte nicht nach Hause kommen, um sein Nesthäkchen zu sehen. Als er dann endlich Heimaturlaub bekam, konnte ich schon laufen. Meine Mutter und die Geschwister haben mir immer wieder vom Vater erzählt, damit ich mich freuen sollte und keine Angst vor ihm hatte. Und ich habe den ganzen Tag „der Vater kommt, der Vater kommt" gerufen und das auch jedem erzählt, der zur Tür hereinkam. Sogar dem fremden, stoppelbärtigen Mann, der so gefährlich aussah in seiner Uniform, habe ich erzählt, daß heute mein Vater kommt.

Als er mich glücklich hochhob, drückte und küßte, da habe ich fürchterlich geschrien und um mich geschlagen, bis er mich losließ, und bin weggelaufen. Mutter und Geschwister, die dabeistanden, haben mir immer wieder bestätigt: „Ei, das ist doch dein Vater, von dem wir dir erzählt haben. Den wolltest du doch drücken und ihm Küßchen geben!" Aber ich wollte noch tagelang nichts von dem fremden Mann wissen, und es hat lange gedauert, bis ich auf seinem Schoß saß und seinen Erzählungen zuhörte. Bald hatte ich ihn richtig liebgewonnen, weil er so gut schmusen konnte und schöne Geschichten wußte. Und ich habe mit der Mutter und den Geschwistern geweint, als er wieder in den Krieg mußte.

Er kam öfter für ein paar Tage nach Hause, aber ich hatte immer ein wenig Angst vor ihm, weil er für so ein kleines Mädchen stets aufs Neue fremd war.

Als der schreckliche Krieg vorbei war, kam unser Vater schwer krank nach Hause und lag lange im Lazarett, wo keine kleinen Kinder hindurften.

Bis er endlich daheim war, war er wieder so fremd, weil er eingefallene Backen hatte, die Augen tief im Kopf lagen und er keine Uniform mehr trug. Er saß auf seinem Stuhl und sprach fast überhaupt nichts mehr. Unsere Mutter redete ihm immer wieder gut zu, daß er den Kopf nicht hängen lassen solle, er würde bestimmt Arbeit finden, wenn er erst wieder gesund wäre. Schließlich hätten andere Männer, die Uniform getragen hatten, auch alle ihre Arbeit verloren.

Und wirklich, bald konnte er zum Landratsamt und war glücklich, daß er wieder in seinem alten Beruf arbeiten konnte, auch wenn er wegen der Uniform noch einmal ganz von unten anfangen mußte, wo er doch schon Inspektor war.

Us Ellern

De Voadder

Wej aich geborn woar, do woar de Voadder em Kriech en konnt net hoamkomme, im sei Nesthäkche ze seh. Wej e doann endlich mol Heimaturlab krooch, do woar aich schu e „Läferche". Mei Modder en dej Geschwister hu mir als en als vom Voadder verzählt, domit doar aich maich freue sollt en koa Ingst vierem krooch. En aich hu de goanze Doach „de Babbe kimmt, de Babbe kimmt!" geruffe, un doas aach jedem verzählt, der de Dier erennkoom. Segoar dem fremde, stoppelbärtiche Moann, der su gefährlich aussoach en seiner Uniform, hu aich gesaat, doaß heut mei Babbe kimmt.

En wej e maich glücklich huchhewe en drücke en küsse dät, do hu aich fürchterlich gekrische en im maich geschlo bire maich luslejs, en sei eweggelaafe. En dej Modder en Geschwister, dej debei stoanne, hu als en als gesaat: „Ei, doas es doch de Babbe, wu mir vo verzählt hu, en du wollsten doch drücke en Küßchen gewwe!"

Owwer aich wollt noch doacheloang naut vo dem fremde Moann wisse, en es hott loang gedauert, bir aich off seim Schuuß saß en seine Geschichte zouhörrt. En bal harr aich en richtich gern, weile su schie schmuse dät en feine Geschichte wußt. En aich hu mit de Modder en de Geschwister geheult, weje werrer en de Kriech mußt.

E koom immer mol für e poar Doache hoam, en aich hatt als e bißche Ingst vierem, weile für su e kloa Maadche wej maich immer werrer fremd woar.

Unser Vater konnte immer nur wenige Tage Zuhause sein.

En wej de bies Kriech verbei woar, do koom us Voadder schwer kroank hoam en loach em Lazarett, wu jo koa kloane Kenn net hiedoffte. En wej e endlich dehoam woar, do woare werrer su fremd, weile engefallene Backe hatt, dej Aache dejf em Kopp loache ene koa Uniform mieh ohatt. E saß als offm Stouhl en dät fast naut schwätze. En us Modder dät em als gout zourede, doare de

Unser Vater war sehr ehrgeizig und so fleißig, daß er den Spitznamen „Hennecke“ bekam. (*)

Er brachte Akten mit nach Hause, um nach Feierabend weiterzuarbeiten, absolvierte einen Lehrgang nach dem anderen und konnte sich so in seine Arbeit vertiefen, daß er uns Kinder nicht hörte, wenn wir uns laut unterhielten und beim Herumlaufen die Türen geräuschvoll zuschlugen.

Er hat eine Reihe von Prüfungen bestanden, stieg die Karriereleiter hoch und konnte sich endlich seinen Traum erfüllen, alle Kinder aufs Gymnasium zu schicken, wofür damals noch Schulgeld bezahlt werden mußte.

Die Bauern im Dorf haben die Köpfe geschüttelt, haben uns Faulenzer und ähnlich genannt, weil wir keine Landwirtschaft hatten und keine Lehre absolvierten, sondern „nur“ zum Gymnasium gingen, ohne Geld zu verdienen.

Aber unser Vater betonte stets, daß nicht die Landwirtschaft, sondern die Schulbildung „Zukunft“ hätte, auch wenn wir jetzt immer mit Geld knapp wären und uns nichts leisten konnten. Nicht nur Schulgeld war zu bezahlen, es fuhr auch kein Schulbus, die Bahnfahrkarten waren teuer und niemand gab Zuschüsse.

Wie unsere Eltern das genau geschafft haben, alle vier Kinder, auch uns Mädchen, zum Gymnasium zu schicken und vom kleinen Beamtengehalt eine sechsköpfige Familie durchzubringen, ist uns noch heute ein Rätsel. Wir sind den Eltern sehr dankbar, daß sie wegen uns auf vieles verzichtet haben, damit wir alle einen angesehenen Beruf erlernen konnten.

Damals wurden wir ausgelacht, weil wir immer nur zur Schule gingen. Heute versuchen alle Eltern, ihre Kinder möglichst studieren zu lassen oder wenigstens durchs Gymnasium zu bringen.

Damals hatte unser Vater mittwochs mittags frei, mußte dafür aber den Samstagvormittag noch aufs Amt und hatte eine 48-Stunden-Woche. Und weil er sich stets Arbeit mitbrachte oder Lehrgänge besuchte, hatte er gar nicht viel Zeit für seine Familie.

Er war überhaupt ein ernster Mann, der nur so wenig Witze erzählen konnte, daß wir sie numeriert hatten. Wenn der Vater mal einen Witz anfing, riefen wir Kinder schnell: „Nummer 7“, fingen auch sofort an zu lachen, und er brauchte ihn gar nicht mehr weiter zu erzählen. Interessanter waren seine Geschichten vom Zwiebelbart, dem Dilldapch, dem Rehbockshasen und der Rabdigall, lauter Fantasiegestalten wie der bayerische Wolpertinger.

Und seine Arbeit hielt ihn so gefangen, daß er sich sogar Akten mitbringen ließ, wenn er mal krank war.

Kopp net hängelorre sollt, e dät sicher werrer Erwet fenne, wenne nur bal mol werrer gesond wär. Schließlich härre oannern Männer, dej e Uniform gedraat harre, aach all ihr Erwet verlorn.

En wirklich, e koom bal offs Loandroatsoamt, ene woar glücklich, doare werrer ein seim aale Beruf erwe konnt, aach wenne weje de Uniform noch emol goanz vo onne ofoange mußt, wue doch schu Inspekter woar.

Us Voadder woar ogg ehrgeizich en su fleißich, doare de Spitznoome „Hennecke" (*) krooch. E brooch Akte mit hoam, im nooch Feierowend weirerzeerwe en moach oan Liehrgoang noochem oannern, ene konnt sich su en sei Erwet verdejfe, doare us Kenn net gehörrt hot, aach wemmer ogg laut erimmkrische, als ren en raus lejfe en debei dej Diern zougeschlo hu.

Ene hot e Reih Prüfunge gemoacht en es bal dej Karrierelader enoffgestije en konnt sich sein Droam erfülle, all sei Kenn off die Hug Schul ze schikke, wus doch Schulgeld koste dät. Dej Bauerschleu em Doff hu de Kopp geschüllt, hu us Faulenzer en noch su e poar oannern schiene Wörter genoannt, weil mir koa Loandwirtschaft harre en aach koa Liehr gemoacht hu, sonnern nur off dej Hug Schul ginge en koa Geld verdejne däre. Owwer us Voadder saat immer, doaß net die Loandwirtschaft, sonnern die Schulbildung Zukunft hätt, aach wemmer alleweil immer ogg knapp mirm Geld woarn en us naut leiste konnte. Net nur Schulgeld mußt bezoahlt wern; es fuhr aach koan Schulbus, en dej Foahrkoarte woarn deuer, en niemoand gobb Zouschüss dezou.

Wej us Ellern doas genaa geschafft hu, alle Kenn, aach dej Maarercher, ens Gimnasium ze schicke, en vom kloane Beoamtegehalt e sechsköppich Familje dorchzebringe, es us Kenn noch heut e Rätsel. Owwer mir sei use Ellern ogg doankboar, doaß se weje us off villes verzicht hu, domit doaß mir all en gescheute Beruf lerne konnte. Domols woarde mir ausgelacht, weil mir immer off die Hug Schul ginge. Heut versuche alle Ellern, ihre Kenn möchlichst sturiern ze lorre owwer wenichstens dorchs Gimnasium ze bringe.

Domols hat us Voadder Mittwochs-Middoachs frei, dofür mußte owwer aach den halwe Soamsdoag offs Oamt en hatt e 48-Stonne-Woch. En weil e sich aach immer Erwet mit hoambrooch owwer Liehrgäng besuche dät, do harre goar net su vill Zeit für sei Familje. E woar üwwerhapt en ernste Moann, der nur su wink Witz verzähle konnt, doaß mersche numeriert harre. Wenn de Voadder mol mirm Witz ofing, saare mir Kenn z.B. „Nummer siwwe", finge aach groad o ze lache, ene brauchten goar net mieh ze verzähle. Intressoanter woarn schu dej Geschichte vom „Zwiwwelboart", dem „Dilldapch", dem „Riehbockshoas" en de „Roabdigall", laurer

Mutter

Unsere Mutter war „nur Hausfrau“ und ganztags zu Hause. Aber wie hat sie sich geplagt, um aus der Wildnis ums Nothaus einen Garten zu machen. Weiß- und Schwarzdörner schlugen immer wieder neu aus, und auch Ginstern, Heckenrosen, Brombeeren, Brennesseln und Disteln wollten und wollten nicht weichen und kamen immer wieder.

Sie hatte in diesen Jahren ständig die Hände voller Einrisse und abgebrochene Fingernägel, und wir Kinder mußten ihr abends Dornen und Splitter mit der Pinzette aus der Haut herausziehen.

Sie hat sich nie beklagt über die viele Arbeit, sondern betonte, daß sie dem Herrgott dankbar wäre, weil ihre Familie die bitterarme Zeit gut überstanden hätte.

Unsere Mutter war sehr gutmütig, konnte nur halbherzig schimpfen, und wenn es bei vier so lebhaften Kindern unbedingt nötig war, hat sie nur leicht geschlagen, was mehr ein Streicheln als eine Ohrfeige war.

Wir Kinder mußten auch nicht viel helfen, damit wir für die Schule und das Studium viel Zeit hatten.

Gar manchmal hatten wir einen Groschenroman unter den Schulbüchern versteckt, den wir lasen, sobald die Mutter das Zimmer verließ, um uns Kinder nicht beim Lernen zu stören.

Wie geduldig hat sie Vokabeln abgehört, die sie sich vorher selbst aufschreiben mußte, weil sie zum Beispiel kein Griechisch konnte. Bei all der vielen Arbeit mit ihrer großen Familie war sie fröhlich und zufrieden und hatte für unsere Streiche viel Verständnis. Mit zwinkerndem Auge schrieb sie manche Entschuldigung für strenge Lehrer, und wir hatten die besten Eltern der Welt.

Foantasiegestalte wej de bayrische Wolpertinger. En sei Erwet hejl en su gefoange, doare sich segoar Akte bringe lejs, wenne mol kroank woar.

Us Modder

Us Modder woar „nur Hausfraa“ en de goanze Doach dehoam. 0wwer wej hot se sich geploocht, im aus de Wildnis ims Nuthaus en Goarde ze mache. Weiß- en Schwoarzdörner däre immer werrer neu ausschloo, en aach Ginstern en Heckerose, Brombeern, Brennesseln en Disteln wollte en wollte net eweggieh en koome immer werrer.

Se hat en dene Joahrn immer dej Henn voll schmerzhafte Schronne un engerissene Fingernäjel. En mir Kenn mußte ihr Owends dej Dörner en Schliwwer mit de Pinzett aus de Haut erausholle. Se hot sich nie beklaacht üwwer dej vill Erwet, sonnern saat, doaß se dem Herrgott doankboar wär, doaß ihr Familje dej bitteroarm Zeit gout üwwerstoanne hätt.

Us Modder woar ogg goutmütich, dät immer nur halbherzich schelle, en wenns mol goar net oannerschter ging bei vejer su lebhafte Kenn, dät se aach mol batsche, woas fast mieh e Streicheln als wej e Ohrfeich woar.

Mir Kenn mußte goar net vill helfe, domit doaß mir vill Zeit für die Schul en des Studium harre. En goar moanchmol harre mir en Groscheromoan inner de Schulbicher, den mir gelese hu, wenn die Modder aus de Stobb ging, im die Kenn net beim Lerne zu störn.

En wej gedillich hot se Vokabeln oabgehörrt, dej se sich vierher sebst offschreiwe mußt, weil se doch koa Griechisch net konnt. En bei all der ville Erwet im ihr gruß Familje esse fröhlich en zefrirre gewest en hot für us Streich vill Verständnis gehott en aach mirm Aache zwinkernd moanche Entschuldigung geschriwwe für dej strenge Liehrer ... en mir harre dej beste Ellern vo de Welt.

Meine Geschwister

Als unsere Buben 13 und 14 Jahre alt waren, wollte „Hitler“ sie in ein Internat schicken, weil sie blond waren, blaue Augen hatten und aufs Gymnasium gingen. Unsere Eltern hatten Angst, daß ihre Söhne dann noch eingezogen würden, weil Vater wußte, daß der Krieg doch verloren und es eine Schande wäre, die Kinder noch vor die Kanonen zu schicken.

Unsere Mutter ist mit den Buben zum Hausarzt gegangen, der ihr Bescheinigungen gab, daß die zwei böse Skiverletzungen hätten, die sie erst auskurieren müßten.

Er sagte, er selbst wäre ein alter Mann; falls er wegen der Bescheinigungen sterben müßte, wäre das nicht so schlimm, wie wenn zwei so gesunde, junge Bürsch'chen noch in den sinnlosen Krieg müßten. Den Buben wurde erklärt, was sie bei der Überprüfung sagen sollten und wie sie zu humpeln hätten ... die Leute vom Amt waren sehr mißtrauisch und verlangten, daß sich die zwei nach einem halben Jahr nochmals vorstellen sollten ... aber da war zum Glück der Krieg vorbei und sie durften wieder fröhliche, unbekümmerte Kinder sein.

Ludwig

Ludwig ist der älteste von uns Geschwistern. Deshalb hat er immer wieder Streiche ausgeheckt und vor allem mich, das Nesthäkchen, geneckt.

Ich habe Ludwig immer bewundert, weil er besonders gut fluchen und dabei alle bösen Worte sagen konnte, die doch bei den Eltern streng verboten waren.

„Laad, laad, Dunnerlaad, Gewirrerlaad“ fluchte er richtig laut, damit es auch alle hören konnten. Und wenn die Mutter deswegen böse wurde, sprach er hinterher „...sagt der alte Otto!“ Und weil der alte Otto wirklich so herzhaft und laut fluchen konnte, blieb sie machtlos.

Aber immer, wenn Ludwig unsere Mutter ärgern wollte, fing er wieder mit dem Fluchen an.

So alt wie Ludwig

Ludwig war und ist 10 Jahre älter als ich, und er hat mich so gern aufgezogen. Ich habe mich sehr darüber geärgert, wenn er über mich lachte.

Ich wollte doch so gern auch älter sein, weil man dann abends länger aufbleiben durfte und nicht mehr so oft geschimpft wurde.

Mei Geschwister

Wej us Buwwe 13 en 14 Joahr aalt woarn, do wollt se de Hitler en e Internat stoppe, weil se blond woarn en bloe Aache harre en off dej Hug Schul ginge. Us Ellern harre ogg Ingst, doaß dej Zwaa doann noch engezooche woarde, wu de Voadder saat, doaß de Kriech verlorn wär en es e Schoand wär, dej Kenn noch vier die Koanune ze schicke.

Us Modder es mit de Buwwe zoum Hausoarzt gegoange. Der hot doann Bescheinichunge ausgestellt, doaß dej Buwwe e bies Schieverletzung härre, dej se erscht auskuriern müßte. En de Dokter saat, e sebst wär en aale Moann; wenne weje dene Bescheinichunge sterwe müßt, doann wär doas net su schlemm, als wej wenn zwaa gesonde junge Börschcher noch en de sinnlose Kriech müßte. Dej Buwwe krooche noch gesaat, woas se bei de Üwwerprüfung soa müßte en wej se ze humpeln härre, en dej Leu vom Oamt woarn ogg mißtrauisch en verloangte, doaß sich dej Zwaa enem halwe Joahr noch mol vierstelle müßte ... owwer do woar zoum Glück de Kriech aus, en se doffte werrer fröhliche, sportliche Kenn sei.

De Ludwich

De Ludwich es de ällst vo us Geschwister. Deshalb horre sich immer werrer Streich ausgeheckt en vier allem maich, doas Nesthäkche geneckt. Aich hu de Ludwich immer bewonnert, weile su berwarersch gout fluche en debei alle biese Wörter soa konnt, dej doch bei de Ellern streng verboarre woarn. „Laad, laad, Dunnerlaad, Gewirrerlaad“ fluchte richtich laut, domit mir doas aach all hörrn sollte. En wenn dej Modder desweje fuchsdeuwelswill woard, saare immer hennedroff: „... sät de aal Otto!“ En weil de aal Otto wirklich su herzhaft en laut fluche dät, konnt se naut mache. En immer, wenne us Modder ärjern wollt, finge werrer mirm Fluche o.

Su aalt wej de Ludwich

De Ludwich es zeh Joahr äller als wej aich, ene hot maich su gern genext, en aich dät maich uflerich ärjern, wenne üwwer maich lache dät. En aich wollt doch su gern aach äller sei, weil mer doann owends länger offbleiwe dofft en net mieh su vill gescholle krooch. De Ludwich saat, doaß Ällerwern goanz oafach wär. Mer müßt nur vill vo dene Sache esse, dej naut schmekke däre, wej bitter Gemeus, ureife Ebbel, trockene Brutkroste ohne woas droff, Saueroampfer vo de Wiss en ruhe Zwiwwel.

Ludwig sagte, es wäre ganz einfach, älter zu werden. Man müßte nur viel von den Sachen essen, die nicht gut schmeckten, wie bitteres Gemüse, unreife Äpfel, trockene Brotkrusten ohne Belag, Sauerampfer direkt von der Wiese und rohe Zwiebeln.

Ich habe dieses Zeug hinuntergewürgt, es hat gebrannt auf der Zunge und im Bauch, und ich bin nicht mehr von der Toilette heruntergekommen.

Es hat aber alles nichts genützt, ich bin nicht älter geworden, sondern blieb 10 Jahre jünger als Ludwig.

Heute bin ich noch immer 10 Jahre jünger und gar nicht mehr böse darum. Damals habe ich Ludwig beneidet, heute ist es umgekehrt!

Der vertauschte Pudding

Weil wir Ziegen hatten, gab es viele Milchspeisen. Morgens zum Beispiel gabs einen großen Topf voll Haferflocken, damit wir alle groß und stark werden sollten. Mittags stand oft eine Milchsuppe auf dem Tisch, und nach Kartoffeln mit Gemüse und gebackenen Eiern gabs manchmal Pudding, den wir alle sehr gern aßen.

Ludwig wollte mich mal wieder necken: „Oh, schau mal zum Fenster hinaus, da läuft ein Reh vorbei, das dir die Zunge herausstreckt!" Da habe ich mich schnell herumgedreht und hinausgeschaut, um dem Reh auch die Zunge herauszustrecken. Aber als ich jammerte, daß ich das Tier nicht gesehen hatte, da sagte er, es wäre gerade um die Ecke gelaufen und ich müßte das nächste Mal schneller schauen.

Als ich mich enttäuscht umdrehte und meinen Pudding weiteressen wollte, da war er weg, und es lag ein Stück trockenes Brot an meinem Platz. Da bin ich sehr böse geworden, habe herumgeschrien und das Brot hinter den Schrank geworfen. Nun fing unsere Mutter an zu weinen und sagte, ob wir vergessen hätten, daß wir vor ein paar Monaten noch dankbar für ein Stück trockenes Brot gewesen wären. Oh, wie habe ich mich geschämt, und alle waren betreten. Ludwig bekam einen roten Kopf, denn er war es, der meinen Nachtisch versteckt hatte.

Als er mir meinen Pudding wieder hinstellte, da hatte ich überhaupt keinen Appetit mehr und habe ihn der Mutter gegeben, während Ludwig das Stück Brot hinter dem Schrank hervorholte.

Aber die Mutter wollte ihn auch nicht. Da haben wir Kinder sehr gebettelt, daß sie ihn doch auf diesen Schreck hin essen möge, und sie hat ihn endlich verzehrt ... da war unser Gewissen sofort wieder beruhigt.

En aich hu doas Zeuch enoabgewürcht, en es hot gebroannt off de Zung en em Leib, en aich sei bal net mieh vom Klo eroabgekomme. Es hot all naut genotzt, aich sei net äller woarn en blibb immer zeh Joahr jinger als wej de Ludwich. En heut sei aich immer noch zeh Joahr jinger en goar net mieh bies drim. Domols hu aich de Ludwich beneid, ... heut eres imgedreht.

De verdauscht Budding

Weil mir Gaaße harre, goabs vill Speise mit Milch. Mojens zoum Beispiel goabs en gruße Krobbe voll Hoawwerflocke, domit doaß mir all gruß en stärk wern sollte. Middoachs goabs oft e Milchsopp, en nooch de Gedoffel mit Gemeus en gebackene Ajer goabs moanchmol Budding, den mir all berwarersch gern esse däre.

De Ludwich wollt maich werrer mol nexe en saat: „Och du´che, guck emol em Fenster naus, do läft jo e Rieh verbei, doas streckt dir dej Zung eraus!" Do hu aich maich schnell erimmgedreht en enausgeguckt, im dem Rieh aach die Zung ze zeiche. En wej aich gejoomert hu, doar aich doas Dejer net geseh hatt, do saare, es wär groad im die Eck gelaafe, en aich müßt des nexte mol schneller gucke.

En wej aich maich enttäuscht werrer imdrehe un mein Budding weireresse will, do erre weg, un es leit nur e Stück trocke Brut o meim Platz. Do sei aich ogg bies woarn, hu gekrische un wütend doas Brut hinnern Schroank geschmisse. Do fing us Modder o ze heule en saat, ob mir vergesse härre, doaß mir vier e poar Monat noch doankboar für e Stück trocke Brut gewest wärn. Do hu aich maich ogg geschoamt, un alle guckte bedribbelt, en de Ludwich krooch en feuerruure Kopp. Der woarsch nämlich, der de Budding verstickelt hat. En wej e mer mein Budding werrer hiestellt, do harr aich üwwerhapt koan Appedit mieh en hu en de Modder gegewwe, während de Ludwich doas Stückche Brut hinnerm Schroank hervierholle dät.

Owwer dej Modder wollten aach net. Do hu mir Kenn ogg gebellt, doaß sen doch esse sollt off den Schreck hie, en se hot en endlich gegesse ... en us Gewisse woar werrer berouhicht. Nur de Ludwich konnts net lorre un fing om oannern Doag werrer mit dem Rieh o. Aich hu doann zwar werrer neuschierich ausm Fenster geguckt, desmol owwer des Buddingschüsselche debei en de Henn behaale.

De seuß Abbel

Mei gruße Breurer däre auswärts sturiern en brooche mir, dem Nesthäkche,

Nur der Ludwig konnte es nicht lassen und fing am anderen Tag wieder mit dem Reh an. Zwar habe ich dann wieder neugierig aus dem Fenster geschaut, diesmal aber das Puddingschälchen dabei in den Händen behalten.

Der süße Apfel

Meine großen Brüder studierten auswärts und brachten mir, dem Nesthäkchen, immer mal eine Überraschung aus der Stadt mit. Wie habe ich gestaunt, als Ludwig mal ein winzig kleines Äpfelchen mitbrachte, das überhaupt nicht so schön war wie unsere Äpfel von den Bäumen. Und als er sagte, daß dies etwas Besonderes wäre, habe ich große Augen gemacht, aber nichts begriffen. Ich habe mich bedankt, das Äpfelchen ein paarmal in der Hand herumgedreht, dran gerochen und dann mutig hineingebissen. Ei, das schmeckte ja gar nicht nach Apfel, das schmeckte??? Marzipan wäre das, erklärte Ludwig.

Da hat meine ganze Familie mal probiert, und es hat allen gut geschmeckt, ganz anders und viel besser als das Marzipan, das wir zu Weihnachten selbst herstellten. Unser Marzipan bestand aus ein wenig Fett, ein wenig Grieß, ein bißchen Puderzucker und Mandelaroma. Und wenn man diese Masse unvorsichtig angepackt hat, ist sie zerbröckelt. Aber das war nicht schlimm, weil wir auch diese Krümel mit Genuß gegessen haben.

Das soll Obst sein?

Einmal brachte Ludwig ein Ding mit aus der Stadt, das länglich war, ein bißchen krumm und gelb. Er nannte es eine Banane, die aus Afrika käme. Man könnte sie essen, es wäre eine Kostbarkeit. Ich habe sie neugierig betrachtet und gleich hineingebissen. Da lachte der Große und meinte, daß man sie erst schälen müßte und zeigte mir, wie das die Affen auch machen, und es war tatsächlich ganz einfach.

Da habe ich nochmal hineingebissen und war enttäuscht, weil sie mir gar nicht geschmeckt hat. Sie war so weich und wabbelig, und man hatte nichts zu kauen. Sie schmeckte nicht so herzhaft wie frische Äpfel, knackige Birnen und Zwetschgen.

Meine Enttäuschung wollte ich meinem Bruder nicht zeigen, deshalb habe ich schnell den Bissen hinuntergeschluckt, sagte ihm auch, daß die Banane süß wäre und ich auf keinen Fall mehr davon essen wollte, damit die ganze Familie auch mal probieren konnte.

immer mol woas mit aus de Stoadt. Wej hu aich geguckt, als de Ludwich mol e winzich kloa Ebbelche mitbrooch, woas goarnet su schie woar als wej us Ebbel vo de Beem. En wej e noch saat, doaß doas woas Besonnersch wär, do hu aich gruße Aache gemoacht en naut begriffe. Aich hu maich bedoankt, des Ebbelche e poarmol en de Hoand erimmgedreht un aach dro geroche, en doann mutich enenngebisse. Ei, doas schmoach jo goarnet noch Abbel, doas schmoach nooch ?? Marzipoan wär doas, saat de Ludwich.

Do hot mei goanz Familje emol browiert, en es hot en all gout geschmeckt, goanz oannerschter en vill besser, als wej doas, woas mir als Marzipoan zou Weihnachte moache. Us Marzipoan bestoann aus e bißche Fett, e bißche Gries, e bißche Puderzucker un Moandelaroma. En wemmer dej Masse uviersichtich ogepackt hot, es se zerbröckelt. Owwer doas woar net schlemm, weil mir aach dej Krümmel mit Genuß gegesse hu.

Doas soll Obst sei?

Oamol brooch de Ludwich e Ding aus de Stoadt mit, doas länglich woar, e bißche kromm un geel. Hie saat, doas wär e Banoan, dej aus Afrika käm. En mer könnt se esse un es wär e Kostbarkeit. Aich hu se neuschierich ogeguckt un gleich enenngebisse. Do lacht de Gruß en saat, doaß mer sche erscht schäle müßt un zeicht mir, wej doas su dej Affe mache, un es gitt tatsächlich goanz leicht. Do hu aich noch mol enenngebisse en woar enttäuscht, weil se mir net geschmeckt hot. Se woar su weich en schlabberich, un mer hat naut ze kaue, un es schmoach net su herzhaft als wej frische Ebbel, knackiche Birn en Quetsche.

Mei Enttäuschung wollt aich meim Brourer net zeiche. Deshalb hu aich schnell den Bisse enoabgeschluckt, saat em aach, doaß dej Banoan richtich seuß wär en aich off koan Fall mieh esse dät, domit doaß dej goanz Familje aach mol browiern konnt. Heut wern dej Kenn mit Banoane gruß en aich hu maich aach o se gewöhnt en esse se inzwische ogg gern.

De Kall

De Gruß hat Schifferklavier spille gelernt en konnts aach goanz gout. De zwaat Brourer Kall woar goar net su musikalisch, wollt owwer ubedingt Gei spille lerne. Woas hu mer all gelirre, wenn de Geijebooche üwwer dej oarme, geschonnene Saire gekratzt es. Doas kloang wej Katzemussick, wej alle Gespenster de Welt off oamol. En wej de Kall merkt, doares

Heute werden die Kinder mit Bananen groß, auch ich habe mich daran gewöhnt und esse sie inzwischen sehr gern.

Karl

Der Große lernte, das Schifferklavier zu spielen und konnte es recht gut. Der zweite Bruder, Karl, war überhaupt nicht musikalisch, aber er wollte unbedingt Geige spielen lernen. Wie sehr haben wir gelitten, wenn der Geigenbogen über die armen, geschundenen Saiten kratzte. Das klang wie Katzenmusik, wie alle Gespenster der Welt auf einmal. Und als Karl merkte, daß das Geigenspielen doch nicht so leicht war, und er keine Lust mehr zum Üben hatte, hat er absichtlich so schlimm herumgegeigt, daß er bald nicht mehr spielen mußte. Wir waren alle erleichtert. Sogar die Eltern waren froh, als er aufhören wollte.

Die Rotznase

Als kleiner Bub' hatte Karl immer eine schlimme Rotznase, und er schnüffelte lieber, als sich dauernd die Nase zu putzen. Als er wieder einmal „seine" Laufnase hatte, sagte eine Nachbarsfrau: „Aus dem wird mal was Besonderes, der kommt mal weit in der Welt herum!" Und als unsere Mutter sie ungläubig anschaute, meinte sie, das könnte man an der Rotznase erkennen, die anders wäre als die Schnupfennase anderer Kinder. Wir und unsere Verwandten haben verwundert die Köpfe geschüttelt über so einen Aberglauben. Aber es hat gestimmt, was sie prophezeit hat: Karl hat eine besondere Stellung in seiner Firma bekommen und hat die halbe Welt gesehen.

Der Wildfang

Unser Karl war ein rechter Wildfang, der manchmal durchs Fenster in oder aus seinem Zimmer kletterte, damit die Mutter nicht merken sollte, daß er keine Hausaufgaben machte.

Einmal wollte er seine Kletterei dem Nachbarsjungen vorführen. Er packte mit beiden Händen den Fensterrahmen und schwang sich wie Tarzan mit Elan ins Zimmer und direkt ins Bett. Erst als er aus dem Bett sprang, war er erschrocken, weil er in der Eile vergessen hatte, vorher seine Dreckstiefel auszuziehen.

Unsere weichherzige Mutter hat zwar ein wenig geschimpft, als sie den

Geijespille doch net su oafach woar ... en wej e koa Loste mieh hat zoum Üwe, do horre oabsichtlich su schepp erimmgegeit, doare bal net mieh spille mußt. Mir woarn all erleichtert. En segoar dej Ellern woarn fruh, wej e offhörrn wollt.

Fensterln ins eigene Zimmer

Dej Rotznoas

Als kloane Bubb hatt de Kall immer e berwarersch Rotznoas, ene dät vill lejwer schnüffeln, als sich die Noas ze botze. Wej e werrer mol e ogg Rotznoas hat, do saat e Nochbersche: „Aus dem wird emol woas, der kimmt mol weit en de Welt erimm!" En wej us Modder ugläuwich guckt, do moant se, doas könnt mer o de Rotznoas erkenne, dej wär oannerschter als wej e Schnobbenoas vo den oannern Kenn. Mir en us Verwoandte hu verwonnert die Köpp geschüllt üwwer su en Aberglauwe. Owwer es hot gestimmt, woas se profezeit hatt: De Kall es e hug Dejer en seiner Firma woarn en hot die halwe Welt geseh.

De Wildfoang

Us Kall woar en goanz wille Bub, der moanchmol segoar dorchs Fenster en owwer aus seiner Stobb geklerrert es, domit doaß us Modder naut devo merke sollt, weil se glaabt, doare en seiner Stobb wär en Hausoffgoawe mache dät. Oamol wollte sei Klerrerei dem Nochberschjung zeiche. E packt mit baare Henn de Fensterrohme en schwoang sich wej de Tarzoan mit Schmackes en die Stobb en direkt ens Bett enenn. Erscht wej e werrer ausm Bett hüppt, woar e ogg erschrocke, weile en de Eil vergesse hat, vierher sei Dreckstiwwel auszedou. Us weichherzich Modder hot zwar e bißche gescholle, wej se de Dreck geseh hatt. Owwer doas hot suwejsu niemoand ernst genomme. En mir Kenn saare doann immer werrer ihr aje Versch´che: „Haaptsach, mir Kenn sei gesond!"

Freihennich offm Foahrroad

De Kall dät berwarersch gern freihennich Foahrroad foahrn, woas owwer streng verborre woar. Wej e werrer mol e oabschüssich Strooß enoabfuhr, do wollte ubedingt mol browiern, obe debei aach noch dej Feuß vom

Dreck sah. Aber das hat sowieso niemand ernst genommen, und wir Kinder sagten in solchen Fällen immer wieder ihren eigenen Spruch: „Hauptsache, wir Kinder sind gesund!"

Freihändig auf dem Fahrrad

Karl fuhr sehr gerne freihändig auf dem Fahrrad, was aber streng verboten war. Als er wieder mal eine abschüssige Straße hinabfuhr, wollte er unbedingt probieren, ob er dabei auch die Füße vom Fahrrad abstrecken konnte ... und ist genau vor einem Polizisten angekommen. Er mußte 5,00 DM Strafe zahlen, was in der Nachkriegszeit ein halbes Vermögen war, zumal er als Student kein Geld verdiente.

Motorräder

Karl hatte ewig schmutzige Hände von all den Basteleien an seinen Motorrädern. Das eine hieß Dreschmaschine, weil es genau so brummte und langsam lief wie diese Landmaschine. Das andere hieß Düsenjäger, weil es so aufheulte und gepfiffen hat. Sonntags hat er seine Maschinen immer wieder zerlegt, die einzelnen Teile geputzt, gefettet und wieder zusammengesetzt. Ich habe gestaunt, wie viele Schrauben und Muttern auf dem Zeitungspapier herumlagen, und er behauptete, diese alle wieder zu benötigen.

Da habe ich ihm heimlich eine einzige Schraube weggenommen und weiter zugeschaut, weil ich nicht glauben konnte, daß man so viele Schrauben auch wirklich braucht.

Obwohl noch viele Teile herumlagen, zeigte er plötzlich auf mich und fragte, wo seine Schraube wäre, und ich zuckte unschuldig mit der Schulter.

Da wurde er böse und drohte, wenn ich ihm nicht sofort seine Schraube geben würde, würde er mir keine Hausaufgaben mehr machen. Nun habe ich sie ihm schnell gereicht, weil ich Hausaufgaben verabscheute.

Der dicke Mann

Karl studierte in Gießen und konnte deswegen nicht so oft nach Hause kommen. Eines Tages fuhr ein großes, sehr teures Auto bei uns vor, und es stieg ein besonders dicker Mann aus, der eine merkwürdige Kappe auf dem Kopf hatte. An den Händen trug er viele glänzende Ringe, und der

Foahrroad abstrecke konnt ... en es genaa vierm Bolzist geloandt. E mußt fünf Mark Stroof bezoahle, woas en de Noochkriechszeit e halb Vermöje woar, wue doch als Student koa Geld net hat.

Freihändig und „freifüßig", das kostet was.

Motorrirrer

De Kall hatt dreckiche Henn vier laurer Basteleie o de Motorrirrer. Doas oane hejß „Dreschmaschin", weils genaa su bromme dät en loangsoam lejf, wej dej Loandmaschin. Doas oanner hejß „Düsejäjer", weils su offgejault en gepiffe hot. Sonndoachs hore sei Maschine immer werrer ausenoanner genomme, dej Daler gebotzt, droerimmgeerbt, gefett en werrer zesoomegebaut. Aich hu gestaunt, wej ville Schrauwe en Moddern off dem Zeiringsbabeier loache, en weile saat, doare dej all werrer brauche dät.

Do hu aich em hoamlich oa oanzich Schraub eweggenomme en weirer zougeguckt, weil aich net glawe konnt, doaß mer su ville Schrauwe all brauche müßt. Obwohl noch vill Daler erimmloache, zeichte plötzlich off maich en frecht, wu sei Schraub wär ... en aich zuckt mit de Schuller. Do erre ogg bies woarn en saat, wenn aichm net groad sei Schraub gewwe dät, doann däre mir koa Hausoffgoawe mieh mache. Do hu aich sem goanz schnell werrergegewwe, wu aich doch Hausoffgoawe vier allem en Mathematik goar net leire konnt.

De dick Moann

De Kall dät en Gejße sturiern, hat do e Stobb en konnt net su oft hoamkomme. 0 oam Doag emol fuhr e gruß, berwarersch deuer Auto viersch Haus, en es stig en dicke Moann aus, der e komisch Kapp owwer su offm Kopp hat. 0 de Henn harre üwwerall glitzeriche Ring, en de Ozug dät berwarersch spoanne, weile su uflerich dick woar. E soach su fremd aus mirm Schnurres en schwätzt su e komisch Deutsch, doar aich laut lache mußt.

De Kall, der jetzt aach ausm Auto stig, verzählt us, doares en Türk wär, der mirem zesoome Maschinebau sturiern dät en goanz reich wär en sein Freund. Der Moann hat noch nie su blonde Leu geseh wej mein Brourer, en deshalb koome aach zou us, weil em de Kall gesaat hat, doaß sei goanz Familje su blond wär. Der Moann hot us als en als ogeguckt, es mit ens

Anzug spannte, weil der Fremde so unwahrscheinlich dick war. Er sah verwegen aus mit seinem Schnurrbart und sprach ein so komisches Deutsch, daß wir alle lachen mußten.

Karl, der jetzt auch ausstieg, erzählte uns, daß der Mann ein Türke wäre, der mit ihm zusammen Maschinenbau studierte, sehr reich und sein Freund wäre. Der Mann hatte noch nie so blonde Menschen gesehen wie meinen Bruder, deshalb kam er zu uns, weil ihm Karl gesagt hatte, daß seine ganze Familie so blond wäre.

Der Mann hat uns fasziniert angeschaut, ist mit ins Haus gegangen und hat in unserem dürftigen Nothaus zu Abend gegessen. Dabei hat er von seiner Heimat erzählt, dem riesigen Elternhaus mit Bogenfenstern und vielen Teppichen und der Dienerschaft. Das alles klang wie im Märchen „1001 Nacht", und ich habe ihn gefragt, ob er daheim auch einen Harem hätte und Eunuchen ... und noch mehr solcher Fragen, auch wenn Karl mir ständig gegen das Schienbein trat, damit ich endlich meinen Mund hielt.

Regina

Meine Schwester war ein fleißiges Mädchen, das beste Schulnoten heimbrachte. Aber weil das Studium der Brüder sehr teuer war, mußte meine Schwester nach der Mittleren Reife das Gymnasium verlassen und auf eine Sekretärinnenschule überwechseln. Nach einem guten Abschluß fand sie auch gleich eine Anstellung.

Ballett- und Schifferklavierunterricht mußte sie auch aufgeben, damit die Brüder studieren konnten, zumal es damals so war, daß die Mädchen sowieso heiraten würden und nicht unbedingt studieren mußten. Denn „Bafög" oder „Honnefer Modell" oder ähnliches gab es damals noch nicht.

Aber Regina ist klaglos ins Amt gegangen und hat Geld verdient. Sie brachte mir jeden Monat Bücher mit, die ich gierig verschlang.

Meine Schwester war sehr tüchtig im Haushalt, konnte gut kochen und saubermachen und half bei der großen Wäsche. Auch konnte sie sehr gut nähen und andere Handarbeiten und fertigte die schönsten Stickereien.

Regina war so stolz auf ihre kleine Schwester, daß sie mich nie geneckt hat, sondern nach Strich und Faden verwöhnte, was ich auch reichlich ausnutzte.

Haus gegoange en hot mit us em Nuthaus mit all seiner Oarmut ze Owend gegesse. En ė hot verzählt vo dehoam, seim riesengruße Ellernhaus mit Boochefenster en dene ville Deppiche un dem Personal. En alles kloang wej em Märche aus „lool Nacht“, en aich hu en groad gefrecht, obe dehoam aach en Harem hätt en Eunuche ... en noch mieh su Sache, obwohl mich de Kall als gejes Schieboa getrere hot, domit doar aich mei Schnut haale sollt.

´S Regina

Mei Schwester woar e fleißich Maadche, doas ogg goure Schulnote hoambrooch. Owwer weil doas Studium vo dene Breurer ogg deuer woar, mußt mei Schwester nooch de Mittlere Reife vom Gimnasium weg off e Sekretärinneschul. En fonn mirem besonnersch goure Oabschlußzeuchnis aach gleich e Ostellung. Doas Ballett- en Schifferklavierspille mußt ´s Regina aach offgewwe, domit doaß dej Breurer sturiern konnte, wus doch domols su woar, doaß dej Maarercher suwejsu heuroate däre en net ubedingt sturiern mußte. En „Bafög“ owwer „Honnefer Modell“ en su goabs domols noch net. Owwer ´s Regina es klaglos ens Oamt gegoange en hot Geld verdejnt en brooch mir jeden Monat Bicher mit, dej aich su gern gelese hu.

Geliebte „Dreschmaschine“.

Mei Schwester woar ogg düchtich em Haushalt, dät koche en botze en holf aach beim Wäsche. Se konnt berwarersch gout nähe en oannern Hoanderwete mache en saß stonneloang o de feinste Stickereie. En ´s Regina woar su stolz off sei kloa Schwester, doares maich nie genext hott, sonnern nooch Strich en Foarre verwöhnt, woar aich aach gern ausgenotzt hu.

Das Nesthäkchen

In den Nachkriegsjahren hatten die meisten Familien mehr Kinder als heute. In fast jeder Familie gab es einen verwöhnten Nachkömmling. Meine Geschwister brauchten dringend mich, das Jüngste unserer Familie,

- weil Ludwig jemanden zum Necken brauchte (Er sagte, das wäre kein Necken und Ärgern, das wäre Erziehung!);
- weil Karl jemanden brauchte, den er beschützen konnte (Wenn ich sagte: „Karl, den mußt du hauen!", dann hat er nicht gefragt: „Warum?", sondern er hat gleich zugeschlagen. Und wenn ich drohte: „Das sag' ich meinem Bruder!", dann ließ mich jeder sofort in Ruhe.);
- weil Regina ein lebendiges Püppchen zum Verwöhnen brauchte.

Wie wurden meine Brüder von Erich beneidet, der ein Einzelkind war. Wenn die Dorfbuben mit den kleineren Geschwistern im Kinderwagen Wettrennen machten, dann hatte Erich so lange gebettelt, bis er mit mir im Kinderwagen auch mal mitmachen konnte. Dabei hat er Steine übersehen, der Kinderwagen fiel um und Erich und ich lagen auf dem Erdboden.

Unser Buben rannten gleich herbei, hoben mich auf, drückten mich und sagten:" Unsere Kleine, die heult nicht!". Da konnte ich ja nicht weinen, weil sie das so behaupteten. Und am anderen Tag haben sie wieder bei Rennen mitgemacht, bis irgend jemand unserer Mutter erzählt hatte, was die Buben mit der Jüngsten trieben.

Was es deswegen zu Hause gegeben hat, weiß ich nicht. Ich war noch zu klein, um mich überhaupt an solche Wettfahrten zu erinnern, und meine Brüder haben mir das auch nie erzählt. Bis ich vor ein paar Tagen zufällig den Erich (inzwischen Professor) getroffen habe und er mir alles gebeichtet hat, was vor über 50 Jahren passiert ist.

Verwöhnt

Ich bin sehr verwöhnt worden. Wenn unsere Mutter mich mal schimpfte, sagten meine Geschwister, sie solle froh sein, daß ich gesund wäre. Dieser Satz stammt von unserer Mutter selbst, und sie wurde daran bei jeder passenden Gelegenheit erinnert. Mein Vater sagte überhaupt nichts, wenn ich mal was angestellt hatte (wo er doch früher so streng war), weil er so verändert aus dem Krieg zurückkam und froh war, seine Familie gesund vorzufinden.

Und wenn meine Geschwister mal schimpften, meinte unsere Mutter, sie sollten mich nicht ständig ärgern.

Nesthäkche

En de Kriechsjoahrn, do harre dej meiste Familje mieh Kenn als wej heut. En bal en jeder Familje goabs en verwöhnte Noochkömmling. Mei Geschwister brauchte dringend maich, des Nesthäkche vo user Familje,

- weil de Ludwich jemoand zoum nexe en ärjern braucht (e saat, doas wär koa Ärjern, doas wär Erziehung!)
- weil de Kall jemoand braucht, dene beschütze konnt (Wenn aich saat „Kall, den mußte haache!", doann horre net gefrecht: „Worim?", sonne hot düchtich droffgehaache. En wenn aich den Kenn saat: „Doas soa aich meim Brourer!", doann har aich schnell Rouh).
- weil ´s Regina e lewich Bobbche zoum Verwöhne braucht.

En mei Breurer woarde beneidt vom Irich, der e Oanzelkend woar. Wenn dej Dorfbuwwe Wettrenne moache mit de kloane Geschwister em Kennerwoa, doann hot de Irich su loang gebellt, bire mit mir aach emol e Wettrenne mitmache konnt. Dobei horre en Stoa üwwerseh, de Kennerwoa es imgefalle en de Irich en aich loache offm Burre. Us Buwwe kome gleich ogeroannt, hu maich offgehowe en gedrückt en saare: „Us Kloanes, doas heult net!" Do konnt aich jo net heule, wej se doas saare, en se hu o oannern Doache werrer bei de Renne mitgemoacht, bis doas jemoand user Modder verzählt hat, woas dej Buwwe mirm Nesthäkche moache.

Kinderwagen-Wettrennen mit lebendem Inhalt.

Woares dehoam gegewwe hatt, doas waaß aich net. Aich woar noch ze kloa, im maich o dej Wettfoahrte ze erinnern, en mei Breurer harre mir doas aach nie verzählt ... bir aich vier e poar Doache zoufällich den Irich (inzwische Professer) getroffe hu, en der mir alles verzählt hat, woas vier üwwer foffzich Joahrn bassiert es.

Verwöhnt

Aich sei ogg verwöhnt woarn. Wenn us Modder maich mol schelle dät, doa saare mei Geschwister, se soll fruh sei, doar aich gesond wär. Der Satz stammt vo user Modder sebst, en bei jeder bassend Gelejeheit krooch sen offgedischt. Mein Voadder saat üwwerhapt naut, wenn aich emol woas

So rundum beschützt, hatte ich die schönste Jugend, die es auf dem Erdboden gibt: ich hatte immer recht, durfte machen, was ich wollte, und wurde deswegen nur selten ausgeschimpft.

Non scholae sed vitae discimus

Um unser Haus standen viele Bäume. Meine Brüder zeigten mir, wie man dort hinaufklettert, und ich hatte immer aufgerissene Knie. Stillsitzen und für die Schule lernen war für mich die schlimmste Strafe.

Ich hatte auch wirklich kaum Zeit für die Schule, weil ich doch Blätter sammelte und in Büchern preßte. Diese mußte ich später auf Pappe kleben, die Namen drunterschreiben und alles sortieren. Dann hatte ich einen Igel, den mein Hund fand, selbstgefangene Mäuse im Glas, Blindschleichen, Frösche und Heuschrecken und unsere zahme Elster, die wollten alle gefüttert sein. Das war doch wirklich wichtiger, als sich in der Schule zu langweilen oder Hausaufgaben zu machen.

Nur die Lehrer haben das nie verstanden, wie wichtig das alles war; sie haben mir Strafarbeiten aufgegeben und nicht begriffen, daß ich wirklich keine Zeit dafür hatte.

Ich kannte jedes Pferd im Dorf, war viel in Kuhställen und habe all die Sachen gekonnt, die niemand aus meiner Gymnasialklasse verstand und sah es als Unrecht an, nicht auch dafür Noten zu bekommen.

Die Lehrer waren einfach dumm, aber was konnte man als Schüler dagegen machen?

Ich konnte Ziegen und Kühe melken, Pfosten einschlagen, die Witt für das Getreide binden, mit der Sense umgehen ... konnte mit den Händen düngen, Kühe einspannen und fahren, Beton machen, Pflastersteine setzen und Bäume veredeln, alles auf dem Land lebenswichtige Dinge, die unsere Lehrer nicht konnten.

Deswegen bekam ich schlechte Noten in Latein und Griechisch und habe auch Mathe nicht besonders gemocht. Dabei stand auf meinem Lateinbuch: Non scholae sed vitae discimus (Nicht für die Schule, sondern für das Leben lernen wir.) ... und das war alles gelogen.

Es war wirklich ein ewiger Kampf mit den Lehrern, und wir haben uns gegenseitig aushalten müssen bis zum Abitur. Ich war froh, als ich das alles überstanden hatte, und die Lehrer sicher auch. Trotz dieser Erfahrungen bin ich beinahe selbst Lehrerin geworden und konnte es nicht verhindern, daß wir so viele Lehrer in der Verwandtschaft haben.

ogestellt hatt (wue doch freuher su streng woar), weil hie su verännert ausm Kriech koom en fruh woar, doaß sei Familje alles gesond üwwerstoanne hat. En wenn mei Geschwister mol mit mir schelle däre, doann saat us Modder, se sollte maich net dauernd ärjern. Off dej Oart harr aich die schienst Juchend, dejs offm Erdburre gibt: aich hatt immer reecht, dofft mache, woar aich wollt en krooch nur selten gescholle.

Non scholae sed vitae discimus

Ims Haus stoanne vill Beem, en mei Breurer zeichte mir, wej mer do enoffkimmt, en aich hatt immer offgerissene Knej. En stillsitze en für dej Schul lerne, doas woar die größt Stroof für maich. Aich hat wirklich koa Zeit net für die Schul, weil aich doch Blirrer gesoomelt un en Bicher gepreßt hu. Dej mußt aich später off Babeier klewe, de Noome drinnerschreiwe en alles sortiern. En aich hat en Ijel, den mein Hond gefonne hat, en sebstgefoangene Mäus em Gloas, Blindschleiche, Frösch en Haahipper en us Atzel ... dej wollte doch all gefeurert wern. En doas woar wichticher, als sich en de Schul ze loangweile owwer Hausoffgoawe zu mache. Nur, dej Liehrer hu net verstoanne, wej wichtich doas alles woar, en hu mir immer Strooferwete offgegewwe en net begriffe, doar aich wirklich koa Zeit net dofür hatt.

Auch zum Klettern durften Mädchen keine Hosen tragen.

Aich koannt jeden Gaul em Doff, woar vill en de Keuhställ en hu all dej Sache gekoannt, dej sonst koaner ausm Gimnasium wußt, en es woar urecht, dofür koa Note ze gewwe. Dej Liehrer woarn oafach domm ... owwer woas koann mer als Schüler dogeje mache? Aich konnt Gaaße en Keuh melke, Poste kloppe, die Witt fürsch Getreire benne, mit de Soans imgieh ... konnt mit de Henn dünge, Keuh enspoanne en foahrn, Betong mache, Plasterstoa setze en Beem veredeln, alles lewenswichtiche Sache, dej us Liehrer net konnte. En desweje krooch aich schlechte Note en Latein en Griechisch en hu aach Mathe net su gern gemoacht. En dobei hots offm Lateinbuch gestoanne: „Non scholae sed vitae discimus“ en doas woar alles gelooche.

En es woar en ewiche Koampf mit de Liehrer, en mir hu us gejeseitich

Unsere Großeltern

Die Eltern meines Vaters starben, als ich noch ein kleines Mädchen war, und ich habe sie nicht richtig gekannt. Aber bei den Eltern unserer Mutter haben wir Kinder das Paradies auf Erden gefunden. Mein Großvater war Schuster. Aber weil man im Dorf davon nicht leben konnte, hatte er noch eine kleine Landwirtschaft nebenbei betrieben.

Wenn wir Schulferien bekamen, hatten wir früher als sonst Schulschluß und konnten den Schienenbus nehmen, der als einziger Zug, ohne umsteigen zu müssen, durchfuhr bis zu den Großeltern und noch weiter.

An diesem Tag kam unsere Mutter mit dem Handwagen zum Bahnhof. Wir Kinder reichten ihr die Schulranzen aus dem Fenster und nahmen die Koffer für die Wechselkleider mit. Der Schaffner wartete, bis wir mit der Umtauscherei fertig waren. Dann setzte sich der Schienenbus in Bewegung, und wir bekamen Herzklopfen vor Wiedersehensfreude, rutschten unruhig auf den Sitzen hin und her und zählten aufgeregt die Stationen.

Als wir endlich in Ballersbach waren, sind wir vom Bahnhof losgerannt. Meine Geschwister teilten mein Interesse an der Landwirtschaft nicht. Sie haben die Großeltern auf dem Hof stürmisch begrüßt, sind dann ins Haus gegangen und haben mit der Tante üppig gegessen.

Die Großeltern hatten die Kühe schon eingespannt, mir ein Frühstück vorbereitet, und wir sind sofort ins Feld gefahren, auch wenn ich keine Zeit mehr zum Umziehen hatte.

Meine Geschwister sind nach dem Essen zu ihren Freunden gelaufen, und die Tante ist bald mit der Kaffeekanne auch aufs Feld gekommen. Damit meine Geschwister nach Belieben ins Haus konnten, lag der große, auffällige Haustürschlüssel in einer Mauerspalte direkt in Augenhöhe. Obwohl auch Fremde den Schlüssel sofort sehen konnten, ist niemals eingebrochen worden.

Bei den Großeltern habe ich gelernt, Kühe zu melken, einzuspannen und damit auch ins Feld zu fahren. Wenn es niemand sehen konnte, bin ich immer im Trab gefahren, obwohl es doch eigentlich verboten war; denn die Kühe mußten schonend behandelt werden, damit sie genügend Milch gaben.

Morgens bin ich extra früh aufgestanden, um die Kühe zum Dorfbrunnen zu führen. Derweil hat der Großvater den Stall ausgemistet und Futter bereitgelegt. Nach dem Tränken hat die Tante gemolken und die Großmutter das Frühstück vorbereitet. Denn Bauersleute haben immer zuerst ihr Vieh versorgt, bevor sie selber frühstückten.

aushaale murre bis zoum Abitur. Aich woar fruh, wej aich doas alles hinner mir hatt, en dej Liehrer sicher aach. En trotz dene Erfahrunge sei aich sebst bal Liehrer gewest en hus net verhinnern konne, doaß mir su vill Liehrer en de Verwoandschaft hu.

Us Großellern

Dej Ellern vo meim Voadder sei gestorwe, wej aich noch e goanz kloa Maadche woar, en aich hu se net richtich gekoannt. Owwer bei de Ellern vo meiner Modder hu mir Kenn des Paradies off de Er gefonne. Mein Großvoadder woar Schuster. Owwer weil mer dovo em Doff net lewe konnt, harre noch e kloa Loandwirtschaft newebei. Wemmir Schulferje krooche, doann harre mir freuher Schulschluß en konnte de Schienebus nemme, der als oanzicher Zuch (ohne doaß mer imsteie en woarte mußte) dorchfuhr bis zou de Großellern en weirer.

0 dem Doach koom us Modder en Katzewert mirm Hoandwoa zoum Boahnhob gefoahrn, mir Kenn reichte ihr dej Schulroanze ausm Fenster en noome dej Koffer für Wechselklaarer mit. En de Schaffner dät woarte, bis mir mit de Imdauscherei fertich woarn. Doann setzt sich de Schienebus werrer en Bewejung, en mir krooche Herzkloppe vier Werrersehensfreud en rutschte als off de Sitz hie en her en zählte offgerecht dej Boahnstatione. En wemmer endlich en Baalerschbach woarn, sei mer vom Boahnhob lusgeroannt. Mei Geschwister harre net su Intresse o de Loandwirtschaft als wej aich. Dej hu die Großellern offm Hob stürmisch begrüßt en sei doann ens Haus gegoange en hu mit de Doande üppich gegesse.

Dej Großellern harre die Keuh schu engespoannt, mir e Freuhstück gemoacht, en mir sei groad ens Feld gefoahrn, en aich hat koa Zeit net zoum imzeje. Mei Geschwister sei doann zou ihre Freunde gelaafe, en dej Doande es bal mit de Kaffiekoann aach ens Feld gekomme. En domit dej Geschwister immer ens Haus konnte, loach de gruße, offälliche Hausdierschlüssel ener Mauerspalt direkt vier de Aache. En es niemols engebroche woarn, obwohl aach en Fremde den Schlüssel groad seh konnt.

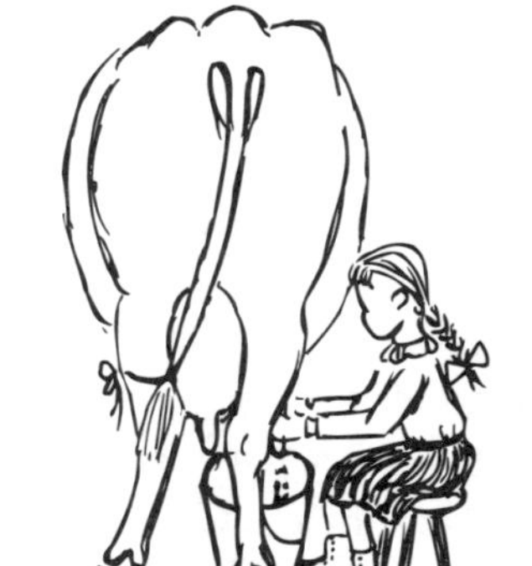
Melken will gelernt sein; der Kuhschwanz ist sicherheitshalber festgebunden.

Bei de Großellern hu aich gelernt, Keuh ze melke, enzespoanne en domit ens Feld ze foahrn. Wenns niemoand seh konnt en

Zum Frühstück gabs Bauernbrot mit Butter und gebackene Eier mit Schinkenstückchen oder für Süßmäuler auch Marmelade oder Honig ... alles selbstgemacht. Dann war man gestärkt für den Tag und konnte ins Feld.

Schlüsselbein

Einmal, als die Dreschmaschine nach Ballersbach kommen sollte, mußten wir das Getreide aus dem Feld herbeiholen. Weil ich so versessen auf die Landwirtschaft und das Vieh war, hatte ich bei den Großeltern eine Sonderstellung. Ich durfte deshalb mit der Oma zusammen auf dem Getreidewagen sitzen, während Opa die Kühe leitete.

Die Cousins Bernd und Hansi sollten nebenhergehen und die Bremsen bedienen, weil der Heimweg manchmal bergab führte. Aber die zwei wollten doch auch gern oben auf dem Wagen sitzen, weil das viel schöner ist, als nebenher zu laufen, und sie haben so lange protestiert, bis Opa nachgab mit seinem berühmten Satz: „Dann macht doch, was ihr wollt!", und die zwei auf den Wagen kletterten. Es kam bald, wie es kommen mußte: der Weg führte leicht bergab. Das konnten die Kühe noch einigermaßen einhalten, aber da kam eine Kurve, und der Wagen stürzte um.

Alles purzelte durcheinander. Der Opa hatte Last, die erschrockenen Kühe festzuhalten. Die Buben, Oma, die Garben und ich lagen auf dem Boden, die Oma war ganz weiß im Gesicht und hielt ihren Arm.

Auf dem weiteren Heimweg mußte sie sich immer wieder setzen, obwohl sie behauptete, es sei nicht schlimm, ihr sei nur ein wenig schwindlig. Vor allem aber jammerte sie, daß das Getreide nun schon gedroschen sei und daß sie sich vergebens auf dem Acker geplagt hatten. Dabei hatte sie gar nicht gemerkt, daß sie sich das Schlüsselbein gebrochen hatte.

Was hat sie geschimpft, als sie zum Röntgen fuhr, wo sie doch im Leben noch nie in einem Krankenhaus war. Sie bekam einen komplizierten Spezialverband und konnte nun nicht mehr so viel arbeiten wie sonst. Deshalb durfte ich jetzt viel mit den Kühen alleine fahren, um dem Opa alle denkbaren Sachen aufs Feld zu bringen.

Einmal pflückte Opa Äpfel, und ich wollte ihm mit den Kühen die Körbe bringen und das Mittagessen. Natürlich bin ich wieder voller Stolz im Trab gefahren. Es war zwar verboten, aber es konnte ja niemand sehen. Doch da sind die Kühe plötzlich auf eine Wiese gelaufen, haben die Köpfe ins Gras gesteckt und mit Appetit gefressen. Ich konnte machen, was ich wollte, sie gingen keinen Schritt mehr.

niemoand debei woar, sei aich immer em Trab gefoahrn, wus doch ajentlich verborre woar, weil dej Keuh doch geschunt wern mußte weje de Milch. Mojens sei aich extra freuh offgestoanne, im dej Keuh zoum Doffbrunne ze bringe. Doann hot de Großvoadder de Stall ausgemist en gefeurert, die Doande dät melke en die Oma moach de Freuhstücksdisch fertich. Weil dej Bauerschleu däre immer erscht des Veih versorje, bevier sche selwer asse. Doa goabs Bauernbrut mit Bodder en gebackene Ajer mit Schinkestücker, owwer für dej Seußmäuler aach Marmelade owwer Hoingk ... alles sebstgemoacht. Doann woar mer gestärkt für de Doach en konnt ens Feld.

Des Schlüsselboa

Oamol, wej dej Dreschmaschin nooch Baalerschbach komme sollt, mußte mer des Getreire vom Feld herbeiholle. En weil aich su gleuh off des Vejh en dej Loandwirtschaft woar, harr aich bei de Großellern e besonner Stellung, en dofft mit de Oma zesoome owe offm Getreirewoa sitze, während de Opa dej Keuh gelaat hot. En dej Kussengs Bernd en Hoansi sollte onne bleiwe en die Brems bedejne, weils offm Hoamweg moanchmol bergoab ging. Owwer dej Zwaa wollte doch aach gern owedroff sitze, weil doas jo vill schiener es, als neweher ze laafe, en hu su loang räsoniert, bis de Opa noochgoab mit seim berühmte Satz: „Fort ab, macht woarer wollt!“, en dej Zwaa owenoffklerrerte. Es koom bal, wejs komme mußt: es ging leicht bergoab, doas konnte dej Keuh su einigermoße haale ...owwer do koom e Kurv, en de Woa stözzt im. Do bozzelt alles dorchenoanner. De Opa hat Last, dej erschrockene Keuh festzehaale. Dej Buwwe, die Oma, dej Goarwe en aich, mir loache offm Burre, en dej Oma woar goanz weiß em Gesicht en hejl sich de Oarm.

Offm weire Hoamweg mußt se sich als setze. 0wwer se saat, doares net schlemm wär en se nur e bißche Schwindel hätt. En hot gejoomert, doares Getreire alleweil gedresche wär en doaß se sich imsonst su geploocht hu mirm Ecker. Dobei hatt se net gemerkt, doaß se sich des Schlüsselboa gebroche hatt. Woas hot se gescholle, wej se zoum Röntche sollt, wu se doch em Lewe noch nie net em Kroankehaus woar. Do krooch se en imständliche Spezialverboand en konnt net mieh su vill erwe als wej sonst. En aich dofft jetzt vill mit de Keuh elloa foahrn, im dem Opa alle möchliche Sache ens Feld ze bringe.

Oamol dät de Opa Ebbel ab, en aich wollt em mit de Keuh Körb bringe en doas Middoagesse. Aich sei nadierlich voll Stolz werrer em Trab gefoahrn. Es woar zwar verborre, owwer es konnt jo niemoand seh. Do sei dej Keuh

Zum Glück kam ein Mann vorbei, der mir half, die Kühe wieder auf den Weg zu bringen. Ich habe dem Opa nichts erzählt und er sagte auch nichts, hat nur ein paarmal mit den Augen gezwinkert und weiter Äpfel gepflückt. Erst als ich auch auf dem Baum war, habe ich gesehen, daß man den ganzen Weg von oben aus genau beobachten konnte.

Buttern

Unsere Oma hat auch regelmäßig gebuttert. Nachdem sie gemolken hatte, schickte sie die Milch, die fürs Buttern vorgesehen war, durch eine Zentrifuge. Die dünne Milch wurde zu Quark angesetzt, und den Rest bekamen die Schweine.

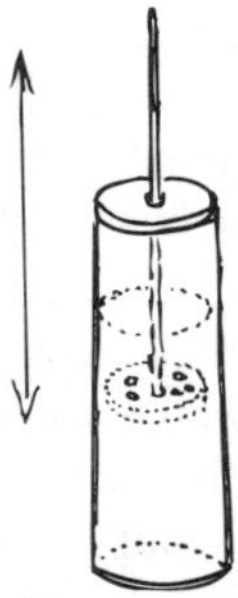

Der Stiel mit der Lochscheibe wird ständig auf- und abbewegt.

Der Schmand kam in einen steinernen Topf und blieb so lange im Kühlen stehen, bis er zu Sauerrahm geworden war. Dieser wurde in ein hölzernes Butterfaß geschüttet, und die Oma hat einen hölzernen Schwengel mit einer löcherigen Scheibe untendran so lange auf und ab gestoßen, bis aus dem Rahm kleine Butterklümpchen wurden. Diese Butterbröckchen wurden dann „gewaschen", gesalzen und zu einem Butterweck geknetet.

In der Nachkriegszeit mußten die Bauern Milch abgeben, damit die Städter nicht verhungerten. Da durfte kein Bauer buttern. In ihrer Not haben die Landwirte heimlich im Keller die verräterisch laute Zentrifuge benutzt, und damit das Geräusch nicht gleich draußen auf der Straße zu hören war, wurden die Kellerfenster zugestopft und die Zentrifuge mit Tüchern umwickelt.

Die Bauern hatten sich sehr geplagt mit dem Vieh und der Landwirtschaft überhaupt und wollten wenigstens ein bißchen Butter für die eigene Familie und nicht alles abgeben müssen.

Schlachtfest

Ein besonderes Ereignis im Jahr war das Schlachtfest. Dann wanderten wir Kinder die 10 Kilometer zu Fuß, weil wir noch kein Auto besaßen und auch nur ein einziges Fahrrad. Deshalb hatten wir dann auch richtigen Hunger auf all die guten Sachen.

Während wir unterwegs waren, wurde das Schwein geschlachtet und fertiggemacht. Wenn wir ankamen, war das Wellfleisch mit Sauerkraut gar, off e Wiss gelaafe, hu die Köpp ens Groas gedunkt en mit Appedit gefresse, en aich konnt mache, woar aich wollt ... se ginge koan Schritt mieh weirer. Zoum Glück koom en Moann verbei, der hot mir geholfe, dej Keuh werrer off de Weg ze bringe. En aich hu dem Opa naut gesaat, en de Opa saat aach naut, hot nur e poarmol mit de Aache gezwinkert en weirer Ebbel geplickt. En wej aich aach offm Boam woar, do hu aich geseh, doaß mer de goanze Weg vo owe genaa beowoachte konnt.

Boddern

Us Oma dät aach rejelmäßich boddern. Nochdem se gemolke hat, dätse dej Milch fürsch Boddern dorch e Zentrifug schikke. Dej dünn Milch woard zou Schmierkäs ogesetzt, en de Rest krooche die Säu. De Schmoand koom en e stoanern Dippe en blibb suloang em Keuhle stieh, bire zou Sauerroahm geworrn es. Der word en des hölzern Bodderfaß geschütt, en dej Oma hot en hölzerne Schwengel mirer löcherich Scheib onnedro als off an oab gestompt, bis aus dem Roahm kloane Bodderklümpcher woarde. Dej Bodderbröckcher woarde doann gewäsche, gesalzt en zou em Bodderweck geknet.

Die Zentrifuge und davor das Butterfaß.

En de Noochkriechszeit mußte dej Bauern Milch oabgewwe, domit doaß dej Städter net verhungern mußte. Do dofft koa Bodder net gemoacht wern. En ihrer Nut hu dej Bauern hoamlich em Keller dej verräterisch laut Zentrifuch benotzt, en domit doas Geräusch net gleich drauße off de Gaß gehörrt wern konnt, woarde dej Kellerfenster zougestoppt en dej Zentrifuch mit Dücher imwickelt. Dej Bauern harre sich ogg geploocht mirm Vejh en de Loandwirtschaft , en wollte wenichstens e bißche Bodder für die ajene Familje en net alles oabgewwe murre.

Schloachtfest

E besonner Ereichnis em Joahr woar doas Schloachfest. Doann lejfe mir Kenn dej zeh Kilometer zou Fouß, weil mir koa Auto net harre en aach nur oa oanzich Foahrroad owwer su. Deshalb do sei mir gelaafe, wu doas doch und wir konnten grad nach Herzenslust zulangen. Mir hat es auch gut geschmeckt, weil ich dieses Schwein nicht gefüttert und keine Freundschaft geschlossen hatte, das Tier keinen Namen trug ... und ich auch nicht mit zusehen mußte, wie es geschlachtet wurde.

Es saßen viele Leute am Tisch, es wurde erzählt und herzlich gelacht und war immer wieder eine wunderschöne Angelegenheit, das Schlachtfest. Wir hatten keine Arbeit damit, wie die Großeltern und die Tante. Wir waren nur beim besten Teil des Festes dabei.

Da wurden Würste gemacht, wie Leberwurst und Blutwurst, auch Zungenwurst, wenn die Zunge nicht vorher schon heimlich gegessen wurde. Es gab Preßkopf, Mettwürstchen und Bratwürste. Schinken, Speck und Würste kamen in den Räucherschrank, es wurde Fleisch eingekocht, damit man das ganze Jahr über Vorrat hatte. Es kam nichts um vom Schwein, weil sogar die Knochen ausgekocht und später mit der Knochenmühle zu Mehl gemahlen und an die Hühner verfüttert wurden.

Selbst die Schweineborsten wurden nicht weggeworfen, sondern für jemanden aufgehoben, der Bürsten und Anstreicherpinsel daraus anfertigte.

Alle Nachbarsleute und Freunde bekamen eine Kanne voll Wurstsuppe mit ein paar Würstchen drin. Wir nahmen noch eine Tasche voll mit für zu Hause und sind wegen des schweren Gepäcks mit dem Zug gefahren.

Der pfiffige Opa

Unser Opa war ein lustiger Mann. Er machte viele Späßchen mit uns Kindern und hat auch älteren Leuten gerne die „Säcke vollgemacht".

Weil wegen der zwei Weltkriege viele Männer früh verstarben, war eine Goldene Hochzeit, wie die von unseren Großeltern, eine Seltenheit; dann kam sogar der Landrat zum Gratulieren.

Unser Opa hatte die Gelegenheit genutzt und angefangen zu erzählen. Immer, wenn der Landrat ihn ungläubig ansah, sagte Opa mit verschmitztem Blick: „Und ... weißt Du wie?" und holte die nächste Geschichte aus dem Ärmel. Oma regte sich auf, daß er dem Landrat so viele Geschichten auftischte, die gar nicht alle stimmen konnten und sagte ärgerlich: „Herr Landrat, glauben Sie dem Lügner nichts!" Und Opa gab schmunzelnd zu: „Es ist ja nicht alles wahr, Ihr müßt nicht alles glauben, was ich Euch erzählt habe!" Da klopfte ihm der Landrat lachend auf die Schulter und meinte, daß er schon lange keine so schönen Geschichten gehört hätte.

aach su gesond es, en mir harre doann su richtich Hunger off all dej goure Sache. Während mir innerwegs woarn, woard dej Sau geschloacht en fertichgemoacht. En wemmir okoome, woar des Wellflaasch mit dem Sauerkraut goar, en mir konnte groad nooch Herzenslost zougreife. Mir hatts aach gout geschmeckt, weil aich dej Sau net gefeurert en koa Freundschaft geschlosse hatt en doas Dejer koan Noome net hatt ... en aich aach net mit oseh mußt, wejs geschloacht woard.

Geschlachtetes Schwein hängt an der Leiter.

Un es sasse ville Leu om Disch, en mir hu verzählt en vill gelacht. Mir harre koa Erwet demit, wej dej Großellern en die Doande. Mir woarn nur beim beste Dal vom Schloachtfest debei. Do woarde Wörscht gemoacht, wej Lewwerworscht en Bloutworscht. Aach Zungeworscht, wenn dej Zung net vierher hoamlich gegesse woar. Es goab Preßkopp en Mettwörschtcher en Brootwörscht. Schinke, Speck en su koome en de Räucherschroank, en es woard Flaasch engekocht, domit doaß mer des goanze Joahr Vierroat hat.

Es koom naut im vo de Sau, weil dej Knoche ausgekocht en später mirer Knochemühl zou Mehl gemoahle en de Hinkel verfeurert woarde. Sebst dej Säuborschte woarde net eweggewoffe, sonnern für jemoand offgehowe, der Börschte en Binsel für zoum Ostreiche draus moach.

Alle Nochberschleu en Freunde krooche e Koann voll Worschtsopp mit e poar Wörschtcher dren. En mir krooche e Dasch voll zoum Mitnemme für dehoam, en sei weje dem schwere Gepäck offm Hoamweg mirm Zuch gefoahrn.

De piffich Opa

Us Opa woar en lustiche Moann. E moach vill Schnoake mit us Kenn en dät aach de ällere Leu gern dej Säck vollmache. Weil weje dene zwaa Weltkrieche ville Männer freuh gestorwe woarn, do woar e Golden Hochzeit, wej dej vo meine Großellern, e Seltenheit. En doann koom de Loandroat. En de Opa hot dej Gelejeheit genotzt en ogefoange ze verzähle. En immer, wenn de Loandroat ugläuwich geguckt hat, saat de Opa mit verschmitzte Aache: „ En ... waaßte wej ???“ en hollt dej nächst Geschicht ausm Ermel. En die Oma hot sich geärjert, doare dem Loandroat su ville Geschichte offdischt, dej doch goar net all stimme konnte en saat bies: „Herr Loandroat, glab dem Lijener naut!“. En de Opa goab schmunzelnd zou: „Es es jo net alles wohr, Ihr mußt net alles glawe, woar aich verzählt hu!“ De Loandroat kloppt em lachend off die Schuller en moant, doare loang koa su schiene Geschichte mieh gehörrt hätt.

Per Anhalter

Opa ist als Waisenkind bei einer Tante aufgewachsen und hatte deswegen beizeiten gelernt, sparsam mit dem Geld umzugehen. Wenn er mit dem Zug fuhr, nahm er nur genau das Geld für die Fahrkarte mit, um nicht unterwegs unnütze Sachen zu kaufen. Als er einmal zu uns kommen wollte, ist er in Herborn aus Versehen in einen Eilzug eingestiegen, der gar nicht in Katzenfurt hält und konnte erst in Wetzlar aussteigen.

Weil er kein Geld für die Rückfahrt nach Katzenfurt hatte, und weil ihm der Bahnbeamte keine Karte umsonst geben konnte, ist er auf die Landstraße gegangen und hat einen Omnibus angehalten.

Als der Fahrer aus Mitleid mit dem offensichtlich schon bejahrten Mann anhielt, erzählte Opa ihm sein Malheur mit dem falschen Zug und sagte beim Einsteigen: „Ich habe kein Geld für eine Fahrkarte. Aber ich habe noch eine halbe Zigarre und kann Euch Witze erzählen, wenn Ihr mich bis Katzenfurt mitnehmen wollt. Sonst muß ich die 15 Kilometer laufen!“

Er wußte so lustige Geschichten zu erzählen, daß alle Mitfahrer es bedauerten, als er in Katzenfurt ausstieg.

Wir hatten uns gewundert, als Opa plötzlich vor der Haustüre stand zu einer Zeit, als kein Zug ankam. Er hat uns sein Geheimnis nicht verraten und die Geschichte wäre nie herausgekommen, wenn sie uns der Busfahrer nicht lachend verraten hätte.

Völkerverständigung

Opa hatte im 1. Weltkrieg schlimme Erlebnisse mit Franzosen und sagte: „Wenn's nochmal Krieg gegen die Franzosen gibt, gehe ich freiwillig mit!“

Was war das eine Aufregung, als Karl seine französische Freundin seinem Großvater vorstellen wollte.

Das Mädchen sah aus wie ein Püppchen und sprach ein köstlich holpriges Deutsch, war sehr freundlich und antwortete ihm, als Opa seine geringen Französischkenntnisse aus dem Krieg anbrachte. Schließlich sagte Großvater anerkennend zum Karl: „Wenn die Franzosen so sind, dann brauchen wir keinen Krieg mehr. Das Mädchen ist goldrichtig!“ Da erzählte ihm die Französin, daß ihr Großvater den Schüleraustausch bezahlt habe, weil er meinte, man müßte die Sprache seiner Feinde kennen.

Als Karl dann in Paris war, sagte der französische Opa: „Wenn die Deutschen alle so sind, dann brauchen wir keinen Krieg mehr, denn wir haben ja keine Feinde mehr!“

De Ohaler

De Opa es als Waisekend beier Doande gruß woarn en hatt deshalb beizeire gelernt, sparsoam mirm Geld imzegieh. Wenne mirm Zuch fuhr, doann nohme nur genaa doas Foahrgeld mit, im net innerwegs unütze Sache ze kaafe. Wej e mol zou us komme wollt, ere en Herwen aus Verseh en de Eilzuch engestije, der net en Katzewert hält, en konnt erscht en Wetzler aussteije. En weile koa Geld net für die Rückfoahrt nooch Katzewert hatt, en weil em de Boahnbeoamte koa Koart net su gewwe konnt, do erre off die Loandstrooß en hatt en Omnibus ogehale. Wej de Foahrer aus Mitleid mirm aale Moann ohale dät, erzählt em de Opa sei Malheur mirm falsche Zuch en saat beim Ensteije: „Aich hu koa Geld für die Foahrkoart. Owwer aich hu noch e halwe Zigga en koann Euch Witz verzähle, wenn Ihr maich bis Katzewert mitnemme wollt. Sonst mur aich dej foffzeh Kilometer laafe!“ E hot su lustiche Geschichte gewußt, doaß alle Mitfoahrer bedauert harre, doare en Katzewert aussteije wollt.

Mir harre us gewonnert, wej de Opa vier de Hausdier stoann zouer Zeit, wu koan Zuch net fuhr. Ene hat us naut verzählt, en dej Geschicht wär nie erausgekomme, wenn us de Busfoahrer net alles verroore hätt.

Völkerverständichung

De Opa hat em 1. Weltkriech ogg Ärjer mit de Froanzuse, en e saat immer: „Wenns noch mol geje dej Froanzuse gitt, do gieh aich freiwillich mit!“ Woas woar doas für e Offrejung, wej us Kall sei froanzösisch Freundin dem Opa vierstelle dät. Doas Maadche soach aus wej e Bobbche en dät e bißche holperich Deutsch schwätze, woar su freundlich en dät ihm oantworte, wej de Opa sei winge Froanzösischkenntnisse ausm Kriech obrooch. En do saare zoum Kall: „Wenn dej Froanzuse alleweil su sei, doann brauche mir koan Kriech mieh! Doas Maadche es goldrichtich!“ Do verzählt em die Froanzösin, doaß ihr Opa en Paris den Schüleraustausch bezoahlt hot, weile moant, mer müßt die Sprooch vo seine Feinde könne. En wej de Kall en Paris woar, do saat de froanzösisch Opa: „Wenn dej Deutsche alleweil su sei, doann brauche mir koan Kriech mieh, weil mir jo koa Feinde mieh hu!“

Familienfeiern

Jugendtreff

In den fünfziger Jahren gab es noch keine Diskotheken oder andere Möglichkeiten für junge Leute, sich zu treffen. Es blieben nur die Wirtschaften, wo das Trinken leider viel zu ansteckend wirkte.

Weil meine Eltern gerne Jugend um sich hatten und weil sie dann wußten, wo sich ihre Kinder aufhielten, durften wir all unsere Freunde einladen und zu Hause feiern. Jeder brachte etwas zum Essen mit, weil wir in der armen Zeit so viele Leute gar nicht satt bekommen hätten.

Dann spielte einer auf dem Schifferklavier, ein zweiter drangsalierte das Schlagzeug. Die anderen tanzten derweil in unserem großen Wohnzimmer. Sie wechselten sich an den Instrumenten ab, so daß jeder mal tanzen konnte. Es ging laut und lustig zu und war gar nicht schlimm, wenn Karl mal ein wenig mit dem Schlagzeug aus dem Takt kam, dafür aber besonders laut und heftig auf die Pauke haute. Wir wohnten zum Glück außerhalb, die Nachbarn weit genug weg, und wir konnten so laut sein, wie wir wollten.

Horst war der geborene Tüftler. Er hatte zusammen mit Karl im Keller am Radio so lange herumgebastelt, bis wir oben in der Wohnung aus einem anderen Radio ihre Stimmen hören konnten, als ob sie richtig in der Sendung wären.

Das alles hatten sie heimlich gemacht und selbst die Eltern wußten nichts davon. Dann verschwanden die beiden Bastler an einem der Tanzabende im Keller ... und oben aus dem Radio hörten wir, wie plötzlich die richtige Sendung unterbrochen wurde und eine „wichtige Durchsage" kam. Wie haben wir gestaunt, als das Radio plötzlich auf unseren Jugendtreff aufmerksam machte und der Ansager durchgab, daß in der Firma Leitz eine große Ehrung vorgesehen sei, weil der Friedrich als besonders tüchtig aufgefallen wäre. Da gabs einen Schrei, der sonst so besonnene Friedrich machte einen Luftsprung und fing an zu kreischen, ob wir das auch alle gehört hätten ... endlich wäre aufgefallen, wie tüchtig er in der Firma arbeitete. In seinem Überschwang hatte er erstmal nichts gemerkt.

Die zwei am Mikrofon wurden immer frecher, bis auch endlich der Friedrich begriff, daß diese Durchsage nur ein Wunschtraum gewesen war.

Mit dieser Bastelei haben wir noch lange die Verwandtschaft geneckt. Selbst was auszutüfteln war und ist doch viel schöner, als all die fertigen Sachen heute.

Familjefeiern

Juchendtreff

En de foffzicher Joahrn goabs noch koa Diskotheke en oanner Möchlichkeire für junge Leu, sich ze treffe. Es bliwwe nur dej Wirtschafte, wu des Trinke vill ze ostickend en aach deuer woar. Weil mei Ellern gern junge Leu im sich harre, en weil se doann wußte, wu sich ihre Kenn offhejle, do doffte mir all use Freunde enloare en dehoam feiern. Jeder brooch ebbes ze esse mit, weil mir jo en de oarm Zeit su vill Leu goar net soat gekritt härre. En doann spillt oaner offm Schifferklavier, en zwaate dät doas Schlagzeuch droangsaliern. En dej oannern däre en user gruß Wohnstobb doanze. En se däre sich abwechseln mit de Mussick en mirm Doanze, en es woar laut en lostich, en es woar aach net schlemm, wenn de Kall als emol e bißche mirm Schlagzeuch ausm Takt koom en besonnersch laut en uflerich off die Pauk kloppt. Mir wohnte jo außerhalb, dej Nochbern wohnte zou ihrem Glück weit genung weg, en mir konnte su laut sei, wej mir wollte.

De Horst woar en orje Tüfteler. E hatt mirm Kall zesoome em Keller om Radio suloang erimmgebastelt, bis mer owe en de Wohnung ausm oannern Radio ihre Stimme hörrn konnt, als wej wenn se en de Sendung wärn. Doas harre se all hoamlich gemoacht, en sebst dej Ellern wußte naut devo. Do sei dej baare Bastler o su em Doanzowend em Keller verschwonne ... en owe ausm Radio hörrte mer, wej plötzlich dej richtich Sendung innerbroche woard en e „wichtich Dorchsaache“ koom.

Woas hu mir gestaunt, wej des Radio off usen Juchendtreff offmerksoam moach en plötzlich de Osacher verzählt, doas en de Firma Leitz en Wetzler e besonner Ehrung viergeseh wär, weil de Friedrich J. als besonnersch düchtich offgefalle wär. Do goabs en Krisch! De sonst su rouhiche Friedrich moach en Satz en fing o ze plärrn, ob mir doas aach all gehörrt härre. En endlich wär offgefalle, wej fleißich e en de Firma wär. En seim Üwwerschwoang harre erscht emol naut gemerkt. Dej Zwaa vierm Mikrofon woarde immer frecher, bis aach endlich de Friedrich verstoanne hat, doaß dej Dorchsaache nur en Wunschdroam gewest woar.

Mit der Bastelei hu mir noch loang Verwoandte en Freunde geneckt. En sebst woas auszetüfteln, doas woar vill schiener, als wej heut all dej fertiche Sache ze benotze.

Große Familienfeier

Als die Großeltern Goldene Hochzeit hatten, feierten unsere Eltern ihre Silberhochzeit in Ballersbach. Das war eine große Feier, an der fast das ganze Dorf teilnahm. Zwei Zimmer wurden leergeräumt. Und die ganze Nachbarschaft hat geholfen beim Kuchenbacken, Kochen und Spülen. Die zwei Jubelpaare gingen in die Kirche, der Pfarrer hat sie noch einmal getraut, und es war für uns Kinder sehr feierlich, Eltern und Großeltern vor dem Altar zu erleben. Wir alle haben ein bißchen die Augen gewischt und geschnieft ... aber geweint hat niemand.

Geburtstag

Geburtstage wurden, wie überall in den Jahren, nur ein wenig gefeiert und schnell wieder vergessen. Aber einen Geburtstag werden wir im ganzen Leben nicht mehr vergessen. Als unsere Mutter einen „runden" Geburtstag hatte, wollten wir mal wieder groß feiern und hatten die ganze Verwandtschaft eingeladen. Und genau an diesem Tag wurde bei uns ein Graben für die neue Abwasserleitung gezogen. Wir rannten zu den Arbeitern und fragten, ob sie nicht heute woanders baggern könnten, weil wir eine große Familienfeier hätten und Strom brauchten, wo doch gerade bei der Hagebuttenhecke unsere Stromleitung unter der Erde läge.

Die Arbeiter zeigten uns eine Karte, auf der unsere Zuleitung exakt eingezeichnet war und meinten, sie wüßten Bescheid und würden aufpassen. Es kam, wie es kommen mußte: Gerade, als das Kaffeewasser lauwarm war, war plötzlich der Strom weg. Und genau in diesem Moment kamen die Geburtstagsgäste! Unsere Mutter rang die Hände und rief: „Och Gottche, och Gottche! Ei, was soll's denn jetzt geben?", und lief wie ein aufgescheuchtes Huhn zwischen den Gästen herum, die alle am Tisch saßen und sich auf die feinen Kuchen freuten. Unsere verzweifelte Mutter hatte Tränen in den Augen, wo sie sich doch so auf ihren Geburtstag und ihre Gäste gefreut hatte.

Onkel Hermann hatte schließlich die Situation gerettet, weil er meinte, daß er ohne Kaffee viel besser den Kuchengeschmack auf der Zunge genießen könnte. Da haben alle erleichtert gelacht und angefangen, den lekkeren Kuchen zu essen. Nach ungefähr einer Stunde, in der wir viel gelacht und noch mehr solcher Geschichten über komische Zufälle gehört hatten, kam auch der Strom wieder, und wir konnten alle doch noch unseren Kaffee trinken. Ein normaler Geburtstag wäre längst vergessen. Aber von dem Kuchenessen, mit Kaffee als Nachtisch, wird heute noch gesprochen.

Gruß Familjefeier

Wej us Großellern Goldene Hochzeit harre, do feierte us Ellern ihr Silwerhochzeit. Doas goab e gruß Feier für bal des goanze Doff. Zwaa Stowwe hu se leergeroammt, im Platz für Disch en Steuhl ze schaffe. En dej Nochberschaft hot geholfe beim Kuchebacke, beim Koche en Speule. Dej zwaa Jubelpoare ginge en die Kirch, en de Parre hot se noch emol getraut, en es woar ogg feierlich für us Kenn, dej Ellern en Großellern vierm Aldoar ze seh. Mir hu all e bißche die Aache gebotzt en geschnüffelt ... owwer geheult hot niemoand.

Gebortsdoach

Gebortsdoache woarde, wej üwwerall en dene Joahrn, nur e bißche gefeiert en schnell werrer vergesse. Owwer oan Gebortsdoach wern mir all em goanze Lewe net mieh vergesse: Wej us Modder en ronde Gebortsdoach hatt, wollte mir werrer mol richtich gruß feiern en harre dej goanze Verwoandtschaft engeloare. En genaa o dem Doach woard bei us en Groawe gezooche für die neu Abwasserleiring. Mir roannte zou de Erweter en frechte, ob se heut net wuoannerschter buddeln könnte, weil mir e gruß Familjefeier härre en Strom brauchte, wu doch groad bei de Hachebutteheck die Stromleiring inner de Er läg.

Dej Erweter zeichte us e Koart, wu aach genaa us Stromleiring engezeijelt woar, en se wüßte Beschaad en däre offbasse. Es koom, wejs komme mußt: Groad, wej us Kaffiewasser lauwoarm woar, do woar plötzlich de Strom weg. En genaa en dem Moment koome dej Gebortsdoachsgäste de Dier erenn. Us Modder roang dej Henn en saat als: „Och Gottche, och Gottche! Ei woas solls doa jetzt gewwe!", en lejf wej e offgescheucht Hinkel zwische de Gäste erimm, dej all om Disch saße en sich off dej feine Kuche freue däre. Us Modder hatt Träne en de Aache, wu se sich doch su off de Gebortsdoach en ihre ville Gäste gefreut hatt.

En Unkel hot dej Situation gerett, weile saat, doare de Kuche vill lejwer ohne woas ze drinke genejße dät, wu e doch ohne Kaffie vill besser de Kuchegeschmack off de Zung spürn dät. Do hu mer all gelacht en ogefoange, den Kuche ze esse. En nooch er Stonn, wu mer vill gelacht en noch mieh su Geschichte vo komische Zufäll verzählt harre, do koom aach de Strom werrer, en mir konnte all noch usen Kaffie drinke. En normale Gebortsdoach wär längst vergesse. Owwer vo dem Kucheesse mit Kaffie als Noochdisch wird heut noch geschwätzt.

Unsere Haustiere

Ziegen

Als wir in den Nachkriegsjahren hierher zogen, haben wir auch gleich Beamtenkühe, wie man die Ziegen nannte, angeschafft wegen der gesunden Milch, der Ziegenbutter, Quark und Eierkäse. Weil ich das Vieh so liebte, habe ich bald das Melken gelernt, was gar nicht so einfach war, weil die Ziegen nur unsere Mutter gewöhnt waren. Sie machten einen Buckel, um die Milch zurückzuhalten, soviel Mühe ich mir auch gab. Sie haben mit ihren dünnen Beinchen nach mir getreten, mit dem Kopf nach

mir gestoßen und sich schließlich in die Einstreu geworfen. Aber ich hatte auch meinen Dickkopf und habe die Ziegen im Liegen gemolken, auch wenn die Hälfte der Milch in der Einstreu verloren ging. Nach diesem Kraftakt haben sie mich endlich als Melker ans Euter gelassen.

Mittags nach der Schule bin ich mit den Ziegen am Seilchen losgezogen und habe sie an den Hecken oder Wegrändern naschen lassen. Dabei konnte ich den Vögeln zuhören, Käfer beobachten und Blumen pflücken für unsere Mutter. Manchmal habe ich mich ins Gras gelegt, nach den Wolken geschaut und geträumt.

Ab und zu haben wir die Ziegen auch im Handwagen eingespannt, aber die konnten unheimlich flott laufen, vor allem in die Richtung, die sie selbst wollten. Es ging immer was kaputt und mußte repariert werden. Bei

Use Hausdejern

Us Gaaße

Wej mer en de Noochkriechsjoahrn hejherzooche, do hu mer aach gleich Beoamtekeuh, wej mer die Gaaße noannt, ogeschafft für weje de gesonde Milch, de Gaaßebodder, Schmierkäs en Ajerkäs en su. Weil aich des Vejh su gern hat, hu aich bal des Melke gelernt, woas goar net su oafach woar, weil dej Gaaße nur us Modder gewöhnt woarn. Se hu en Buckel gemoacht en dej Milch zerückgehaale, su vill Meuh aich mer aach gegewwe hatt. Se hu mit de dünne Steckeboa getrere, mirm Kopp nooch mir gestuuße en sich schließlich ens Struh geschmisse. Owwer aich hat aach en Dickkopp, en hu dej Gaaße em Leie gemolke, aach wenn die Hälft vo de Milch en de Enstreu verlorn ging. Nooch dem Kraftakt hu se maich endlich als Melker os Euter gelorre.

Ziege mit trinkenden Lämmern.

Middoachs nooch de Schul sei aich mit de Gaaße om Saalche lusgezooche en hu se o de Hecke owwer Wejeränner nasche lorre. Dobei konnt aich den Vijelcher zouhörrn, Käfer beowoachte en Blomme plicke für us Modder. Owwer aich hu maich ens Groas gelecht, nooch de Wolke geguckt en gedroamt. Moanchmol hu mer dej Gaaße aach en de Hoandwoa gespoannt, owwer dej konnte berwarersch laafe, vier allem en dej Richtung, dej se sebst wollte. En es ging immer woas gebott en mußt repariert wern. Do woarsch doch koa Wonner, doar aich net immer Hausoffgoawe mache konnt.

Spielende Jungziege.

Dej Lämmer woarn goldiche Hippercher. Dej däre su eckiche Luftsprüng mache, Noochlaafe spille owwer sich wej Böck off dej Hinnerboa stelle en mit de Köpp offenoanner stuuße, doaß sebst e fünf en Latein vergesse woar. Owwer mir konnte net alle Gaaße behaale en mußte dej Lämmer bal verkaafe, weil mir sche sebst net gout esse konnte, wu se doch all Noome harre en koome, wemmer sche rejf. En der gout Gaaßemilch hu mersch ze verdoanke, doaß mer gesond dej oarm Zeit üwwerstoanne hu.

all der Arbeit war es doch kein Wunder, daß ich nicht immer Hausaufgaben machen konnte.

Die Lämmer waren goldige Springerchen. Sie machten eckig-steife Luftsprünge, spielten Nachlaufen oder stellten sich wie Böcke auf die Hinterbeine und stießen mit den Köpfen gegeneinander, daß selbst eine fünf in Latein vergessen war.

Leider konnten wir nicht alle Ziegen behalten und mußten die Lämmer bald verkaufen; denn wir konnten sie selbst nicht gut essen, weil sie doch alle Namen hatten und herbeikamen, wenn man sie rief.

Hunde

Senta

Da brachten mal Leute einen Welpen mit, von dem sie behaupteten, daß es ein Wolfshund wäre. Erst war er ein süßer Wollknäuel, der keine Rasse erkennen ließ. Aber als er mal ausgewachsen war, sah er fast aus wie ein Schäferhund.

Er gehorchte sehr gut, war anhänglich und wachsam, genau so, wie man sich einen Hund wünscht, wenn man in der Wildnis wohnt.

Karl war glücklich mit „seinem" Hund und wachte eifersüchtig, daß wir anderen Kinder nicht zuviel mit ihm schmusten.

Eines Tages sagte unsere Nachbarin, daß ihr Hund sehr krank wäre und wahrscheinlich die Staupe hätte. Jeden Tag käme der Tierarzt und sie sollte ihn besonders gut füttern, damit er wieder gesund werden würde.

Nur zwei Tage später hatte auch unsere Senta die Staupe, aber wir hatten kein Geld für einen Tierarzt. Senta bekam das bißchen Fleisch, das uns auf der Lebensmittelkarte zustand. Und jeder von uns hat freiwillig verzichtet, um dem Hund zu helfen. Wenn Senta Krämpfe bekam, hat Karl sie in den Arm genommen und in die Viehtränke auf der Weide eingetaucht. Dann hörten die Krämpfe sofort auf. Damit Karl merkte, wenn der Hund wieder krampfte, durfte Senta nachts auf dem Bettvorleger schlafen. Und ich glaube, wenn die Mutter „Gute Nacht" gesagt hatte, durfte der Hunde auch ins Bett. Karl ist zu jeder Tages- und Nachtzeit, nackt oder angezogen, zu der Viehtränke gelaufen. Und von dem bißchen Taschengeld hat er Fleisch für den Hund auf dem Schwarzmarkt gekauft ... leider hat alles nichts genutzt.

Karl hat am meisten geweint um seinen Hund. Ich hatte ihn noch nie weinen sehen und mußte ebenfalls sehr heulen wegen des Hundes und weil ich Karl so unglücklich sah.

Us Honn

Senta

Do brooche mol Leu en Welpe mit, vo dem se saare, doares en Wolfshond wär. Erscht woare en Wollknäul, wu mer koa Rass net erkenne konnt. Owwer wej e mol gruß woar, soache fast aus wej en Schäferhond. E dät ogg gout hörrn, woar ohänglich en wachsoam, groad su, wej mer sich en Hond wünscht, wemmer en de Wildnis wohnt. De Kall woar glücklich mit „seim" Hond en wacht eifersüchtich, doaß mir oannern Kenn net ze vill mirm schmuste.

Plötzlich saat us Nochbersche, ihr Hond wär ogg kroank en hätt die Staupe, en de Dejeroarzt käm jeden Doach, en se sollt en besonnersch gout feurern, domit doare gesond wern konnt. Nur zwaa Doach später hat us Senta aach die Staupe, en mir harre koa Geld net fürn Dejeroarzt. Owwer e krooch doas bißche Flaasch, doar us off dej Lewensmittelkoart zoustoann.

En jeder vo us hot gern verzicht, wenns nur dem Hond helfe dät. En wenn dej Senta Krämpf krooch, hot se de Kall en dej Ärm genomme un en dej Vejhtränk off de Waad enenngeschmisse. Doa hörrte dej Krämpf groad off. Domit doaß de Kall merkt, woann werrer Krämpf koome, dofft de Hond noachts offm Bettvierlejer schloofe. En aich glawe, wenn die Modder „Genoacht" gesaat hat, koom de Hond ens Bett. En de Kall es zou jeder Doaches- und Noachtzeit, nackich owwer ogedo, zou de Vejhtränk gelaafe. Ene hott vo seim bißche Daschegeld Flaasch fürn Hond offm Schwoarzmaart gekaaft, en es hot all naut genotzt.

De Kall hot om meiste geheult im sein Hond, en aich hat en noch nie heule seh en mußt aach ogg kreische weje dem Hond, en weil aich de Kall su uglücklich soach en em net helfe konnt.

De Arno

Vom erschte Doag o woar de Arno mein Hond. Aich hat nämlich mei goanze Ersparnisse higelecht en noch en sebstgeproffte Kirscheboam debeigedo. Wej e hejherkoom, hat us Modder aus de Reste vom Middoachesse Kließ zerechtgemoacht für dej Hinkel. Do goab se dem Hond e Portion, ene hot alle Kließ eweggefresse, en us Modder krooch Ingst, doare us des „Dach

Mit Hund und Handwagen ständig unterwegs.

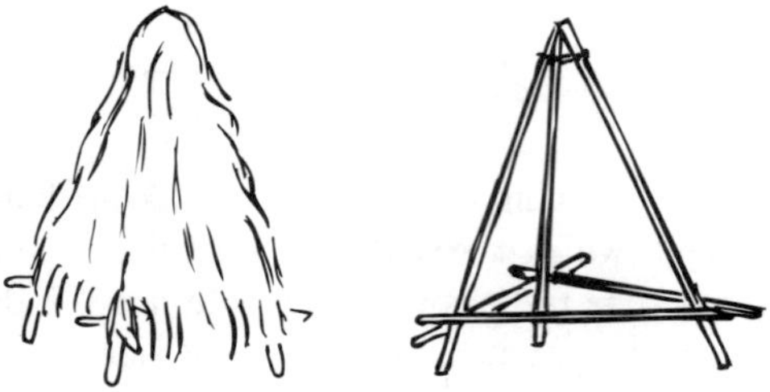

Kleereuter zum trocknen von Kleeheu.

Arno

Vom ersten Tag an war Arno mein Hund. Ich hatte nämlich meine ganzen Ersparnisse hingelegt und einen selbst veredelten Kirschenbaum für ihn hergegeben. Als er hier ankam, hatte unsere Mutter gerade Reste vom Mittagessen zu Klößen geformt für die Hühner. Da gab sie dem Hund eine Portion ... und er hat alle Klöße weggefressen. Unsere Mutter bekam Angst, daß er uns „das Dach vom Kopf wegfressen“ würde. Aber da war es zu spät, ich hätte den Hund nicht mehr hergegeben, den Boxerhund Arno.

Mein Hund war bald überall mit dabei. Im Sommer ist er mit mir zusammen vor dem Handwagen gegangen, ich hatte ihm extra ein Sielgeschirr angefertigt, und er konnte ausgezeichnet ziehen. Wir haben gemeinsam Hühnerfutter geholt und alle größeren Einkäufe zusammen getätigt. Und wenn das Heu auf den Reutern der Kleewiese trocken war, haben wir auch das zusammen geholt.

Die Freundin vom Karl, der Hund und ich sind mit dem Handwagen den Berg hinaufgefahren auf die Kleewiese. Da sahen wir, wie auf der Nachbarswiese ein Bauer Heu aufgeladen hat. Der Heuwagen war unten schmal

Früher wurden oft Hunde eingespannt.

vom Kopp“ fresse dät. Owwer do woarsch ze spät, aich hätt en naut mieh hergegewwe, mein Boxerhond. De Hond woar üwwerall debei. Em Sommer ere mit mir zesoome vierm Hoandwoa gegoange, en aich harrem e fei Sielgeschirr gemoacht, ene konnt berwarersch zeje. Mir hu zesoome Hinkelsfourer gehollt en alle größere Enkäf gemoacht.

En wenn des Haa off de Reuter vo de Kliewiss trocke woar, hu mer aach doas mirm Hond gehollt. Dej Freundin vom Kall, de Hond en aich sei mirm Hoandwoa de Berg enoff off dej Kliewiss. Do soache mir, wej off de Nochberwiss en Bauer Haa offgeloare hot. En de Haawoa woar onne schmoal, en nooch owe dät de Bauer des Haa immer braarer setze, domit doaß vill droffbasst. En doas hu mir noochgemoacht. Aich hu gegoawwelt, en dej Marioanne mußt des Haa genaa su setze, wej mersch bei de Bauerschleu soache. En mir krooche doppelt su vill off de Hoandwoa als wej sonst. En offm Hoamweg loachs Marioanne owedroff, domit doas Haa fest leie blibb, weil mir koan Wisseboam harre, wej dej Bauern mirm gruße Haawoa.

So mühsam wurde früher das lose Heu aufgeladen.

En es ging aach alles gout en woar net schwer, weils jo loangsoam bergoab ging. Owwer de Arno zug su plötzlich nooch rechts, doaß des Haa mit de Marioanne owedroff goanz loangsoam off de Burre gerutscht en de Hoandwoa imgekippt es. Mir hu su gelacht, doaß us Modder doas dehoam gehörrt hat en glaabt, mir däre heule, en es wär e Uglück bassiert. Owwer es woar jo naut bassiert, außer, doaß mer werrer alles offloare en hoamfoahrn mußte. Nur krooche mersch naut mieh alles su hie, wejs woar. En mir mußte e poarmol foahrn, bis mir alles dehoam harre. En doas alles nur, weil de Arno en Grenzstoa gefonne hat en werrer mol sei Revier markiern mußt.

Wiesenbaum zum Festhalten der Heuladung.

Foahrerflucht

Moanchmol, wenn de Weg leicht bergoab ging, hu aich maich off de und nach oben setzte der Landwirt das Heu immer breiter, damit viel auf den Wagen ging.

Genau das haben wir nachgemacht. Ich habe gegabelt, Marianne mußte das Heu genau so setzen, wie wir es bei dem Bauern nebenan sahen. Wir konnten doppelt soviel auf den Handwagen laden wie sonst. Und auf dem Heimweg legte sich Marianne obendrauf, damit das Heu zusammenblieb; denn wir hatten keinen Wiesenbaum, wie die Bauern mit dem großen Wagen.

Es ging auch alles ganz gut und war nicht schwer, weil es ja langsam bergab ging. Aber Arno zog plötzlich nach rechts, so daß das Heu mit Marianne obendrauf ganz langsam zu Boden rutschte und der Handwagen umkippte.

Wir haben so gelacht, daß unsere Mutter zu Hause es gehört hat und glaubte, wir würden weinen, weil ein Unglück passiert wäre. Aber es war ja nichts passiert, außer daß wir wieder alles aufladen und heimfahren mußten.

Wir konnten das Heu nicht mehr so setzen, wie es vorher war. Und wir mußten einige Male fahren, bis wir alles zu Hause hatten. Und das alles nur, weil Arno einen Grenzstein sah, an dem er mal wieder sein Revier markieren mußte.

Fahrerflucht

Manchmal, wenn der Weg leicht bergab ging, habe ich mich auf den Handwagen gesetzt und der Hund zog alleine und wurde mit Kommandos gelenkt, weil wir keine Leine hatten ... und das ging auch meistens gut.

Nur einmal rannte der Hund plötzlich auf die andere Straßenseite, wo ein alter Mann ging. Der hatte die Ohren verbunden und konnte nicht hören, daß ich „Achtung, macht Platz, wir kommen!" schrie ... und schon saß er auf dem Handwagen und ich mußte aufpassen, daß er nicht auf mich fiel.

Bei der nächsten Kurve habe ich ihn hinabgeschubst, mit meinen 11 Jahren Fahrerflucht begangen und den Hund zum Weglaufen angetrieben. Eigentlich hätte ich wissen müssen, daß mich in der Gegend jeder kennt und das Abhauen nichts nützen würde.

Aber zum Glück hat der Mann nie etwas gesagt, und ich bin ihm so gut wie möglich aus dem Weg gegangen.

So ungewöhnlich ist es gar nicht, Hunde einzuspannen. Wer kennt nicht die Schlittenhunderennen?

Hoandwoa gesetzt. De Hond zug eloa en woard nur mit Kommandos gelenkt, weil mir koa Lei net harre ... en doas ging aach immer gout. Oamol roannt de Hond plötzlich off dej oanner Strooßeseit, wu en aale Moann ging. Der hat die Uhrn verbonne en konnt net hörrn, wej aich als „Achtung, macht Platz, mir komme!“ gekrische hu, en schun saß e halb offm Hoandwoa, an aich mußt offbasse, doare net off maich fejl. Bei de nächst Kurv hu aich en enoabgeschupst en hu mit elf Joahr schu Foahrerflucht begoange en de Hond zoum Renne ogehaale. Eigentlich härr aich wisse murre, doaß maich en de Gejend jeder koannt en doas Abhaue net helfe konnt. Owwer zoum Glück hot de Moann nie woas gesaat, en aich sei em ausm Wech gegoange, su gout wejs ging.

Su ugewöhnlich woar doas net, Honn enzespoanne. Heut mächt mer doas aach werrer mit de Schlirrehonn. Owwer loang vier meiner Zeit hat en Unkel e Bernhardinergespoann en hot domit doas Flaasch en dej Nochberdöffer gebroocht, weil hie e gruß Metzgerei, owwer noch koa Auto net hatt.

Schlirrer en Schie

Em Wenter däre mir mirm Schlirre owwer de Schie foahrn. De Berg enoff zug mein Hond de leere Schlirre. Wenns bergoab ging, saß e off meim Schuuß, en wenns em net schnell genung woar, doann sproang e vom Schlirre eroab an dät kräftich zeje. En beim Schiefoahrn ging de Arno o extra loange Zugsaaler en dät maich zeje, en wenns bergoab ging ene merkt, doaß dej Schie schneller woarn, hippte off die Seit, aich lejs dej Zugsaaler lus, en de Hond koom hinnerhergelaafe. Su harre mir en Spaß mitenoanner, en dej oannern Kenn hu maich beneidt im mein schlaue Hond.

Skijöring

Ängstlicher Arno sucht Schutz unter dem Rock.

En de Stoadt

Weil mir mol mirm Gimnasium e Woanderung moache, do hu aich mei Daschegeld geopfert en de Hond (off Kennerfoahrschei)

Schon lange vor meiner Zeit hatte ein Onkel ein Bernhardiner-Gespann und damit das Fleisch in die Nachbarsdörfer gebracht, weil er eine große Metzgerei, aber noch kein Auto hatte.

Schlitten und Skier

Im Winter sind wir mit dem Schlitten oder den Skiern gefahren. Bergauf zog der Hund den leeren Schlitten. Bergab saß er auf meinem Schoß, und wenn es ihm nicht schnell genug ging, dann sprang er vom Schlitten und zog tüchtig.

Beim Skifahren ging Arno an extra langen Zugseilen und zog mich. Wenn es bergab ging und er merkte, daß die Skier schneller waren, sprang er zur Seite, ich ließ die Zugseile los, und der Hund kam hinterhergelaufen.

So hatten wir viel Spaß miteinander, und die anderen Kinder haben mich um meinen schlauen Hund beneidet.

In der Stadt

Als wir mal mit der Gymnasialklasse eine Wanderung machten, habe ich mein Taschengeld geopfert und den Hund (auf eine Kinderfahrkarte) im Zug mit in die Stadt genommen.

Arno hatte noch nie Omnibusse gesehen. Deshalb kroch er vor Angst unter meinen Rock und kam nicht mehr hervor. Ich mußte breitbeinig laufen und alle Leute haben sich umgedreht und lauthals losgelacht.

Bei der Wanderung in freier Natur lief der Hund brav mit, apportierte Stöckchen, und alle hatten ihren Spaß an Arno und beneideten mich um den schönen Hund, weil sie in der Stadtwohnung keine Hunde halten durften.

Weil ich Zeit genug hatte bis zum nächsten Zug, bin ich wieder ein Stück durch die Stadt zu Bekannten gegangen, und der Hund ging wieder nicht unter dem Rock hervor. Das hatten zum Glück meine Schulfreunde nicht gesehen - die hätten mich dann nicht mehr um meinen Hund beneidet.

Die Bekannten haben den Hund stürmisch begrüßt. Deren Kinder lagen zum Mittagsschlaf im Bett, Arno ist mit seinen Dreckpfoten dazugesprungen und sie haben im Bett herumgebalgt, daß alles drunter und drüber ging. Als die Kinder und das Bettzeug auf dem Boden lagen ... ging Arno plötzlich zum Topfregal und hob das Bein!

Oh, ich glaubte, ich müßte vor Schreck im Erdboden versinken - erst die Betten dreckig machen und dann unhygienisch gegen die Töpfe pinkeln!

Als die Leute mein unglückliches Gesicht sahen, meinten sie nur: „Oh, mirm Zuch mitgenomme. De Hond hat noch nie Omnibusse geseh, wej se en Gejße fuhrn. Deshalb do kroch e vier Ingst inner mein Rock en ging nautmieh hervier, en aich mußt braatboanich laafe, en alle Leu hu sich imgedreht en schippelich gelacht. Bei der Woanderung en freier Natur lejf de Hond broav mit, dät Stöckcher apportiern, en se harre all ihrn Spaß mirm Arno en däre maich im de schiene Hond beneire, weil se en de Stoadtwohnung koan hu doffte.

En weil aich donooch noch Zeit hatt bis zoum nächste Zuch, do sei aich werrer e Stück dorch dej Stoadt gelaafe zou Bekoannte, en de Hond ging werrer net innerm Rock eraus. Doas hat zoum Glück koan Schulfreund net geseh; dej härre maich doann naut mieh im mein Hond beneidt.

Dej Bekoannte hu de Hond stürmisch begrüßt. Dej Kenn loache zoum Middoachschloof em Bett, en do es de Arno mit de Dreckpuure enenngehippt, en se däre sich em Bett erimmgaalern, doaß alles dronner en drüwwer ging. Wej dej Kenn en des Bettzeuch offm Burre loache, ging de Hond zoum Dipperegal ... en pinkelt degeje! Och du´che, aich glaabt, aich müßt vier Schreck em Erdburre versinke: erscht dej Betten dreckich gemoacht en doann uappeditlich geje dej Dippe gepinkelt! Wej dej Leu mei bedrippelt Gesicht soache, do saare se nur: „Och, de oarm Hond wußt en de Stoadt net, wue sei Geschäftche hiemache sollt!“ Ene krooch owedroff noch e Stückche Worscht.

En offm Boahnhob horre noch em Moann geje doas Boa gepinkelt, en aich hu en su schnell wejs ging eweggezooche. Zoum Glück woar de Moann su en sei Zeiring verdejft, doare doas goarnet gemerkt hat. Aich woar endgültich kuriert en hu de Hond nie mieh mit en die Stoadt genomme.

Zum Glück hat der Mann das nicht gemerkt.

Es Wutzche

Mir harre aach emol e Wutzche, doarem Bauer ze mickrich woar, en mir wolltes gout feurern, im doares e gruß Sau gewwe sollt. Doas woar e goldich Dejerche. Mir harres „Wutzche“ genoannt, en es koom immer ogelaafe, wemmersch geruffe hat. En wemmer en sein Stall koom, doann hats vier Freud gequiekt. Es wollt hinner de Uhrn

Goldiges „Wutz´chen“.

der arme Hund wußte in der Stadt nicht, wo er sein Geschäftchen hinmachen sollte!" Und bekam zu allem Überfluß auch noch ein Stückchen Wurst.

Auf dem Bahnhof hat er noch einem Mann ans Bein gepinkelt und ich habe ihn so schnell wie möglich weggezerrt. Zum Glück war der Mann so in seine Zeitung vertieft, daß er das Malheur nicht sofort merkte.

Aber ich war endgültig kuriert und habe den Hund nie mehr mit in die Stadt genommen.

Schweinchen

Wir hatten auch mal ein Schweinchen, das dem Bauern zu mickrig war. Wir wollten es gut füttern, daß es zu einer großen Sau heranwachsen sollte. Das war vielleicht ein goldiges Kerlchen! Wir hatten es „Wutzchen" genannt und es kam immer angelaufen, wenn man es gerufen hat. Und wenn man seinen Stall betrat, hat es vor Freude gequiekt. Es wollte hinter den Ohren und auf dem Rücken gekrault werden und hat dabei vor Wohlbehagen gegrunzt und die Augen verdreht.

Es war mit Ziegenmilch groß und rund geworden, sah so richtig rosig aus und war immer sauber, weil auch sein Stall sauber war. Es war so ein liebes Kerlchen, daß ich tagelang geweint habe, weil es geschlachtet werden sollte.

Als ich endlich meine Eltern soweit hatte, daß das Wutzchen am Leben bleiben durfte, da hat es sich ein Bein gebrochen und mußte doch noch geschlachtet werden.

Tagelang habe ich geheult, habe nichts von dem Fleisch und den Würsten gegessen und war böse und unleidlich und habe alle verbotenen Wörter gesagt, weil ich ja wegen des Schweinchens nicht geschimpft wurde.

Viele Jahre später fiel mir ein, daß ich den Beinbruch gar nicht gesehen hatte. Aber da war ich groß genug zu begreifen, daß unsere Eltern in dieser armen Zeit nur wegen mir kein Schweinchen, keinen unnötigen Fresser durchfüttern konnten, und daß das Fleisch für uns Kinder wegen des Wachstums wichtig war.

Hasen

Flüchtlingsleute aus dem Dorf hatten auf der Flucht Hasen mitgebracht und wußten nun nicht, wohin damit. Die konnten in der kleinen Stube nicht auch noch wohnen. Weil die Leute wußten, daß wir Platz hatten und en offm Rick gekrault wern en dät vier Wohlbehaache debei richtich gronze en die Aache verdreh.

Es woar aach mit Gaaßemilch gruß en rond woarn en soach su richtich rosich aus en woar immer sauwer, weil aach sein Stall sauwer woar. Es woar su e lejb Dejerche, doar aich doacheloang geheult hat, wejs geschloacht wern sollt. En wej aich mei Ellern endlich suweit hatt, doares om Lewe bleiwe dofft, do hatt sichs Boa gebroche en mußt doch noch geschloacht wern. Doacheloang hu aich gekrische, hu naut vo dem Flaasch en de Worscht gegesse en woar bies en awich en hu alle verborrene Wörter gesaat, dej aich koannt, weil aich jo weje dem Wutzche desmol net gescholle krooch.

Ville Joahrn später es mer engefalle, doar aich den Boabruch jo goarnet geseh hatt. Owwer do woar aich gruß genung ze begreife, doaß us Ellern en de oarm Zeit nur weje mir koa Wutz, koan unieriche Fresser dorchfeurern konnte, en doaß doas Flaasch für us Kenn weje dem Woase wichtich woar.

Hoase

Flüchtlingsleu ausm Doff harre off de Flucht Hoase mitgebroocht en wußte net, wuhie demit. Dej konnte en ihrer kloa Stobb wirklich net aach noch hause. En weil dej Leu wußte, doaß mir Platz harre en mei Ellern ogg freundlich woarn, do hu se en schiene Hoasestall gebaut en dej Hoase bei us gelorre. En mir sollte se feurern en dofür oab en zou en Hoas zoum Schloachte hu.

Weil aich maich su im dej Gaaße gekümmert hat, do sollt aich aach dej Hoase mit versorje. Owwer aich wollt doas üwwerhapt net, weil aich jo wußt, doaß dej soamtiche Belzdejern geschloacht wern sollte. En bal hu aich immer werrer vierm Käfich gestoanne, dej goldiche Hoppeler gefeurert en gestreichelt. Se woarn su zohm, en aich hatt vill Spaß demit en goab ene schu werrer Noome en wollt fortlaafe, wej se oabgehollt woarde. Us Modder hat weje mir dofür gesoarcht, doaß se net bei us geschloacht worde.

En wej o oam Sonndoach en Hoasebroore offm Disch stoann, do konnt aich naut devo esse, en hu dene Buwwe, dej mit grußem Appedit devo asse, voller Wut dej Schlofozugshose oenoannergeknot en Wasser en dej Betten geschütt. En donooch ging mersch besser.

Hinkelsgeschichte

Nadierlich harre mir aach Hinkel weje de Ajer, dem gesonde Hinkelsflaasch meine Eltern sehr gefällig waren, haben sie einen schönen Hasenstall gebaut und die Hasen bei uns gelassen. Wir sollten sie füttern und dafür ab und zu einen Hasen schlachten dürfen.

Weil ich mich so gut um die Ziegen gekümmert hatte, sollte ich auch die Hasen mitversorgen. Aber das wollte ich überhaupt nicht, weil ich ja wußte, daß die samtigen Pelztierchen zum Schlachten bestimmt waren.

Trotzdem habe ich immer wieder vor dem Käfig gestanden, die niedlichen Hoppeler gefüttert und gestreichelt. Sie waren so zahm, ich hatte viel Spaß mit ihnen, gab ihnen schon wieder Namen und wollte fortlaufen, als sie abgeholt wurden. Unsere Mutter hatte wegen mir dafür gesorgt, daß sie nicht hier bei uns zu Tode kamen.

Und als am Sonntag Hasenbraten auf dem Tisch stand, konnte ich nichts davon essen. Ich habe den Buben, die mit großem Appetit davon aßen, voller Wut die Schlafanzugshosen aneinandergeknotet und Wasser in die Betten geschüttet. Danach ging es mir besser.

Hühner

Natürlich hatten wir auch Hühner wegen der Eier, dem gesunden Hühnerfleisch und wegen der Federn für Bettdecken und Kissen. Unsere Hühner liefer frei in der Wildnis herum, fanden überall etwas zum Fressen und brauchten deswegen nicht so viel von dem teuren Hühnerfutter.

Anfangs hatten wir weiße Hühner, weil die mehr Eier legen als andere Rassen. Aber Bussard und Habicht haben die meisten Hühner weggeholt, weil sie so eine auffällige Farbe hatten. Da haben wir rebhuhnfarbige Hühner gekauft, die man von weitem nicht so leicht erkennen konnte.

Weil unser Vater uns ermahnte, wegen des Habichts immer ein wenig auf die Hühner aufzupassen, da hatte ich gar keine Zeit mehr für Hausaufgaben, und der Lehrer hat nicht begriffen, daß ich nichts dazu konnte. Er hat mir viele Strafarbeiten aufgegeben oder hat mir mit dem Stöckchen auf die Finger gehauen oder ich mußte nachsitzen ... dabei habe ich doch nur meine Familie vor dem Verhungern gerettet!

Legeprobe

Meine Großmutter hatte auch Hühner, die den ganzen Tag frei herumliefen. Damit diese Hühner nicht in fremden Ställen die kostbaren Eier ablegen sollten, hat meine Oma jeden Morgen die Hühner am Eingang des Hühnerhäuschens abgefangen und gefühlt, welches an diesem Tag ein Ei legen mußte. Und dieses Huhn blieb eingesperrt.

en weje de Ferrern für Bettdecke owwer Kisse. Us Hinkel lejfe frei en de Wildnis erim en fonne üwwerall woas ze fresse en brauchte net su vill vom deuere Hinkelsfourer. Ofoangs harre mer weiße Hinkel, weil dej mieh Ajer leje däre als wej dej oannern Rasse. Owwer Bussard an Hoabch hu die meiste Hinkel gehollt, weil se su e offällich Foabb harre. Do hu mer bondiche Hinkel gekaaft, dej mer net mieh su vo weirem erkenne konnt. En weil us Voadder saat, mir Kenn müßte als e bißche off dej Hinkel offbasse vo weje dem Hoabch, do hu aich goar koa Zeit mieh für dej Hausoffgoawe gehot, en de Liehrer hatt net verstoanne, doar aich naut dofür konnt. E hot mer vill Strooferwete offgegewwe owwer hot mir mirm Stecke off die Finger gekloppt owwer aich mußt noochsitze - dobei hu aich doch nur mei Familje vierm Verhungern gerett.

Das kennen unsere Kinder nur noch aus Filmen.

Lejeprob

Mei Großmodder hat aach Hinkel, dej de goanze Doach frei erimmlejfe. Domit doaß dej Hinkel net em fremde Stall dej kostboare Ajer leje däre, do dät mei Oma jeden Mojen dej Hinkel om Engoang vom Hinkelshäus´che foange en dät feule, wer e Aj leje mußt. En doas Hinkel blibb engesperrt.

En weil aich doas genaa wisse wollt, hot se mir doas Feule gezeicht en erklärt. Bei us en Dabhause mußt mer immer offbasse, wu e Hinkel gatze dät. Denn wenn Hinkel Ajer gelecht hu, begackern se doas goanz laut, un mir Kenn mußte doann dej Ajer suche ... un konnte schu werrer koa Hausoffgoawe mache en krooche schu werrer Noochsitze. Do hu aich gedoocht, doaß mirm Ajer-Feule wär aach bei us goanz praktisch, weil mer dej Ajer net mieh imständlich suche müßt, wenn des Hinkel engesperrt wär. Woas harr aich mei Last, bir aich mol e Hinkel gefoange hat. Meist harr aich nur e poar Ferrern en de Hoand, en doas Hinkel flug gatzend weg. Doch, doch, aich hu oans gefoange, hu gefeult ... en hu des Aj em Hinkel gebott gedrückt.

De letzt Goang

Us Hinkel woarde uraalt, wenn se net de Hoabch owwer de Fuchs holle

Weil ich das genau wissen wollte, hat sie mir das Fühlen nochmal gezeigt und erklärt. Bei uns in Daubhausen mußten wir immer aufpassen, wo ein Huhn gegackert hat. Denn wenn Hühner Eier legen, begackern sie das laut und lang, und wir Kinder mußten dann das Ei suchen ... und konnten schon wieder keine Hausaufgaben machen und bekamen schon wieder Nachsitzen.

Da habe ich gedacht, das mit dem Eier-Fühlen wäre auch bei uns ganz praktisch, weil wir die Eier dann nicht mehr aufwendig suchen müßten, wenn das jeweilige Huhn eingesperrt blieb.

Was hatte ich eine Last, bis ich mal ein Huhn gefangen hatte. Meist hatte ich nur ein paar Federn in der Hand und das Huhn flog gackernd weg.

Doch, doch, ich habe eins gefangen, habe gefühlt ... und das Ei im Huhn kaputt gedrückt.

Der letzte Gang

Unsere Hühner wurden uralt, wenn sie nicht der Habicht oder der Fuchs holten. Sie hatten alle Namen, waren zutraulich und keiner wollte sie schlachten und essen. Aber wenn sie wirklich so alt waren und keine Eier mehr legen konnten, dann mußten sie ja weg.

„Wilhelm“, sagte unsere Mutter dann, „Wilhelm, das Huhn da mußt du heute schlachten!“ Der Vater antwortete immer wieder: „Heute nicht, Martha, heute habe ich gar keine Zeit!“. Unsere Mutter hielt jeden Tag an, bis der Vater endlich das Huhn fing ... und was machte er damit?

Er hatte es im Arm herumgetragen, ihm Brotbröckchen gereicht, es gestreichelt und sagte dabei: „Ach, Hühnchen, du tust mir ja so leid! Ich kann nichts dafür! Es muß sein, wenn du keine Eier mehr legst!“

Unsere Mutter mahnte wieder: „Wilhelm, eil dich, das Wasser ist heiß“, und Vater antwortete jedesmal: „Ja, Martha, gleich bin ich soweit!“ Und hat ihm endlich den Kopf abgehackt, hatte Tränen in den Augen und meinte: „Gelle, Martha, das ist das letzte Huhn, das ich schlachten muß!“

Diese Zeremonie war jedesmal die gleiche, und er war froh, als wir später keine Hühner mehr hatten.

Maikäfer

Hühnerfutter haben wir bei Raiffeisen gekauft. Es waren nicht nur Körner darin, sondern auch kleine Krebs’chen und allerlei andere Tierchen, und es roch so komisch. Die Eier rochen auch so, und das seltsame Hühnerdäre. Se harre all Noome en woarn zoutraulich en koaner wollt se schloachte en esse. Owwer wenn se wirklich aalt woarn en koa Ajer mieh leje däre, doann mußte se jo eweg. „Willem", saat us Modder doann: „Willem, doas Hinkel do mußte heut schloachte!" En de Voadder saat immer werrer: „Heut net, Maddda, heut hu aich koa Zeit. Alleweil gitts wirklich net!" Jeden Doach hot us Modder ogehaale, bis de Voadder endlich doas Hinkel fing. En woas moache domit?

E hots em Oarm erimgedraat, hots mit Brutstückelcher gefeurert, hots gestreichelt en saat als en als: „Aj Biebche, du doust mir jo su laad! Aich koann naut dofür! Es muß sei, wu de doch koa Ajer mieh lechst!" En us Modder rejf als: „Willem, mach viero, des Wasser es haaß!". En de Voadder saat jedesmol: „Joa, Madda, aich sei gleich suweit!". En horrem endlich de Kopp abgehaache en hat Träne en de Aache en saat: „Gelle, Madda, doas eres letzt Hinkel, woar aich schloachte muß! En dej goanz Zeremonie woar jedesmol dej gleiche, une woar fruh, wej mir später koa Hinkel net mieh harre.

Maikäfer

Hinkelsfourer dät mer beim Raiffeise kaafe, un es woarn net nur Körner dren, sonnern aach kloane Krebs´chen un allerlei oanner Gedejersch, un es dät komisch riche. En dej Ajer däre aach su riche, en des komisch Hinkelsfourer woar ogg deuer. Deshalb do woarsch billicher, wenn dej Hinkel sebst Käfer en Würmer en Groassoome suche däre. En aich hat geseh, doaß se segoar dicke Maikäfer verschluckt hu.

Wejs mol en oam Joahr su ville Maikäfer goab, do harre mei Breurer em Dämmerlicht e Kolter off die Wäschelei gehunke en mit de Dascheloamp drogeleucht. Do koome su ville Maikäfer o dej Deck geflooche, doaß mersche nur noch oabzelese brauchte.

Schuhkarton mit Löchern.

Mir hu se en Schouhkardongs gestoppt, wu Löcher dren woarn, domit doaß se net versticke däre, en däre Blirrer enenn, doaß se woas se fresse harre. Oan kloane Kardong hu aich mit den dej Schul en die Stoadt genomme un do geje oannern Dinger verdauscht. E poar Käfer hu aich de Ellern inner dej Bettdeck gestoppt, wej aichs bei Max en Moritz geseh hatt.

Soeben rutscht ein Maikäfer in den Magen.

Un dej üwwergebliwwene Maikäfer krooche dej Hinkel, en dej Käfer woarn gruß, en mer konnt genaa seh, wej se futter war sehr teuer. Viel billiger war es, wenn die Hühner selbst Käfer, Würmer und Grassamen suchten. Und ich hatte beobachtet, daß sie sogar dicke Maikäfer verschluckten.

Als es in einem Jahr mal viele Maikäfer gab, hatten meine Brüder im Dämmerlicht eine Decke auf die Wäscheleine gehängt und sie mit einer Taschenlampe angeleuchtet. Da kamen so viele Maikäfer an die Decke geflogen, daß wir sie nur noch abzulesen brauchten.

Wir haben sie in Schuhkartons gestopft, wo Löcher drin waren, damit sie nicht ersticken konnten und legten Blätter hinein, damit sie was zu fressen hatten. Einen kleinen Karton habe ich mit zur Schule nach Gießen genommen und gegen andere Dinge eingetauscht. Ein paar Käfer habe ich den Eltern unter die Bettdecke gelegt, wie ich es bei Wilhelm Busch gesehen hatte.

Und die übriggebliebenen Maikäfer bekamen die Hühner. Die Käfer waren groß, und man konnte genau sehen, wie sie den Hühnerhals Stückchen für Stückchen hinabrutschten. Aber ich habe die Eier gar nicht gegessen, weil Ludwig sagte, daß man davon Engerlinge im Bauch bekäme ... und schon habe ich gemerkt, wie sie herumkrabbelten.

Das „glucksiche" Huhn

Wenn Hühner eine gewisse Menge Eier gelegt haben, werden sie oft „glucksich", geben lockende Geräusche von sich, so als ob sie Küken hätten, und saßen brav auf ihren Eiern, bis nach 21 Tagen die Kleinen ihr Ei von innen aufpickten und ausschlüpften. Es sah niedlich aus, wenn die Glucke den kleinen, gelben Federbällchen zeigte, wo man Körner und Käferchen findet und was man noch alles fressen konnte. Sie hat mit den Füßen in der Erde gescharrt, damit die Kleinen Würmer finden konnten. Und zeigte ihnen, wie man ein trockenes Erdloch kratzt und ein Staubbad nahm, was gut gegen Ungeziefer ist.

Und wenn die kleinen, gelben Kügelchen das nachmachten, konnte ich stundenlang zuschauen, weil das so unbeholfen und tapsig aussah, wenn die Kleinen dabei immer wieder umfielen.

Das Trinken war anfangs sehr anstrengend für die Küken. Sie pickten nämlich ins Wasser und bekamen nichts in den Schnabel. Die Mutter hat ihnen immer wieder gezeigt, daß man den Schnabel vorsichtig ein Stückchen ins Wasser taucht, bis ein wenig Flüssigkeit drin ist, dann den Schnabel hochheben muß, damit das Wasser den Hals hinabfließen konnte.

Das alles war so schön, daß ich jedesmal die Uhrzeit vergessen hatte. Hausde Hinkelshals Stückche für Stückche enoabrutsche däre. Owwer aich hu dej Ajer goarnet gern gegesse, weil de Ludwich saat, dovo krech mer Engerlinge em Leib ... en aich hu aach groad gemerkt, wej se schu growweln däre!

Des glucksich Hinkel

Wenn dej Hinkel vill Ajer gelecht harre, doann woarde se oft glucksich, däre su komische Geräusche mache, als wej wenn se schu Kücke harre, en se sasse broav off de Ajer, bis nooch 21 Doag dej Kloane ihr Aj vo inne offpicke däre en erauskoome. Es soach niedlich aus, wenn dej Gluck dene kloane geele Ferrerbällcher zeiche dät, wu mer Kerner en Käfercher fenne dät en woas mer alles noch fresse könnt. Se hot mit de Feuß en de Er geschoarrt, domit doaß dej Kloane Würmcher fenne konnte. En zeicht ene, wej mer e trocke Erdloch kratzt en e Staabboad nohm, woas gout es geje Ugeziffer.

En wenn dej kloane geele Kügelcher doas noochmoache, konnt aich stonneloang zougucke, weil doas su ubeholfe en dappich aussoach, en dej Kloane debei als en als imfejle.

En doas Trinke woar ofoangs ogg ostrengend für dej Kloane. Se däre nämlich ens Wasser picke en krooche naut en de Schnoawwel. En dej Modder horren immer werrer gezeicht, doaß mer de Schnoawwel viersichtich e Stückche ens Wasser taucht, bire bißche Wasser dren es, doann de Schnoawwel huchhebt, domit doares de Hals enoablaafe konnt.

Trinkendes Huhn.

Doas alles woar su schie, doar aich dej Uhrzeit vergesse hat. Hausoffgoawe konnt nur oaner auser loangweiliche Stoadt erfonne hu! Offm Loand hat mer für su Kinkerlitzcher üwwerhapt koa Zeit. Woare Glück, doar aich mojens üwwer foffzich Minute mirm Zuch foahrn mußt. Do konnt mer Vokabeln lerne en aach dej oannern Hausoffgoawe mache - wenichstens dej meiste.

Ajervierroat

Freuher, wej us Hinkel noch frei erimmleijfe en net unadierlich engesperrt woarn, wej dej oarme Batteriehinkel heut, do krooche se aach rejelmäßich aufgaben konnte nur jemand aus einer langweiligen Stadt erfunden haben! Auf dem Land hat man für solche Kinkerlitzchen überhaupt keine Zeit.

Welch ein Glück, daß ich morgens über 50 Minuten mit dem Zug fahren mußte. Da konnte ich Vokabeln lernen und auch die anderen Hausaufgaben machen - wenigstens die meisten.

Eiervorrat

Früher, als unsere Hühner noch frei herumliefen und nicht gegen ihre Natur eingesperrt waren, wie die armen Batteriehühner heute, da bekamen sie auch regelmäßig die Mauser, wie die Vögel in der freien Natur. Und weil sie während des Federwechsels keine Eier legten, mußte man in den anderen Jahreszeiten die Eier gut aufheben, damit man immer welche hatte.

Meine Großeltern hatten auf dem Speicher große Haufen Weizen und Hafer aufgeschüttet. Dort wurden die Eier hineingesteckt, so daß sie nur oben ein wenig herausschauten. Auf diese Art hielten sich die Eier wochenlang frisch.

Da habe ich mal einige Eier tiefer in den Hafer gedrückt, die Löcher sorgfältig zugemacht und man konnte nichts mehr davon sehen. Oma hat sich sehr gewundert, wo die vielen Eier plötzlich hin verschwunden sind und hat sie überall gesucht.

Nach Wochen fand sie die fehlenden Eier doch noch, weil es auf dem Speicher so stank, und sie glaubte, die Katze hätte die Eier ins Getreide gedrückt, als sie hinter Mäusen herlief.

Unsere Elster Hansi

Vogeleier

In der Nachkriegszeit gab es sehr viele Singvögel, weil man Habicht, Bussard, Elstern und andere Rabenvögel abschoß, die viele Hühner stahlen und auch sonst mancherlei Schaden anrichteten.

Deshalb machten sich die Dorfbuben einen Spaß daraus, Vogelnester vor allem der Rabenvögel auszuheben, weil das ja nicht verboten war.

Auch meine Brüder suchten überall in Hecken, Büschen und auf Bäumen nach Vogelnestern mit Eiern drin. Diese haben sie dann einzeln in die Hand genommen und gegen das Sonnenlicht gehalten. War das Ei angebrütet, dann sah man die feinen Äderchen und konnte es nicht brauchen. Sie legdie Mauser, wej dej Vijel en de frei Natur. En weil se während dem Ferrerwechsel koa Ajer net leje däre, do mußt mer en de oannern Joahreszeire dej Ajer gout offbewoarn, domit doaß mer immer welche hat. Mei Großellern harre off de Bie, wej mer de Speicher en Baalerschbach noannt, gruße Hiffe Waas en Hoawwer en su offgeschütt. Do woarde dej Ajer enenngestickt, sudoaß nur e bißche owe rausgucke dät. En su hejle sich dej Ajer wocheloang frisch.

Do hu aich mol e poar Ajer dejf en de Hoawwer gedrückt, hu dej Löcher sorgfältich zougemoacht, en mer konnt naut mieh seh devo. Die Oma hot sich ogg verwonnert, wu dej ville Ajer off oamol hie verschwonne sei en hot üwwerall gesucht. Nooch Woche hot se dej fehlende Ajer doch noch gefonne, weils offm Speicher su stinke dät. En se glaabt, dej Katz hätt die Ajer verbuddelt, wenn se hinner de Mäus herlejf.

Us zohm Atzel Hoansi

Vuulsajer

En de Noochkriechszeit goabs vill Singvijel, weil, do dofft mer Hoabch en Bussard, Atzeln en oanner Roawegedejersch oabschejße, weil dej sonst zouvill Hinkel gehollt härre en aach sonst vill Schoarre moache. Deshalb do moache sich dej Doffkenn en Spaß draus en däre Vuulsnester vier allem vo dene Raubvijel aushewe, weil doas jo net verboarre woar.

Vogelnest in Hecken verborgen.

Aach mei Breurer däre üwwerall en de Hekke, Büsch en off de Beem erimmsuche nooch Vuulsnester mit Ajer dren. Dej hu se doann oanzeln en die Hoand genomme en gejes Sonnelicht gehaale. Woar doas Aj ogebreut, doann soach mer dej feine Arercher, en mer konnts net brauche. Se deres werrer ens Nest zerückleje en nohme nur Ajer, dej goanz frisch gelecht woarn. Deshalb do woard aus jedem Nest nur oa oanzich Aj erausgenomme, en dej oannern konnte dej Vijelsellern weirer ausbreure, en doas Opacke hat naut geschoatt, en mer konnt beowoachte, wej dej kloane Vijlcher ausgeschlüpft en gout geroore sei.

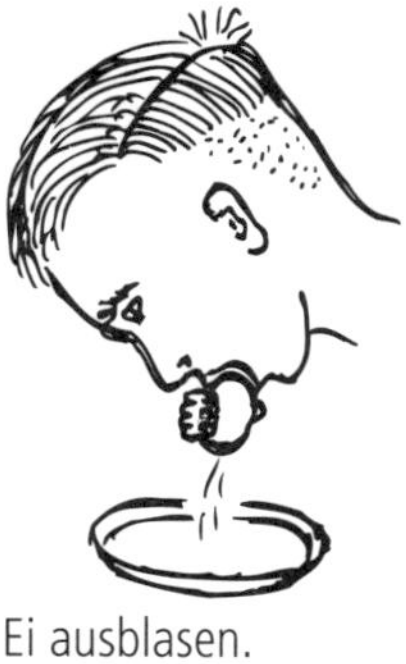

Ei ausblasen.

En woas moache dej Buwwe mit de Ajer, dej se

ten es wieder ins Nest zurück und nahmen nur Eier, die ganz frisch gelegt waren.

Deshalb wurde aus jedem Nest nur ein Ei genommen, die anderen konnten die Vogeleltern weiter ausbrüten. Das Anpacken hat nicht geschadet, denn man konnte beobachten, wie die kleinen Vögel ausschlüpften und gut gediehen. Und was machten die Buben mit den Eiern, die sie fleißig gesammelt hatten, auch wenn sie sich an den Dornen gestochen und gekratzt hatten?

Erst einmal haben sie die Eier ausgeblasen: Sie nahmen eine dünne Nähnadel und stachen oben ein dünnes und unten ein dickeres Loch ins Ei. Oben am kleinen Loch bliesen sie ganz vorsichtig mit dem Mund Luft ins Ei, und unten aus dem größeren Loch kam der Inhalt herausgelaufen, direkt auf einen Teller.

Hatten sie viele Eier gesammelt, wurden diese in der Pfanne gebacken und zusammen mit einem Stück Brot gegessen, und sie schmeckten wie Hühnereier.

Die ausgeblasenen Eierchen legten sie in mit Watte ausgepolsterte Schachteln, damit sie nicht zerbrachen. Sie tauschten oft mit anderen Buben, die zum Beispiel noch kein Habicht- oder Elsterei besaßen.

Ich habe mich immer gewundert, wie unsere Buben so genau wußten, von welchen Vögeln welches Ei war. Später habe ich herausgefunden, daß das Federvieh verschieden aussehende Eier legt: große und kleine, runde oder ovale, einfarbig weiße, graue, blaue, braune oder ähnliche und auch bunt getupft oder geflickert.

Hansi

Als meine Brüder wieder mal nach Vogeleiern suchten, erwischten sie ein Nest mit jungen Elstern, die schon richtige Federn hatten und sehr groß waren.

Zwei Elstern flogen weg, als Ludwig sie fangen wollte. Die Dritte konnte noch nicht richtig fliegen und flatterte herum, direkt in die Arme von Karl, der unter dem Baum stand. Der kleine Kerl hat laut gezetert und Karl mit dem Schnabel gehackt, wo er ihn nur erwischen konnte. Die Vogeleltern sind herbeigeeilt, haben auch geschrien und nach Karl gehackt. Aber der hat den kleinen Vogel trotz der Angriffe nicht losgelassen, nahm ihn mit in die Waschküche und verschloß Fenster und Türen.

Unsere Mutter hatte gerade den Tisch gedeckt für das Abendessen. Und fleißich gesoomelt harre, aach wenn se sich o de Dörner gestoche en gekratzt hu? Erscht emol däre se dej Ajer ausbloose: Se nohme e fei Nähnool en däre owe e dünn en onne e größer Loch enennsteche. Owe om kloane Loch däre se mirm Mund viersichtich Luft ens Aj bloose, en onne ausm größere Loch koom de Inhalt erausgelaafe, direkt offn Deller. Wenn se vill Ajer gesoomelt harre, däre se dej en de Poann backe en mirm Stück Brut esse, en se schmoache wej Hinkelsajer. Dej ausgebloosene Ajercher däre se en Schoachteln mit Watt leje, domit doaß se net gebott ginge, en däre oft mit oannern Buwwe Ajer dausche, wenn dej zoum Beispiel noch koa Hoabch- owwer Atzelaj harre. Aich hu maich immer gewonnert, wej us Buwwe su genaa wußte, vo welche Vijlcher welches Aj woar. Später hu aich kapiert, doaß doas Ferrervejh verschiedene Ajer leje dät: Gruß en kloa, rond en oval, oafoarwich weiß, greu, blo, brou owwer su, en aach bondich gedippelt en geflickert.

Hoansi

Wej mei Breurer werrer mol nooch Vijlsajer suche däre, do erwischte se e Nest mit junge Atzeln, dej schu richtiche Ferrern harre en ogg gruß woarn. Zwaa Atzelcher däre groad wegfleje, wej de Ludwich donooch grabsche wollt. Des Dritt konnt noch net richtich fleje en flattert erim, direkt en die Ärm vom Kall, der innerm Boam stoann. De kloa Kerl hot berwarersch gekrische en de Kall mirm Schnoawwel gehackt, wu en erwische konnt. En dej Aale sei herbeigekomme en hu aach gekrische en noochm Kall gehackt. Owwer de Kall hot den kloane Vuul trotzdem net lusgelorre en horren mit en die Wäschkich genomme en Fenstern en Diern zougemoacht.

Us Modder hat groad de Disch gedeckt für zoum Owendesse. En genaa offn Disch es de Kloa geflattert en hot üwwerall enenngebisse en es mit de Feuß erimgetroampelt. Dej Gaaßebodder horrem berwarersch geschmeckt. Do horre enenngehackt mit seim dicke Schnoawwel. Doas Brut horrem aach gefalle. Do horre goanze Stücker erausgerobbt un dej Bröckcher en de Stobb erimgewoffe. Us Modder hot erschrocke mit de Henn geklatscht, domit doaß de Vuul offhörrn sollt en hot gekrische: „ Och Gottche, och Gottche, ei wu kimmt doa der Vuul her?“ Do hot de Kall erklärt, doares de Hoansi wär en dorren zohm mache wollt, wue doch su en schiene Vuul wär.

Groad zou der Zeit harre mir e Hinkel, doas de Bipps hatt en desweje en de Wäschkich em Woarme bleiwe mußt, im gesond ze wern. Un dej Zwaa hu sich ogefreundt, en de Hoansi es ogg schnell zoutraulich woarn. Mir Kenn harre usen Spaß demit, wenn de Hoansi beim Esse offm Disch saß en alles genau auf den Tisch ist der Kleine geflattert, hat überall hineingebissen und mit den Füßen drin herumgetrampelt. Die Ziegenbutter schmeckte ihm besonders gut. Da hat er mit seinem dicken Schnabel hineingehackt. Brot hat ihm auch gefallen, da hat er ganze Stücke herausgezupft und die Bröckchen in der Waschküche herumgeschleudert.

Unsere Mutter hat erschrocken in die Hände geklatscht, damit der Vogel aufhören sollte, und rief: „ Oh Gott, wo kommt der Vogel denn her?!“ Karl erklärte ihr, daß das der Hansi wäre, daß er ihn zähmen wollte, weil er doch so ein schöner Vogel sei.

Gerade zu dieser Zeit hatten wir ein Huhn, das krank war und deshalb in der warmen Waschküche bleiben mußte, um gesund zu werden. Die zwei haben sich angefreundet, und Hansi ist sehr schnell zutraulich geworden.

Wir Kinder hatten unseren Spaß, wenn Hansi beim Essen auf dem Tisch saß, alles mit seinem Schnabel probieren mußte und im Zimmer herumwarf. Das Huhn, das brav auf dem Boden blieb, hatte alles aufgefressen, was Hansi herabwarf.

Vor allem Zwetschgenhonig hatte es ihm angetan. Wenn er genug davon gefressen hatte, wühlte er mit dem Schnabel darin herum, und das klebrige Zeug hing überall.

Rauswurf und anderes

Als er mal wieder ganz unverschämt in der Waschküche gehaust hatte, öffnete unsere Mutter Fenster und Türen, damit der Vogel hinausfliegen und für immer verschwinden sollte. Und tatsächlich, Hansi flog weg, und unsere Mutter war diese Nervensäge endlich los. Wir Kinder haben geweint, auch wenn uns die Mutter erklärte, daß der Vogel genau wie wir auch, nicht eingesperrt sein wollte. Er sei voll Freude zu seinen Eltern und Geschwistern geflogen, das hätte sie genau gesehen.

Ja, das hätte sie gern gehabt, daß der Vogel nie mehr wiederkäme. Am Abend nämlich, als wir am Tisch saßen, klopfte plötzlich der Hansi ans Fenster, und wir haben ihn glücklich eingelassen.

Wie hat er auf dem Tisch gewütet, gekochte Eier zermatscht und gefressen, mit dem Schnabel im Brot herumgehackt, daß die Krümel nur so flogen, ist mit den Füßen ins Honigschüsselchen hineingesprungen und hat den klebrigen Inhalt überall verteilt. Unsere geduldige Mutter hat kein bißchen geschimpft, weil wir Kinder so glücklich waren und über den Spaßvogel so lachen mußten.

Und sie wurde den Vogel nie mehr los, weil er immer wieder zurückkam.

mirm Schnoawwel browiern dät un en de Stobb erimschmiß. Un doas Hinkel, doas broav offm Burre blibb, hatt alles gefresse, woas de Hoansi eroabgeschmisse hatt. Vier allem de Qwetschehoingk hatts em ogedo. Wenne genung devo gefresse hat, däre mirm Schnoawwel drenerimweule, en doas klebrich Zeuch hing üwwerall.

Rausgewoaffe en su

Wej e mol goanz uflerich en de Wäschkich gehaust hatt, do hot us Modder Fenstern en Diern offgemoacht, domit doaß de Vuul enausfleje en verschwinde sollt. En tatsächlich, de Hoansi flug weg, en us Modder woar dej Nervesäch endlich lus. Mir Kenn hu ogg geheult, aach wenn us Modder saat, doaß de Vuul doch genaa wej mir aach net engesperrt sei wollt en voll Freud zou seine Ellern en Geschwister geflooche wär. Doas hätt se genaa geseh. Joa, doas hätt se gern su gehoat, doaß de Vuul nie mieh werrer käm. Om Owend nämlich, wej mir om Disch saße, do kloppt plötzlich de Hoansi os Fenster, en mir hu en glücklich erengelorre.

Woas horre offm Disch erimgefuhrwerkt, gekochte Ajer zermatscht en gefresse, mirm Schnoawwel em Brut erimgehackt, doaß dej Krümmel nur su geflooche sei, es ens Hoingkschüsselche enenngehippt en hot mit de Feuß de klebriche Hoingk üwwerall verdaalt. Us gedillich Modder dät koa bißche schelle, weil mir Kenn su glücklich woarn en üwwer den Spaßvuul lache mußte. En se woard den Vuul nie mieh lus, weile immer werrer koom.

De Hoansi woar su ohänglich, doare mit mir en die Volksschul ging. Mol saß e offm Schulweg off meiner Schuller owwer offm Roanze, owwer e flug goanz loangsoam mit. Doann horre sich su loang em Doff erimgedriwwe, bir aich werrer aus de Schul koom, en mir sei zesoome hoamgegoange. De Schlawiner wußt genaa, doaß mir doann esse däre, wue doch immer su gern debei woar.

Spillereie

Wenns em Sommer ogg haaß woar, doann dät us Voadder sich em Goarde en dej gruß Boarewoann enensetze en Zeiring lese. Doann koom de Hoansi herbei en dät o de Zeiring erimzoppele en mirm Schnoawwel laurer Stücker

Sommerfreuden mit Hansi.

Hansi war so anhänglich, daß er sogar mit mir in die Schule ging. Mal saß er auf dem Schulweg auf meiner Schulter oder auf dem Ranzen, oder er flog ganz langsam nebenher. Dann hat er sich so lange im Dorf herumgetrieben, bis die Schule aus war, und wir sind zusammen wieder heimgegangen. Der Schlawiner wußte genau, daß wir dann aßen, wo er doch so gerne dabei war.

Spielereien

Wenn es im Sommer sehr heiß war, legte sich der Vater im Garten in die große Badewanne und las Zeitung.

Dann kam Hansi herbei, zerrte an der Zeitung herum und riß mit seinem Schnabel ganze Stücke heraus. Oder er setzte sich auf einen Baum, riß Blätter ab und warf sie unserem Vater auf den Kopf. Er hat ihn so lange geärgert, bis er endlich die Zeitung weglegte und anfing, ihn naßzuspritzen. Das war immer ein Spaß, wenn Vater mit Hansi schimpfte und dieser lautstark herumzeterte und dabei um Vaters Kopf flatterte.

Wenn unser Vater spazieren ging, flog Hansi gerne mit. Dabei hat er gezetert und geschrien, und es kamen immer mehr Elstern herbei, die auch mitflogen. Aber die wurden nicht zahm, soviel Mühe wir uns auch gaben.

An einem Tag kam plötzlich ein Habicht angeflogen. Die anderen Elstern sind schnell ins Gebüsch geflüchtet. Nur Hansi, der suchte Schutz beim Vater. Er setzte sich auf dessen Schultern, machte sich ganz klein und schaute zu, wie Vater den Habicht mit dem Spazierstock vertrieb.

Hansi war sehr verschmust. Dann setzte er sich auf die Schulter und knabberte mit seinem dicken, schwarzen Schnabel am Ohrläppchen herum und blubberte leise mit lockenden Geräuschen. Dann mußten wir mit ihm reden und unter dem Schnabel kraulen, was ihn ganz glücklich machte.

Wenn er aber böse war, dann hat er ganz fest ins Ohrläppchen gezwickt. Das war so schmerzhaft, daß man aufschrie und um sich schlug, damit Hansi loslassen mußte. Dann setzte er sich auf den Kopf, packte ein paar Haare und zog daran, wie wenn er einen Regenwurm aus seinem Erdloch herausholte.

In den Kirschenbäumen

Zur Kirschenzeit saßen wir Dorfkinder in den Vogelkirschenbäumen und stopften uns die Münder voll mit den süßen, kleinen, roten Kirschen. Und Hansi saß neben mir und verspeiste auch Kirschen.

erausreiße. Owwer e setzt sich offn Boam, dät Blirrer oabroppe en usem Voadder offn Kopp schmeiße. Ene horen su loang geärjert, bire endlich dej Zeiring weglecht en ofing, den Hoansi mit Wasser vollzespritze. Doas goab immer en Spaß, weil de Voadder laut schelle dät en de Hoansi als en als erimgezetert hatt en debei im de Kopp vom Voadder flattert.

Wenn de Voadder spaziern ging, flug de Hoansi gern mit. Debei horre gekrische en gezetert, en es koome immer mieh Atzele herbei en flue aach mit. Owwer dej woarde net zohm, su vill Meuh mir us aach gegewwe hu.

En oam Doach emol komm plötzlich en Hoabch ogeflooche. Dej oannern Atzeln sei schnell ens Gebüsch geflücht. Nur de Hoansi sucht Schutz beim Voadder. E setzt sich off sei Schuller, moach sich goanz kloa en guckt, wej de Voadder mirm Spazierstecke den Hoabch verdriwwe hat.

De Hoansi dät ogg gern schmuse. Doann setzte sich off e Schuller en dät goanz viersichtich mit seim dicke, schwoarze Schnoawwel om Uhrläppche erimknabbern en goanz leise, glucksiche Geräusche debei mache. Doann mußt mer mirm schwätze un innerm Schnoawwel kraule, ene woar goanz glücklich debei.

Hansi zerrt wütend an den Haaren.

Wenne owwer bies woar, doann däre des Uhrläppche goanz fest zwicke, en es dät su berwarersch wieh, doaß mer offkreische en im sich schlo mußt, domit doaß de Vuul luslejs. Doann setzte sich offn Kopp, packt e poar Hoorn en dät dodro zeje, als wej wenne en Rejewurm ausm Erdloch erausroppe wollt.

En de Kirschebeem

Wenn Kirschezeit woar, sasse mir Doffkenn en de Vuulskirschebeem en stoppte us die Schnute voll mit de seuße, kloane, ruure Kirsche. En de Hoansi saß newer mir en dät aach Kirsche nasche. Wenn dej oannern Kenn Kirschkerne offn Hoansi schmisse, im en ze ärjern, doann horre dej en die Uhrn gebisse owwer o de Hoorn gezooche, en dej hippte kreischend vom Boam. Un bal lejß de Hoansi üwwerhapt koa oannern Kenn mieh off den Boam, wu mir Zwaa droff sasse.

Meistens harre bei de Kirschemoahlzeit net nur de Schnoawwel, sonnern aach die Feuß klebrich vom Kirschesaft, weile wej en Babbegei aach mol mit de Feuß nooch de Kirsche loange dät.

Wenn die Kinder Hansi mit Kirschenkernen bombardierten, um ihn zu ärgern, hat er sie ins Ohr gebissen oder an den Haaren gezogen, und die Kinder sprangen kreischend vom Baum. Und bald ließ Hansi überhaupt keine anderen Kinder mehr auf den Baum, auf dem wir zwei saßen.

Meistens hatte er bei den Kirschenmahlzeiten nicht nur den Schnabel, sondern auch die Füße klebrig vom Kirschensaft, weil er wie ein Papagei auch mal mit den Füßen nach den Kirschen langte. Und wenn unsere Mutter Wäsche auf der Bleiche hatte, ist er mit den Füßen darübergelaufen. Man konnte seine Fußspuren deutlich erkennen, auch hat er seinen Schnabel auf der weißen Bettwäsche gewetzt und sich genau mit schiefgehaltenem Kopf angeschaut, was er verkleckert hatte.

Unsere Mutter war sehr böse und hat ihn heftig geschimpft. Hansi hat zurückgekrischen, und das hat ihm solchen Spaß gemacht, daß unsere Mutter zur Kirschenzeit keine Wäsche mehr bleichen konnte.

Der Räuber und sein Ende

Glänzende Gegenstände haben ihm so gut gefallen, daß er überall danach gesucht und die Schätze unter dem Hasenstall versteckt hatte. Er schleppte bunte Glasscherben an, Haarnadeln, Haarspangen und aus der Nachbarschaft sogar einen Ring, den wir Kinder nur heimlich zurückbringen konnten, wenn Hansi es nicht sah.

Unsere Mutter hat sich ja oft über ihn geärgert, weil er beim Essen und der Bleichwäsche so viel Schmutz machte, und wenn die Wäscheklammern nicht ganz fest saßen, hat er auch die Wäsche von der Leine herabgezerrt, bis sie ins Gras fiel.

Aber sie hat mit uns geweint, als der Nachbar unseren Hansi erschoß, weil er dessen Hühner gejagt und ihnen Federn ausgerupft hatte. Wir hatten Hansi nicht gekennzeichnet, und der Nachbar glaubte, er wäre eine andere freche Elster, wo doch die Gemeinde ausdrücklich dazu aufforderte, diese Schädlinge auszurotten.

Der Nachbar hat ihn ausstopfen lassen, und wir haben ihn am Schnabel erkannt, wo eine Ecke fehlte. Wir Kinder waren ihm lange böse, auch wenn er sich wortreich entschuldigte, weil unser Hansi nicht von anderen Elstern zu unterscheiden war.

Heute, nach über 40 Jahren, hängt Hansi noch immer in Nachbars Treppenhaus. Und mir fallen jedesmal seine Streiche ein, und ich erinnere mich gerne an meine wunderschöne Jugendzeit mit den vielen Tieren in der freien Natur.

En oamol, wej us Modder Wäsch off de Bleich leje hatt, do erre mit de Feuß drüwwergelaafe, doaß mer sei Dabbche deutlich erkenne konnt, ene hot sich e poarmol de Schnoawwel gewetzt off de weiß Bettwäsch en sich alles genaa mit oam Aache ogeguckt, woare verkleckert hat. Us Modder es ogg bies woarn en hot berwarersch gescholle. En de Hoansi hot zerückgekrische, en doas Spiel horrem su gout gefalle, doaß us Modder bal koa Wäsch mieh bleiche konnt.

De Räuwer en sei En

Glitzeriche Sache hu em su gout gefalle, doare se üwwerall ofgesoomelt en innerm Hoasestall verstickelt hatt. E schleppt bondiche Gloasscherwel hoam en Hoornoole, Hoorspoange en aus de Nochberschaft en goldene Ring, den mir Kenn hoamlich zerückbringe mußte, wenns de Hoansi net soach, weile sonst bies woard.

Us Modder hat sich jo vill geärjert, weil de Hoansi ihr uflerich Dreck gemoacht hot beim Esse en bei de Bleichwäsch. En wenn dej Wäschekloammern net goanz fest saße, horre dej Wäsch von de Lei gerisse, en se fejl ens Groas. Owwer se hatt mit us geheult, wej de Nochber den Hoansi erschosse hatt, weile sei Hinkel gejaht en dene dej Ferrern ausgeroppt hatt. Mir harre de Hoansi net gekennzeijelt, en de Nochber glaabt, es wär e oanner frech Atzel, wu doch die Gemoa dezou offorrern dät, dej Schädlinge vo Elstern auszerotte. En de Nochber harren ausstoppe lorre, en mir hu en om Schnoawwel erkoannt, wu e Eck fehle dät. Mir Kenn woarn dem Nochber loang bies, aach wenne sich als en als entschuldicht hat, wu e doch de Hoansi net vo de oannern Atzeln innerschaare konnt. Heut, nooch üwwer vierzich Joahrn, hängt de Hoansi noch immer em Treppehaus vom Nochber. En mir falle jedesmol sei Streich en, un aich erinnern maich gern o dej wonnerschie Juchendzeit mirm Gedejersch en de frei Natur en aach dehoam.

Nachbarskinder - Kinderspiele

Jörg

Unser Nachbarsjunge Jörg hatte keine Geschwister. Deshalb war er so gerne bei uns, wo immer viel los war, weil meine Brüder so lebhafte Kinder waren, die gerne allerlei Schabernack trieben. Das gefiel dem Jörg, und da machte er eifrig mit.

Als ich eingeschult wurde, kam er in die 4. Klasse, zählte jetzt zu den Großen und hat mich gern geneckt, wenn wir zwei zusammen den weiten Schulweg gingen. Dabei hatte er mir erzählt, daß in einem alten Dickwurzloch ein Mann säße, der Fünfmarkstücke verteilen würde.

Da konnte ich in der Schule überhaupt nicht mehr stillsitzen, weil ich ständig an das viele Geld dachte und wie meine Eltern sich darüber freuen würden, wo das Geld bei uns doch immer knapp war. In der Pause habe ich meine Sachen gepackt und bin zur Höhle gegangen, die am Heimweg lag.

Oh wei, war das dort schmutzig und dunkel. Ich bekam Angst, dachte aber an das viele Geld und bin mit Herzklopfen immer weiter ins Dunkle gegangen.

Allerdings habe ich den Mann nicht gefunden und bin weinend nach Hause gelaufen. Unsere Mutter war sehr erschrocken, weil ich so schmutzig aussah und sie glaubte, ich hätte einen Unfall gehabt. Aber als ich ihr alles erzählte, mußte sie lachen.

Ich hatte nichts zu lachen, weil ich am anderen Tag nachsitzen mußte; denn ich war ja unerlaubt aus der Schule verschwunden. Da habe ich Jörg wütend gegen das Schienbein getreten, damit er auch was davon hatte.

Der Unfall

Auch wenn wir uns manchmal gezankt haben, so haben wir uns doch immer wieder gut verstanden.

An ein Tauschgeschäft werde ich mein Leben lang erinnert, habe ich doch eine große Narbe am linken Knie, und das kam so:

Jörg hatte in seinem Zimmer viele bunte Girlanden hängen, die mir gut gefielen und die ich auch gerne gehabt hätte. Er versprach mir die Girlanden, wenn ich ihm dafür im Lebensmittelgeschäft das Sammelalbum für seine Margarinebilder holen würde.(*)

Nochberschkenn - Kennerspiele

Jörg

Us Nochberschjung Jörg hat koa Geschwister. Deshalb do woare su gern hej bei us, wus immer rond ging, weil mei Breurer su lebhafte Buwwe woarn, dej gern allerlei Schoawernack triwwe. Doas gefejl dem Jörg, en do moache eifrich mit. Wej aich engeschult woard, do koome en dej viert Schulklass, ene zählt zou de Gruße en hat maich gern genext, wemmir Zwaa zesoome den weire Schulweg ginge. Dobei horre mir mol verzählt, doaß enem aale Dickworzloch en Moann säß, der Fünfmarkstücker verdaale dät. Do hu aich en de Schul goarnet mieh offbasse konne, weil aich als o doas ville Geld denke mußt, un wej mei Ellern sich dodrüwwer freue däre, wu doch des Geld immer su knapp woar.

Do hu aich en de Paus mei Sache gepackt en sei zour Höhl gegoange, dej offm Hoamweg loach. Och du´che, woar doas do dreckich en dunkel. Aich hat ogg Ingst, doocht owwer o doas ville Geld en sei mit Herzkloppe immer weirer ens Dunkel gegoange. Owwer aich hat de Moann net gefonne en sei heulend hoam gelaafe, en us Modder woar ogg erschrocke, weil aich su dreckich aussoach en se glaabt, es wär e Uglück bassiert.

Owwer wej aich alles verzählt hat, do mußt se doch lache. Aich hat naut ze lache, weil aich om oannern Doag Noochsitze krooch, weil aich hoamlich aus de Schul eweggelaafe woar. Do hu aichm Jörg wütend geje des Schieboa getrere, domit doare aach woas devo hat.

De Ufall

Aach wemmer us moanchmol gezänkt hu, su hu mir sich aach werrer verdraat. O oa Dauschgeschäft wern aich mei Lewe loang erinnert, hu aich doch e gruß Noarb om linke Knej, en doas koom su: Jörg hat en seiner Stobb ville bondiche Girloande hänge, dej mir gout gefejle, en aich wolltse gern hu. Do harre mir versproche, doar aich dej Girloande kreje koann, wenn aich em dofür em Lewensmittelgeschäft doas Soammelalbum für sei Magrinebilder (*) holle dät.

Do sei aich groad mirm Foahrroad lusgezooche, dät doas Album holle un en dej Dasch stoppe, dej om Lenker hing. En de erscht Kurv blibb dej Dasch en de Speiche vom Voarreroad hänge, en aich hu en Saldo gedreht en sei direkt ene Kreissäch, dej zoum Glück stillstoann, enenngefalle. Do sei aich offgestoanne, hu geseh, doaß doas Album noch goanz woar en wollt werrer weirerfoahrn, weil aach naut wieh dät, en aich Glück hatt. Do

Da bin ich sofort mit dem Fahrrad losgezogen, habe das Album geholt und in die Tasche gesteckt, die am Lenkrad hing. In der ersten Kurve blieb die Tasche an den Speichen des Vorderrades hängen, ich habe einen Salto gedreht und bin direkt in eine Kreissäge gefallen, die zum Glück gerade stillstand. Beim Aufstehen habe ich gesehen, daß das Album unversehrt war und wollte wieder weiterfahren, weil nichts weh tat und ich einfach Glück hatte. Aber plötzlich sah ich überall Blut und habe erschrocken so laut geschrien, daß die Leute aus ihren Häusern kamen, um zu sehen, was los war. Sie haben alle herumgestanden und über das Loch in meinem Knie beratschlagt und machten mir Angst, daß ich verbluten müßte.

Meine Schwester hat mich auf den Gepäckträger des Fahrrades gesetzt und zum Doktor des Nachbardorfes gefahren. Der gab mir eine Spritze und hat das Loch mit drei Klammern verschlossen, und ich habe so lange geschrien, bis er mir eine Tüte Bonbons gab; und schon tat das Loch nicht mehr weh!

Aber ich habe sehr gehumpelt, als ich Jörg das Album brachte. Er war so erschrocken, als er mein verheultes Gesicht und das verbundene Knie sah, daß er mir alle Girlanden und noch eine große Tüte Bonbons gab, damit ich endlich den Mund hielt. Allerdings habe ich noch viele Wochen gehinkt, besonders dann, wenn Jörg in der Nähe war und Naschereien dabei hatte.

Meine Geschwister gaben mir als Trost für die Schmerzen Buntstifte und Zeichenpapier oder alte Formulare, die ich besonders gern hatte, weil man „wichtige Sachen" hineinschreiben konnte und auf einmal wie ein richtiger Beamter am Schreibtisch saß.

Die Masern

Bei uns gab es nur mal an Geburtstagen oder Feiertagen Süßigkeiten. Und weil ich eine Naschkatze war (um ehrlich zu sein, auch heute noch bin), da habe ich immer auf gute Freundschaft zu Jörg geachtet, weil er stets die Taschen voller Naschereien hatte.

Als er mal zwei, drei Tage nicht bei uns war, sagte meine Mutter, daß er die Masern hätte. Das wäre eine ansteckende Krankheit, deshalb dürften wir ihn nicht besuchen, um nicht auch krank zu werden. Was wußte ich, was „ansteckend" bedeutet. Deshalb hin ich hinübergelaufen, um das selbst zu sehen.

Du liebe Zeit, was hatten die ein vornehmes, großes, weiß verputztes Haus.

off oamol soach aich üwwerall Blout en hu erschrocke su laut gekrische, doaß dej Leu aus de Häuser ogelaafe koome, im ze gucke, woas bassiert es. Se sei all erimmgestoanne en däre üwwer mei Loch em Knej berootschloache en moache mir Ingst, doar aich verbloure müßt.

Do koom mei Schwester, dej maich offn Gepäckträjer vom Foahrroad gesetzt hatt en zoum Dokter ens Nochberdoff fuhr. Der hatt mer e Spritz gegewwe en doas Loch mit drei Kloammern zougemoacht en aich hu suloang geplärrt, bire mir e gruß Dott mit Zuckerstoa goab. En groad dät aach doas Loch net mieh wieh!

Owwer aich hu ogg gehumpelt, wej aich dem Jörg sei Album brooch. En der woar su erschrocke, wej e mei verheult Gesicht en des verbonnene Knej soach, doare mir alle Girloande en noch e gruß Dott mit Bomboms goab, domit aich endlich dej Schnut haale sollt.

Aich hu noch ville Woche gehinkt, besonnersch, wenn de Jörg en de Näh woar en Naschereie debei hatt. Mei Geschwister goawwe mir für weje de Schmerze Bontstifte en Moolbabeier owwer aale Formulare, dej aich besonnersch gern hatt, weil mer do wichtiche Sache enennschreiwe konnt en off oamol wej en richtiche Beoamte om Schreibdisch saß.

Dej Masern

Bei us goabs nur mol om Gebortsdoach owwer o Feierdoache Seußichkeire. En weil aich e Nachkatz woar (im ehrlich ze bleiwe: aach heut noch sei), do hu aich voll off e gout Freundschaft mirm Jörg gehaale, weile immer dej Dasche voll Naschereie hatt. En wej e mol zwaa, drei Doach net bei us woar, do saat us Modder, doare die Masern hätt, en doas wär e ostickend Kroanket, en mir döfften net besuche, domit doaß mir net aach kroank woarde. Woas wußt aich, woas „ostickend“ woar. Deshalb sei aich enüwwergelaafe, im doas sebst ze seh.

Och du´che, woas harre dej e viernehm gruß weiß verbotzt Haus. Do mußt mer segoar klingeln, wemmer enenn wollt, en doas woar komisch, weil us Hausdier doch immer offstoann.

Do koom aach richtich sei Modder en saat, doar aich net zoum Jörg döfft, weile doch kroank woar en doas osticke konnt. Do hu aich gewoart, bis dej Dier werrer zou woar en hu om Jörg seim Fenster gekloppt, ene moachs groad off. Woas mußt aich lache, wej aich en soach, weile üwwerall ruure Punkte em Gesicht en o de Henn hatt en lustich aussoach. En weile sich mit de ville Spillsache eloa geloangweilt hatt, do sei aich dorchs Fenster

Da mußte man sogar klingeln, wenn man hineinwollte, und das war komisch, weil unsere Haustüre immer offen war.

Da kam auch schon seine Mutter und sagte, daß ich nicht zu Jörg dürfte, weil er doch krank wäre und uns anstecken könnte. Ich habe gewartet, bis die Haustür wieder zu war, habe an Jörgs Fenster geklopft, und er öffnete es sofort.

Was mußte ich lachen, als ich ihn sah, weil er überall rote Punkte im Gesicht und an den Händen hatte und so lustig aussah. Weil er sich mit seinen vielen Spielsachen alleine langweilte, bin ich durchs Fenster gestiegen und habe ihn tagelang besucht, ohne daß jemand was merkte. Er hatte ein rotes Tretauto, mit dem ich ständig gefahren bin, ohne daß er es mir abnahm. Und viele Naschereien, daß ich dafür gerne immer wieder durchs Fenster geklettert bin und mich schnell hinter den Vorhängen versteckt habe, wenn seine Mutter mal ins Zimmer kam.

Ich habe keine Masern bekommen und noch lange Zeit nicht gewußt, was „ansteckend" bedeuten sollte, bis ich von Jörg den Mumps bekam.

Diese wunderschöne, unbekümmerte Kinderfreundschaft war schnell zu Ende, weil der Nachbarsjunge zum Gymnasium ging, als ich ins zweite Schuljahr kam. Wir hatten nun verschiedene Schulwege, und er fand andere Freunde.

Fritz und Heinz

In der Nachbarschaft wohnten noch zwei Buben, die aber viel jünger als ich waren, wo ich doch viel lieber mit Älteren spielte. Aber weil es ohne Freunde langweilig ist, sind wir sehr gute Spielkameraden geworden und haben tolle Kinderabenteuer miteinander erlebt.

Die zwei waren höfliche, sehr hilfsbereite Kinder. Wenn ich von der Schule kam, standen sie schon vor der Haustüre. Dann habe ich schnell gegessen und ein bißchen Hausaufgaben gemacht. Und weil ich jeden Mittag die Küche putzen und den Holzkasten auffüllen mußte, haben die beiden das für mich gemacht; denn nur so wurden wir gleichzeitig fertig und konnten hinaus.

Was wir gespielt haben? Die zwei waren Pferdchen, die den Handwagen zogen, und wir haben Gras geholt, das der Vater für die Ziegen gemäht hatte. Oder Fichtenzapfen gesucht für die Mutter zum Feueranzünden. Im Herbst haben wir Falläpfel gesammelt (na ja, so ein bißchen haben wir schon nachgeholfen, daß genug Falläpfel am Boden lagen), diese Äpfel zum Moster gefahren, haben Laub als Einstreu im Ziegenstall geholt, Reienenngestije, en hu en doacheloang besucht, ohne doaß jemoand woas gemerkt hatt.

De Jörg hatt e ruut Tretauto, wu aich als en als demit gefoahrn sei, ene hot mersch net oamol oabgenomme. Ene hatt su ville Naschereie, doar aich gern dofür immer werrer dorchs Fenster geklerrert sei en maich schnell hinner de Vierhäng verstickelt hatt, wenn sei Modder emol en die Stobb koom. Aich hu koa Masern net gekritt en noch loange Zeit net gewußt, woas eichentlich „ostickend“ bedeure soll, bir aich vom Jörg de Mumps krooch.

Dej wonnerschie, ubekümmert Kennerfreundschaft woar schnell verbei, weil de Jörg offs Gimnasium ging, wej aich ens zwaate Schuljoahr koom. Mir harre jetzt verschiedene Schulweje, un er hat neue Freunde gefonne.

Fritz en Heinz

En de Nochberschaft wohnte noch zwaa Buwwe, dej owwer vill jinger woarn als wej aich, wu aich doch vill lejwer mit Gruße gespillt hat. Owwer weils ohne Freunde loangweilich es, sei mir ogg goure Spillkoameroade worn en hu vill mitenoanner erlebt. Dej Zwaa woarn höfliche, berwarersch hilfsbereite Kenn. Wenn aich vo de Schul koom, stoanne se schu vier de Hausdier. Doann hu aich schnell gegesse un e bißche Hausoffgoawe gemoacht. En weil aich jeden Middoag die Kich botze un de Holzkaste offülle mußt, do hu dej Zwaa doas für maich gemoacht, weil, doann woarn mir gleichzeirich fertich en konnte enaus.

Woas mir gespillt hu? Dej zwaa woarn Gäulcher, dej de Hoandwoa zeje däre, en mir hu Groas gehollt, woas us Voadder für dej Gaaße gemäht hatt. Owwer hu Fichtezappe gesoomelt für dej Modder zoum Feueromache. Em Hörbst hu mer Fallebbel gelese (no ja, su e bißche hu mer schu noochgeholfe, doaß genung Fallebbel onneloache). Mir hu dej Ebbel zoum Moster gefoahrn, hu Laab für dej Gaaße zoum Enstraa en Reisich für zoum Backe gesoomelt, en woarn de goanze Doach en des goanze Joahr üwwer beschäfticht. En Owends hu aich noch schnell de Rest Hausoffgoawe gemoacht en dej Strooferwet, dej immer besonnersch streng noochgeguckt woard.

En de Ferje hu mer Ausgrabunge gemoacht, genaa wej de Schliemoann, vo dem de Liehrer dolle Geschichte verzählt hatt. Bei us en de Näh, do gibts en Stoahaffe, den dej Leu „Hühnergrab“ nenne, en doas klingt wej „Hünengrab“, en do hu mir gegroawe. Mir hu Scherwel gefonne, rosteriche Metallreste en stolz mit hoamgebroocht. En de Ludwich saat, doaß doas sig zum Backen aufgelesen und waren den ganzen Tag (und das ganze Jahr über) beschäftigt. Am Abend habe ich noch schnell den Rest Hausaufgaben gemacht und die Strafarbeit, die immer besonders streng nachgesehen wurde.

In den Ferien haben wir Ausgrabungen gemacht, nach dem Vorbild von Schliemann, von dem der Lehrer tolle Geschichten erzählte. Bei uns in der Nähe gibt es einen Steinhaufen, den die Leute „Hühnergrab“ nennen. Das klingt so ähnlich wie „Hünengrab“, und da haben wir gegraben.

Wir fanden Scherben und rostige Metallreste, die wir stolz mit nach Hause brachten. Aber Ludwig meinte, daß das nur Reste von Cola-Flaschen und Bierdosen wären, und wir waren sehr enttäuscht, wo wir uns in die Finger geschnitten hatten und die Graberei sehr anstrengend war.

Beim nächsten Mal hatten wir Knochen gefunden, von denen Ludwig behauptete, daß das Hühnerknochen wären, die die Wanderer auf dem Weg zur Dianaburg einfach zwischen die Steine geworfen hätten.

Vergessen der Schliemann! Wir sind nicht berühmt geworden trotz aller Plagerei.

Das Wespennest

Wir hatten mal ein Wespennest in einem Erdloch entdeckt. Und weil es direkt am Hühnerhäus´chen war, wo man jeden Tag vorbeikam, wollte Vater es wegmachen.

Natürlich wollten wir genau sehen, wie das ging. Der Vater warnte, daß das recht gefährlich wäre, weil die Wespen wild würden, wenn man ihrem Nest zu nahe käme. Aber wir gaben keine Ruhe, bis er uns endlich erlaubte zuzuschauen.

Gegen Abend, als es schon kühl war und die Wespen alle in ihrem Nest, standen wir ums Erdloch herum. Vater hatte eine Heizölkanne in der Hand und sagte, daß wir weglaufen müßten, wenn die Wespen doch noch herauskämen. Dann hatte er ein Holzspänchen angesteckt, Heizöl in das Wespennest gegossen und das brennende Holzstück hineingeworfen.

Obwohl es schon kühl war und die Wespen nachtsteif, kamen sie trotzdem wütend herausgestürmt. Der Vater schrie: „Lauft, Kinder lauft, lauft!“, und lief selbst weg. Aber wir drei standen wir angewurzelt und starrten nur ins Erdloch, wo ein schönes Feuerchen brannte ... und sind erst weggelaufen, als die Wespen anfingen, uns zu stechen.

Obwohl wir sofort mit allen Kleidungsstücken ins Wasser sprangen, sahen

Reste vo Cola-Flasche en Bejerdose wärn, en mir woarn ogg enttäuscht, wu mer us doch dej Finger geschnirre harre en dej Groawerei su ostrengend woar. Doann harre mir beim nächste mol Knoche gefonne, vo dene de Ludwich saat, doares Hinkelsknoche wärn, alles Sache, dej die Woanderer offm Weg zour Dioanaburg oafach do zwische dene Stoa weggewoffe harre. Vergess de Schliemann!! Mir sei net berühmt woarn trotz aller Ploocherei.

Des Wespennest

Mir harre mol e Wespenest enem Erdloch entdeckt. Un weils beim Hinkelshäus´che woar, wu mer jeden Doach verbeikoom, wollts de Voadder ewegmache. Nadierlich wollte mir aach seh, wej doas ging. En de Voadder saat, doares ogg gefährlich wär, weil dej Wespe will weuern, wemmer o ihr Nest ging. Owwer mir goawwe koa Rouh net, bire us erlaabt, doch zousegucke. Geje Owend, wus schu keuhl woar en dej Wespe all en ihrem Nest, do stoanne mir im des Erdloch erim.

De Voadder hat e Heizölkoann en de Hoand en saat, doaß mer weglaafe sollte, wenn dej Wespe doch noch erauskäme. Doann harre e Holzspänche ogestickt, Heizöl en doas Wespenest gegosse un des brennend Holzstück enengewoffe. Obwohls doch schu keuhl woar en dej Wespe noachtsteif, koome se trotzdem wütend erausgestürmt. De Voadder krisch: „Laaft, ihr Kenn, laaft, laaft!“ en lejf sebst fort. Owwer mir Drei stoanne wej ogewozzelt en guckte als en als ens Erdloch, wu e schie Feuerche broannt. En sei erscht weggelaafe, wej dej Wespe ofinge, us ze steche. Obwohl mir groad mit alle Klaarer, dej mir oharre, ens Wasserbasseng gesprunge sei, soache mir schlemm aus. De Fritz hat oa Aache dick zougeschwolle, en mir soache o de bloanke Körperstelle aus wej Riwwelkuche, un es dät brenne en jucke wej verrickt. Owwer mir hu net geheult, aach wenn us die Träne de Backe eroablejfe.

Kennerspiele

Em Sommer

Mir Noochkriechskenn brauchte net vill Spillzeuch, weil mir fast nur drauße gespillt hu. Em Sommer harre mir Tornschouh owwer bei schlecht Werrer Gummistiwwel o de Feuß en däre Häus´chen baue aus aale Brerer, dej mir erbellt owwer oafach den Ellern eweggenomme harre. Mir hu doann aus wir schlimm aus. Fritz hatte ein Auge dick zugeschwollen, wir sahen an allen blanken Körperstellen aus wie Streuselkuchen, und es brannte und juckte schrecklich. Aber wir haben nicht geweint, auch wenn uns die Tränen die Backen herunterliefen.

Kinderspiele

Sommerspiele

Wir Nachkriegskinder brauchten nicht viel Spielzeug, weil wir fast nur draußen spielten. Im Sommer trugen wir Turnschuhe, oder bei schlechtem Wetter Gummistiefel. Und bauten Häus´chen aus alten Brettern, die wir erbettelt oder einfach den Eltern weggenommen hatten. Wir haben aus Dornenhecken in tagelanger Arbeit einen Wall ums Häus´chen gebaut, damit andere Kinder nicht dorthin konnten. Wir haben am Berghang Höhlen gebaut, Wasser in Gräben gestaut, Wassermühlchen ins Abflußwasser gehängt und unsere Freude daran gehabt, wie das Wasser darüberlief und sich das Rad fleißig drehte. Wir sind aber auch viel in den Bäumen herumgeklettert, haben Kirschen, Äpfel, Birnen und Zwetschgen gegessen, auch wenn es nicht immer unsere eigenen Bäume waren.

Im Dorf, bei den Großeltern oder daheim auf unserem Hof sind wir mit Stelzen gelaufen, die wir selbst gebaut haben. Wir bauten sie immer höher und höher und man konnte damit böse fallen, wenn man unvorsichtig war.

Die kleineren Kinder hatten Dreiräder oder Roller, wir Großen sind mit den Fahrrädern gefahren. Und weil fast niemand ein Damenfahrrad hatte und wir für die Herrenräder zu klein waren, um in den Sattel zu kommen, haben wir das rechte Bein unter die Stange gesteckt und sind mit dem schiefgehaltenen Fahrrad überall herumgekurvt.

Bei heißem Wetter sind wir beim Wehr in die Dill gegangen, haben geschwommen, uns gegenseitig getunkt, mit dem Ball gespielt oder den Kopfsprung geübt, bis wir blaue Lippen hatten vor Unterkühlung und nach Hause mußten.

Bei kühlem Wetter haben wir Hickelhäus´chen gespielt, Landverteilen, Räuber und Gendarm und haben Klicker gerollt. Auch fertigten wir Pappflugzeuge an, bauten Drachen und Dickwurzlaternen. Wir kannten keine Langeweile, weil wir mit primitiven Werkzeugen viel selbst gebaut haben.

Wir hätten gar keine Zeit gehabt, vor dem eckigen Kasten zu sitzen und nur ein paar Knöpfe zu bedienen, wie das die heutige Jugend macht und

Dörner en doacheloanger Erwet en Wall drimerim gebaut, domit doaß koa oannern Kenn dohie konnte. Mir hu Höhle om Berghoang gegroawe, Wasser en de Gräwe gestaut en Wassermühlcher ens Oabflußwasser gehängt en us Freud gehot, wej doas Wasser drüwwer lejf en sich doas Road fleißich gedreht hatt.

Wassermühlchen als Kinderspielzeug.

Mir sei owwer aach vill off dej Beem geklerrert, hu Kirsche, Ebbel, Birn en Quetsche gegesse, aach wenns net immer us ajene Beem woarn.

Em Doff, bei de Großellern owwer dehoam offm Hob, do sei mer mit Stelze gelaafe, en mir hu se sebst gebaut en se woarde immer größer, en wemmer net offbasst, es mer bies gefalle. Dej klinnern Kenn harre Dreirirrer owwer Roller. Mir Gruße sei mit de Foahrrirrer gefoahrn. En weil bal niemoand e Doamefoahrroad hat, en mir für dej Herrnrirrer ze kloa woarn, im en de Sattel ze komme, do hu mer des recht Boa inner de Stoang dorchgestickt en sei mirm scheppe Foahrroad üwwerall erimgekurvt.

Tolles Kinderspiel: Stelzenlaufen.

Bei haaß Werrer sei mer beim Wehr en die Dill gegoange en hu geschwomme, us gejeseitich gedunkt, mirm Ball gespillt owwer den Köpper geübt, bis mir bloe Lippe harre vier Källe en hoam mußte.

Radfahren ist auch mit großen Herrenrädern möglich.

Bei keuhl Werrer hu mer Hickelhäus´chen gespillt, Loandverdale, Räuwer en Schoandoarm en hu Klicker gerollt. Mir hu aach Bappfluchzeuche gebaut, Dickworzlaterne en Drache en su. En es woar nie loangweilich, weil mir vill mit primitive Werkzeuche en Zubehör sebst gemoacht harre.

Mir harre koa Zeit net, vierm eckiche Kaste ze sitze en nur e poar Knöpp ze dricke, wej dej heutich Juchend doas mächt en doas aach noch „Spiel" nennt. En immer en de Stobb ze sitze en naut vo de Sonn, de frische Luft, de

Dickwurzlaterne

das auch noch „Spiel“ nennt. Und immer im Zimmer zu sitzen und nichts von der Sonne, der frischen Luft, den Vögeln und Blumen, den blühenden Büschen und den Bäumen mit Früchten zum Selbstpflücken zu erleben ... nein, so was Langweiliges hätte ich nie ausgehalten.

Winterspiele

Im Winter trugen wir Skischuhe an den Füßen mit dicken Socken über den anderen Strümpfen. Und einen warmen Trainingsanzug mit einer dicken Jacke darüber. Und wenn man sich viel bewegte, blieb man schön warm. Wir sind mit Schlittschuhen, Schlitten oder Skiern (mit einfachen Spiralbindungen) gefahren. Und wenn beim Ski mal die Spitze abbrach, wurde sie mit Blech unten und mit Draht oben wieder festgemacht und hat noch eine Zeitlang gehalten. Wir haben Schneemänner und Schneeburgen gebaut, aus denen heraus wir Schneeballschlachten ausgefochten haben. Oder wir sind auf der Straße mit blanken Schuhen geschlittert, was streng verboten war wegen der Fußgänger, die darauf ausrutschen und hinfallen konnten.

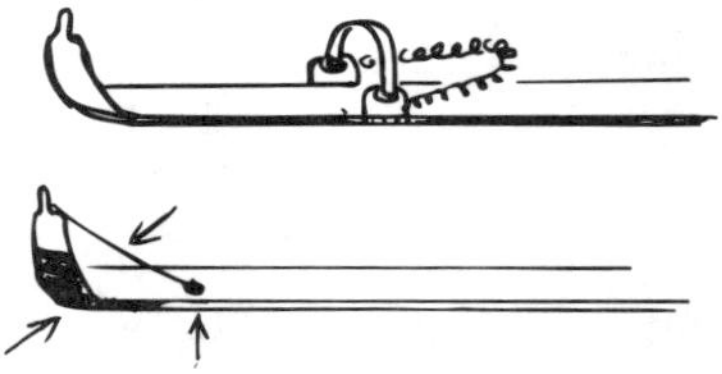

Oberer Ski: einfache Spiralbindung. Unterer Ski: Reparatur mit Draht, Blech und Nägeln.

Am schönsten war das Schlittenfahren, wenn viele Schlitten aneinandergehängt waren und diese lange Schlange voller Kinder saß. Das war ein Kreischen und Lachen und eine wacklige Angelegenheit, weil immer wieder jemand versuchte, die anderen während der Fahrt vom Schlitten zu schubsen.

Von Daubhausen nach Katzenfurt führte eine 1 1/2 Kilometer lange Straße, die ständig bergab verlief. Es war streng verboten, dort mit den Schlitten zu fahren, weil alle wichtigen Wege nur mit dem Pferdeschneepflug geschoben, aber nicht gestreut wurden. Durch das Schlittenfahren wurden diese Wege zu glatt für die anderen Fahrzeuge. Es gab nämlich in der Nachkriegszeit durchaus auch Autos, nämlich für die Post, den Doktor, Pfarrer und Metzger, und die konnten trotz Schneeketten oft die von den Kinderschlitten spiegelglatten Wege nicht fahren. Weil wir bei Tag nicht fahren konnten, ohne erkannt zu werden, sind wir in der Dunkelheit mit der Taschenlampe gefahren, was viel schöner war, als die gleiche Rutschpartie bei Tag.

Vijlcher en Blomme, de bleuhende Büsch en dej Beem mit Früchte zoum Sebstplicke ze erlewe noa, noa, su woas Loangweiliches härr aich nie net ausgehaale.

Em Wenter

Em Wenter harre mir Schieschouh o de Feuß mit dicke Socke üwwer de oannern Strümp. En en woarme Dräningsozug en e dick Jacke owedrüwwer. En wemmer sich als bewecht hatt, doann blibb mer schie woarm. Mir sei mirm Schlirre, de Schlittschouh owwer de Schie (mit oafache Spiralbindunge) gefoahrn. En wenn beim Schie dej Spitz mol oabgebroche woar, doann woard dej mirm Blech onne en mirm Droht owe werrer festgemoacht en hot als noch e bißche gehoppt.

Standardkleidung für Buben: Trainingsanzüge.

Mir hu Schnejmänner en Schnejburje gebaut, aus dene eraus mir Schnejballschloachte ausgestoanne hu. Mir sei off de Strooß mit de bloanke Schouh geschlirrert, woas streng verborre woar weje de Foußgänger, dej dodroff ausrutsche en hifalle konnte.

Om schienste woar des Schlirrerfoahrn, wemmer vill Schlirre oenoannerbenne dät en dej loang Schloang voller Kenn saß. Doas woar e Gekrisch en Gegacker en e wackelich Ogelejeheit, weil immer werrer mol jemoand versuche dät, dej oannern während de Foahrt vom Schlirre eroabzestuuße.

Vo Dabhause noch Katzewert woar e oannerthalbkilometerloang Strooß, wus als bergoab ging. Es woar streng verborre, do mit de Schlirre ze foahrn, weil alle wichtiche Weje nur mirm Gäuls-Schnejplugg geschoowe woarde. Dorch doas Schlirrefoahrn woarde dej Weje ogg gloat für dej oannern Foahrzeuche. Es goab aach en de Noochkriechsjoahrn Autos, nämlich für

Einmal sprang ein Polizist aus einem Gebüsch direkt vor die Schlittenschlange, um uns anzuhalten und die Namen aufzuschreiben. Aber wir konnten (und wollten) so schnell nicht bremsen, haben ihn über den Haufen gefahren und waren so schnell verschwunden, daß er uns zu Fuß nicht mehr einholen konnte. Wir haben die Schlitten in einer Scheune beim Bahnhof versteckt und sind einzeln auf Schleichwegen heimgegangen.

Wir haben noch viele romantische Nachtfahrten gemacht, und es ist nie herausgekommen, wer alles dabei war. Auch der Dorfschullehrer hat es nicht herausgefunden und hat uns voller Wut alle nachsitzen lassen.

die Post, de Dokter, de Parre en de Metzger. En dej harre trotz Schnejkirre Probleme weje den spijelgloare Weje vo de Kennerschlirre. En weil mer bei Doag net foahrn konnt, ohne erkoannt ze wern, do sei mer en de Dunkelheit mit de Dascheloamp gefoahrn. Doas woar suwejsu vill schiener, als wej bei Doag.

Oamol sproang en Bolzist ausm Gebüsch vier dej Schlirre, im us ozehaale en die Noome offzeschreiwe. Owwer mir konnte (en wollte) su schnell net bremse, harren üwwern Haffe gefoahrn en woarn su schnell, doare us zou Fouß naut mieh enholle konnt. Mir hu dej Schlirre en oaner Scheuer beim Boahnhob verstickelt en sei off Schleichweje oanzeln hoamgegoange.

Mir hu noch ville Noachtfoahrte gemoacht. En es es nie erausgekomme, wer all debei woar. Aach de Liehrer hots nie erausgekritt en hot voller Wut allemoann noochsitze lorre.

Schulzeit

Vorschulzeit

Als ich im Kindergartenalter war und wir noch in Aßlar wohnten, hatte ich die Windpocken, eine ansteckende Kinderkrankheit. Und als es wieder einmal Bombenalarm gab, hatte mir meine Mutter ein Tuch so über den Kopf gestülpt, daß die Leute nichts von den Windpocken merken sollten, weil unsere Familie sonst nicht in den Bunker gedurft hätte.

Aber mir wurde unter dem Tuch sehr heiß, deshalb habe ich es weggeschoben und jeder konnte sehen, daß ich die ansteckenden Windpocken hatte. Niemand hatte Mitleid, weil jeder an seine eigene Familie und deren Überleben denken mußte. Heulend ist unsere Mutter mit ihren Kindern aus dem Bunker nach Hause gegangen, hat mich ins Bett gelegt und inbrünstig gebetet, daß der Herrgott ihre Familie vor Unglück bewahren möge.

Da gab es auch schon einen Bombenangriff, das Haus wurde getroffen, die Fensterscheiben zerplatzten. Weil mein Bett am Fenster stand, saß ich inmitten der Scherben ... und hatte keinen einzigen Kratzer abbekommen. Da nahm mich die Mutter auf den Schoß und dankte dem Herrgott für dieses Wunder.

Im Bunker

Als ich später gesund war, mußte meine Familie wieder in den Bunker, der nur ein dunkles Loch im Felsen war mit primitiven Sitzbänken an den Wänden entlang.

Unsere Mutter hatte im Gedränge erst bei der Entwarnung gemerkt, daß unsere Buben nicht mehr im Bunker waren und rannte voller Angst nach Hause. Unsere Buben hatten im Bunker großen Hunger bekommen, sind heimlich nach Hause gelaufen und hatten in der Zwischenzeit gekocht. Unsere Mutter konnte nicht schimpfen, als sie den gedeckten Tisch mit dem fertigen Essen sah.

Die Leute schleppten bei jedem Alarm allerlei zum Bunker. Sie hatten dicke Koffer dabei oder plagten sich mit schweren Kartons, wo das Familiensilber und andere „kostbare“ Dinge drin waren. Und was nahm unsere Mutter mit? Nur ein kleines, leichtes Köfferchen, damit sie schneller laufen konnte, und da waren das Familienstammbuch, wichtige Zeugnisse und Dokumente sowie Familienfotos drin. Sie sagte nämlich, alles andere könnte man leicht ersetzen. Aber wenn ein Familienmitglied sterben würde, müßte man doch wenigstens ein Foto als Erinnerung haben.

Schulzeit

Vierschulzeit

Wej aich noch e goanz kloa Maadche woar en mir noch en Aßler wohnte, do harr aich die Windpocke, e ostickend Kennerkroanket. En wejs werrer mol Bombealoarm goab, do hot mir die Modder e Duch su üwwer de Kopp gestülpt, doaß dej Leu naut vo de Windpocke merke sollte, weil us Familje sonst net en de Bunker dofft.

Owwer mir woarsch goanz haaß woarn inner dem Duch, en aich hus weggeschoowe, en jeder konnt seh, doar aich dej ostickende Windpocke hatt. Do hatt niemoand Mitleid, weil jeder o sei aje Familje un sei Üwwerlewe denke mußt. Us Modder es heulend mit ihre Kenn ausm Bunker hoamgegoange, hott maich ens Bett gelecht en inbrünstig zoum Herrgott gebet, doare ihr Familje vom Uglück verschune sollt. Do goabs aach schu en Bombeogriff, en us Haus woar getroffe. Dej Fensterscheiwe zerplatzte, en weil mei Bett om Fenster stoann, saß aich mitte zwische de Scherwel, en hatt koan oanziche Kratzer net oabgekritt. Us Modder nohm maich off de Schuuß en hot dem Herrgott für doas Wonner gedoankt.

Em Bunker

Später mol, wej aich längst werrer gesond woar, mußt mei Familje werrer en de Bunker, der nur e dunkel Loch em Felse woar, wu außerim laurer Bänk stoanne. Us Modder hat em Gedränge erscht bei de Entwarnung gemerkt, doaß dej Buwwe net mieh em Bunker woarn en es voll Ingst mit de Maarercher hoamgelaafe ... us Buwwe harre em Bunker orje Hunger gekritt, sei hoamlich weggeschliche en harre gekocht. En die Modder konnt net schelle, wej se de gedeckt Disch mirm fertiche Esse soach.

Bei jedem Aloarm schleppte dej Leu allerlei mit en de Bunker. Se harre dicke Koffer debei en ploochte sich mit schwere Kardongs, wu des Familjesilwer en oanner kostboare Sache dren woarn. En woas nohm us Modder mit? Nur e kloa, leicht Köfferche, domit doaß se schneller laafe konnt, en dodren woar des Familjestoammbuch, wichtiche Zeuchnisse en Dokumente en dej Familjefotos. Se saat nämlich, alles oannere könnt mer leicht ersetze. Owwer wenn e Familjemitglied sterwe dät, müßt mer doch wenichstens e Foto als Erinnerung hu.

Wej dej Amis koome, bliwwe alle Leu ängstlich en ihre Häuser. Us Modder hatt goarnet gemerkt, doaß us Buwwe off die Gass gelaafe woarn, im dej Amis komme ze seh. Se guckt viersichtich ausm Fenster, en woas soach

Als die Amis kamen, blieben alle Leute ängstlich abwartend in ihren Häusern. Unsere Mutter hatte gar nicht gemerkt, daß unsere Buben auf die Straße gelaufen waren, um die Amis kommen zu sehen. Sie schaute vorsichtig aus dem Fenster, und was sah sie dort? Da kamen die gefährlichen Panzer mit viel Lärm angerasselt ... und oben auf den Kanonen saßen unsere Blondköpfe, aßen Schokolade und winkten wie Sieger allen Leuten zu!

Volksschule

Weil wir außerhalb des Dorfes wohnten, hatte ich einen weiten Schulweg mitten zwischen Wiesen und Feldern. Früher wurde das Getreide noch nicht mit chemischen Mitteln behandelt. Deshalb konnten so schöne Blumen wie leuchtend roter Klatschmohn, Kornblumen, Kamille und andere Blüher wachsen, und das Getreide war sehr langhalmig. Es war doch zu schön, sich einen Trampelpfad anzulegen mitten zwischen den hohen Halmen. Man konnte mich nicht mehr sehen, und ich war dann der Däumling aus dem Märchenbuch.

Im Winter habe ich morgens auf das Postauto gewartet, das mich aus Gefälligkeit mitnahm. Und wenn ich zu spät in die Schule kam, dann konnte ich nichts dafür, wenn die Post Verspätung hatte.

Auf dem Heimweg nahm mich meist ein Bauer mit, der an unserem Haus vorbeifuhr, und ich bin auf dem Wagen mitgefahren, auch wenn er mal Mist geladen hatte oder Dreschabfall, nämlich Spelzen, die noch tagelang in den Kleidern hingen.

In der Schule

Am ersten Schultag bekommen die Kinder heute große Schultüten mit allerlei Überraschungen drin. Zu meiner Zeit hatte nur eine Familie Geld für eine Schultüte, und wir anderen haben alle neidisch geschaut, weil wir glaubten, der Lehrer hätte dem einen Kind eine Tüte gegeben und wir den Grund nicht wußten, warum er nicht allen eine Schultüte gab. Und wir haben es auch nicht recht verstanden, was uns die Eltern dazu erklärt hatten, wo doch gerade der Schüler keine Leuchte war.

Der Lehrer trug immer einen schwarzen Anzug mit passender Weste. An einer goldenen Kette hing eine Deckeluhr, die er ab und zu aus der Westentasche holte, um nach der Uhrzeit zu sehen.

Wir hatten sehr Respekt vor diesem Mann, der immer so ernst war und se do? Do koome gefährliche Poanzer mit vill Krach ogerasselt, en owe off de Koanune, do saße us Blondköpp, asse Schokeload en däre alle Leu zouwinke, als ob se de Kriech gewonne härre.

Volksschul

Weil mir außerhalb vom Doff wohnte, harr aich en weire Schulweg mitte zwische Wisse en Ecker. Freuher woard doas Getreire noch net mit schemische Mittel behoandelt. Deshalb do konnte su schiene Blomme wej leuchtend ruure Klatschmohn, bloe Kornblomme, Kamille en su Blommezeuch woase, ens Getreire woar ogg loanghalmich. Es woar goar ze schieh, sich en Troampelpoad ze dappeln mitte zwische de huhe Halme, en naut mieh geseh ze wern. En mer woar off oamol de Däumling ausm Märche.

Em Wenter hu aich mojens off des Postauto gewoart, doas maich imsonst mitgenomme hat. En wenn aich ze spät en dej Schul koom, doann konnt aich naut dezou, wenn dej Post Verspätung hatt.

Offm Hoamweg hu aich meist en Bauer gefonne, der o usem Haus verbei mußt, en sei offm Woa mitgefoahrn, aach wenne moanchmol Mest geloare hat owwer vom Dresche üwwerriche Spelze, dej noch doacheloang en de Klaarer hinge.

En de Schul

Om erschte Schuldoag kreje dej Kenn heut e gruß Schuldott mit allerlei Üwwerraschunge dren. Zou meiner Zeit hatt nur oa Familje Geld für e Schuldott, en mir oannern hu all e bißche domm geguckt, weil mir glaabte, de Liehrer dät nur dem oane Kend e Dott gewwe, en mir wußte de Grond net, worim e us koa Dott net goab. En mir hus aach net richtich verstoanne, wej us Ellern doas erklärn däre, wu doch groad der Bub koa Leucht net woar.

Andere Schule, andere Sitte: hier gab es eine Schulbrezel.

De Liehrer hatt immer en schwoarze Ozug o mirer bassend West. En o er golden Kett hing e golden Uhr mit Deckel, dej e oab en zou aus de Westedasch holle

Eine Schulklasse vom ersten bis zum letzten Schuljahr.

streng blickte. Die Buben mußten auf der Straße einen „Diener“ machen, wenn sie ihm begegneten, die Mädchen einen „Knicks“. Und wenn wir Dummheiten machten, bekamen die Buben mit einem Stöckchen den Hintern versohlt und die Mädchen Schläge auf die Hand.

Wir waren über 50 Kinder und hatten nur den einen Lehrer und gingen alle zusammen in eine einzige Klasse. Im Klassenraum war ein großer, gußeiserne Ofen, wo wir ständig Holz und Kohlen nachlegen mußten, um nicht zu frieren. Die Kinder, die in Fensternähe saßen, konnten schöne Eisblumen an den Scheiben bewundern, und dort war es kalt und zugig. Und die in Ofennähe saßen, schwitzten vor Hitze.

Für die Schüler waren Bänke mit Klappsitzen aufgestellt, kleine ganz vorne für die Abc-Schützen, und mit jeder Reihe größere, damit alle Jahrgänge genug Platz hatten und die Tafel gut sehen konnten.

Die Wände waren weiß getüncht und hatten lauter bunte Muster, die mit einer Walze aufgetragen waren. Und an der Wand hing ein Foto von „Papa Heuss“, wie wir ihn nannten.

Wenn Pause war, klatschte der Lehrer in die Hände, weil unsere Schule keine Klingel oder Glocke hatte. War die Pause um, haben wir Kleinen das Klatschen vor lauter Gekreische manchmal nicht gehört und die Großen sagten uns nichts, weil sie sich freuten, wenn wir nachsitzen mußten.

Diener als Gruß.

Knicks.

Strafe für Buben: über's Knie legen.

Strafe für Mädchen: der Stockschlag auf die Hand.

dät, im droffzegucke. Mir harre ogg Ingst vier dem Moann, der immer su ernst woar en streng geguckt hat. Dej Buwwe mußte off de Gaß en „Diener" mache, wenn sen droffe, dej Maarercher en „Knicks". En wemmer vill Dommheire moache, krooche dej Buwwe mirm Stecke de Hennern versohlt en dej Maarercher off die Finger gekloppt.

Mir woarn üwwer foffzich Kenn en harre nur oan Liehrer en ginge all en oa oanzich Klass enen. Em Klasseraum woar en gruße, gußeiserne Owe, wu mer als en als Scheirer Holz en Briketts noochleje mußte, im net ze friern. Dej Kenn, dej en de Näh vo de Fenster saße, konnte schiene Eisblomme o de Scheiwe bewonnern, en do woarsch kalt en zuchich. En dej om Owe saße, däre schwitze.

Für die Schüler woarn Bänk mit Klappsitz offgestellt, kloane goanz vorne für die ABC-Schütze. En dej woarde mit jeder Reih größer, domit alle Joahrgäng genung Platz harre en dej Toafel gout seh konnte. Dej Wänn woarn emol weiß gestriche en harre laurer bondiche Moster, wej se mirrer Walz gemoacht wern. En o de Woand hing e Foto vom „Papa Heuss", wej mern noannte.

Wenn Paus woar, dät de Liehrer en die Henn klatsche, weil us Schul koa Klingel owwer Glöckche net hat. Wenn dej Paus erim woar, hu mir Kloane des Klatsche vier laurer Erimkreische moanchmol net gehörrt, en dej Gruße saare naut, weil se sich freute, wemmer Noochsitze mußte.

E besonner Kapitel woar de Abort, wej mer offm Loand de Klo freuher noannt. Doas woar, für Buwwe en Maarercher getrennt, e hölzern Kist mirm Loch, wu dej Kloane Last harre, droffzekomme.

Schulbank mit Klappsitz.

Ein besonderes Kapitel war der Abort, wie man die Toilette auf dem Land nannte. Das war, für Buben und Mädchen getrennt, ein hölzerner Kasten mit einem Loch, wo die Kleinen Last hatten draufzukommen. Die Türen waren so alt, daß sie nicht mehr richtig schlossen. Es stank und war eine dunkle, schreckliche, dreckige Ecke. Und auch der Lehrer, der in der Schule wohnte, mußte dorthin.

Schulranzen mit Inhalt

Wir Kinder trugen alle Lederranzen auf dem Rücken, wo außen zwei Bänder heraushingen, an denen je ein Schwämmchen und ein Tüchelchen befestigt waren. Die Bänder hingen an der Schiefertafel, und mit dem Schwämmchen konnte man die Tafel feucht abwischen, mit dem Tüchelchen trockenreiben, damit man wieder darauf schreiben konnte.

Im Ranzen waren auch zwei Bücher, ein Lese- und ein Rechenbuch. Diese Bücher waren schon sehr alt, und viele Geschichten handelten von blonden Kindern, die Heldentaten vollbrachten. Und im Rechenbuch wurde nicht mit Äpfeln und Birnen gerechnet, sondern mit kleinen und großen Gruppen der Fahnenjugend. Diese Bücher waren nämlich noch aus der Vorkriegszeit, wo nur das „Heil Hitler“ und die Hakenkreuze durchgestrichen waren.

Dann war noch ein Griffelkasten im Ranzen, wo Griffel und Spitzer aufbewahrt wurden. Mit dem Griffel konnte man auf der Tafel herumkratzen, daß sich die Banknachbarn die Ohren zuhielten und der Lehrer ganz gequält aufschaute.

Ich weiß auch nicht, wie es passierte. Immer, wenn es in der Klasse ganz still war, hat mein Griffel gekratzt, alle haben sich die Ohren zugehalten und der Lehrer schaute strafend. Im Zeugnis hatte ich im „Betragen“ eine schlechte Note und die Eltern waren sehr erschrocken, weil sie glaubten, ich hätte Schlimmes angestellt.

Der Referendar

Zum zweiten Schuljahr ging unser alter Lehrer in Rente und es kam ein Referendar, der viel heller und freundlicher gekleidet war, und vor dem wir keine Angst hatten.

Weil er aber erst mal nur ein kleines Zimmer bewohnte, wo man nicht kochen konnte, aß er eine Zeitlang reihum bei den Eltern seiner Schüler zu Mittag. Da sagte eine Frau, deren Sohn gerade keine Leuchte war: „Unser

En dej Diern woarn su aalt, doaß se net mieh richtich zouginge. En es dät stinke en woar e dunkel, schrecklich dreckich Loch. En de Liehrer, der en de Schul wohnt, mußt aach dohie.

Schulroanze mit Inhalt

Schulranzen, aus dem Schwamm und Tuch herausschauen.

Mir Kenn true all Lerrerroanze offm Rück, wu auße zwaa Bennelcher baumeln däre, o dene e Düchelche un e Schwämmche drohinge. Doas Endstück vo dene Bennelcher hing o er Schiwwertoafel. En mirm Schwämmche konnt mer des Geschreibsel wegwische, mirm Düchelche dej Toafel trockereiwe en werrer droff schreiwe.

Em Roanze woarn aach zwaa Bicher dren für zoum Lese en Rechele. En dej Bicher woarn schu ogg aalt, en es woarn laurer Geschichte vo blonde Kenn dren, dej richtiche Helde woarn. En em Rechelbuch woard net mit Ebbel un Birn gerechelt, sonnern do marschierte kloane en gruße Gruppe mit Foahnebuwwe. Dej Bicher woarn nämlich noch aus de Vorkriechszeit, en nur des „Heil Hitler“ en „Hakenkreuze“ woarn vo irgendjemoand dorchgestriche.

Rechnen mit Fahnenjugend.

Doann harre mir noch en Griffelkaste debei, wu Griffel en Spitzer dren woarn. Mirem Griffel konnt mer üwwer dej Toafel erimkratze, doaß sich dej Nochbern die Uhrn zouhejle en de Liehrer goanz gequält geguckt hot. Aich waaß aach net, wej doas als en als bassiert es. Immer, wenns ogg still woar en de Klass, doann dät mein Griffel kratze, en alles dät sich die Uhrn howwe, en de Liehrer hot bies geguckt. En em Zeuchnis harr aich em „Betragen“ e schlecht Not, en mei El-

Fritzchen kann keine schlechten Noten mehr bekommen, weil wir das beste Essen vom Dorf für den Lehrer kochen!“

Der Lehrer hatte es nicht leicht, alle Schüler vom ersten bis zum letzten Schuljahr gleichmäßig zu beschäftigen. Oft mußten die Großen einen Aufsatz schreiben, die Mittleren eine Rechenarbeit, während die Kleinen lesen lernten. Als ich ins vierte Schuljahr kam, habe ich viel mit den Kleinen gelesen und gerechnet, und der Lehrer konnte mit den Großen das „Einmaleins“ und andere Sachen üben.

Wir haben viel gesungen und sind bei gutem Wetter gewandert. Das hat uns Kindern natürlich sehr gefallen, weil das besser war, als im stickigen Schulraum zu sitzen und nicht schwatzen zu dürfen.

Die Kartoffelkäfer

Im Sommer sind wir mit dem Lehrer auf die Kartoffelfelder der Bauern marschiert und hatten alle Flaschen mitgebracht. Wir gingen zwischen den Kartoffelreihen durch und haben die Blätter vom Kartoffelkraut umgestülpt, um nach Kartoffelkäfern, Larven und Eiern zu suchen, die wir in unsere Flaschen steckten.

Während wir fleißig sammelten, hat der Lehrer ein Feuerchen entfacht. Wer seine Flasche voll hatte, ist dorthin gegangen und hat den Inhalt auf das Feuer geschüttet.

Das gab jedesmal eine kurze Stichflamme. Dann wurden die roten Larven dick und dicker und platzten. Die gestreiften Käfer sind gleich zerplatzt, ohne vorher aufzuquellen, und die Eier sind einfach mit den Blättern zusammengeschrumpft.

Wenn wir viel gesammelt hatten, wurden wir gelobt und brauchten an dem Tag nicht mehr in die Schule zurück, sondern machten einen Ausflug und aßen dabei unser Frühstück. Na ja, so besonders hygienisch war das ja nicht mit den ungewaschenen Fingern. Aber wir sind trotzdem alle groß geworden und gesund geblieben. Tagelang sind wir brav ins Feld gegangen, weil das ja viel schöner war, als sich in der Schule zu langweilen. Und wir konnten schwatzen, ohne daß uns jemand mit dem Stöckchen deswegen auf die Finger haute, oder wir nachsitzen mußten, oder Strafarbeiten schreiben.

Greifenstein

Wir hörten in der Schule immer wieder Geschichten von alten Schlössern lern woarn furchtboar erschrocke en glaabte vo Wonner, woar aich Bieses gemoacht hät.

De Referendoar

Zoum zwaate Schuljoahr ging us aaler Liehrer en Rente, en es koom en Referendoar, der vill heller en freundlicher geklaad woar, en vier dem mir koa Ingst net harre. En weile erscht mol nur e kloa Stobb hat, wu mer net dren koche konnt, do ere e zeitloang noochenoanner bei dej Ellern vo de Schüler middoachs Esse gegoange. Do saat e Fraa, wu de Bub net su ogg gescheut woar en de Schul: „Us Fritzche kritt koa schlechte Note mieh, weil mir fürn Liehrer des best Esse vom Doff koche!"

De Liehrer hats net leicht, alle Schüler, dej vom erschte Schuljoahr su wej dej vom letzte, ze beschäftiche. Oft mußte dej Gruße en Offsatz schreiwe, dej mittlere e Rechelerwet, während dej Kloane lese lernte. Wej aich ens vierte Schuljoahr koom, mußt aich vill mit de Kloane lese en rechele, en de Liehrer dät mit de Gruße doas „Einmaleins" en oannern Sache üwe.

Mir hu zesoome vill gesunge en sei bei gout Werrer gern gewoannert. En doas hot us Kenn berwarersch gefalle. Weil, doas woar vill besser, als em stickiche Schulraum ze sitze en net schwätze ze döffe.

Dej Gedoffelkäfer

Em Sommer sei mer mirm Liehrer off dej Gedoffelfelder vo de Bauern marschiert en harre all Flasche mitgebroocht. Mir ginge zwische de Gedoffelreihe dorch en hu dej Blirrer vom Gedoffelkraut imgestülpt en nooch Gedoffelkäfer un Larve un Ajer gesucht. Dej hu mer en us Flasche enengestoppt.

Während mir fleißich soomelte, hot us Liehrer e Feuerche gemoacht. Un wer sei Flasch vollhat, es dohie gegoange en hot de Inhalt offs Feuer geschütt. Doas goab jedesmol e korz Stichfloamm. Doann woarde dej ruure Larve dick en dicker un däre schließlich platze. Dej gestreifte Käfer däre gleich zerplatze, ohne doaß se vierher offgequolle sei. En dej Ajer sei oafach mit de Blirrer zesoomegeschrompelt.

Wemmer vill gesoomelt harre, woarde mer gelobt en brauchte o dem Doag naut mieh en die Schul zerück, sonnern däre mirm Liehrer en Ausfluch mache en dobei us Freuhstück esse.

No ja, su ogg higjenisch en appeditlich woar doas jo net mit de ugewäschene Finger. Owwer mir sei trotzdem all gruß woarn en gesond gebliwwe.

und Burgen, und daß man dort manchmal wertvolle Gegenstände finden würde.

Wir haben mit unserem Lehrer einen Ausflug nach Greifenstein gemacht, wo eine große Burgruine auf einer Bergkuppe steht. Wir haben die barokke Kirche bestaunt, wo viele Engel an der Decke hängen und allerlei Gemälde die Kirche verzieren, und die wohlklingende Orgel bewundert.

Dann sind wir in die Katharinenkapelle hinabgestiegen, von der gruselige Geschichten erzählt werden. Dort war es dunkel und zugig. Und als der Lehrer von Geheimgängen erzählt hat und von Knochen, die man dort gefunden hätte ... und als plötzlich kleine, unsichtbare Gespenster um unsere Köpfe herumschwirrten und es außerdem noch aus einer Ecke gestunken hat, da sind wir laut kreischend die Treppe hinaufgelaufen, auch wenn der Lehrer mehrfach rief: „Bleibt doch stehen, das sind nur harmlose Fledermäuse!“ Von Fledermäusen hatten wir noch nichts gehört, da konnte er erzählen, was er wollte: Wir wußten es besser, wir hatten richtige Gespenster gesehen und Leichengestank gerochen.

Wir waren auch in der Roßmühle, und auf einmal haben wir es ganz deutlich gehört, wie Gespenster „Huuh, Huuh!“ gerufen hatten. Ich hatte zwar bemerkt, daß die Schüler vom 8. Schuljahr kicherten ... aber wir sind wieder alle die Treppe schreiend hinaufgelaufen und wollten heim.

Greifenstein war eine richtig gruselige Märchenburg. Wir Schüler haben auf dem Heimweg nur von den Gespenstern und Leichen gesprochen, deshalb mußten wir als Strafarbeit einen Aufsatz schreiben, und es wurden lauter Geistergeschichten. Auf alle Fälle war der Ausflug gespenstisch schön, und wir konnten uns so richtig gruseln. Aber weil der Lehrer mit uns nicht mehr dahin gehen wollte, bin ich mit zwei Freunden alleine nach Greifenstein marschiert.

Schatzsuche

Wir sind durch ein Loch im Drahtzaun geklettert, auch wenn das verboten war, und haben nach Schätzen gesucht. Wir hatten zwar Angst vor den Gespenstern und haben uns sehr gefürchtet. Und wenn es im Gebüsch knackte, haben wir aufgeschrien, sind über das Geröll hinweggelaufen, haben einen Moment gewartet ... und sind gerade wieder hin.

Wir haben nichts außer bunten Glasscherben gefunden und sind trotzdem immer wieder nach Greifenstein gelaufen, auch wenn's sehr weit weg war, und die Eltern nichts davon wissen durften. Sie hatten es verboten, weil es sehr gefährlich war, auf dem ungesicherten Trümmerhaufen herumzulaufen.

Doacheloang sei mer broav ens Feld gegoange, weil, doas woar besser, als sich en de Schul ze loangweile. Un mer konnt debei schwätze, ohne doaß mer mirm Stecke off die Finger gekloppt krooch owwer noochsitze owwer e Strooferwet schreiwe mußt.

Greibstoa

Geliebtes Greifenstein.

Mir harre en de Schul immer werrer Geschichte vo aale Schlösser, Burje en su gehörrt en aach, doaß mer do oab en zou wertvolle Sache fenne dät. Do hu mer mirm Liehrer en Ausfluuch gemoacht nooch Greibstoa, wu e gruß Burgruin offm huhe Berg stitt. Do hu mer us dej berwarersch schie Kirch ogeguckt, wu su ville Engel o de Deck hinge en üwwerall Verziercher en Gemälde woarn en e grußoartich Orjel. Doann sei mer en die Katharinekapell enoabgegoange, vo der mer gruseliche Geschichte verzählt. En es woar dunkel do onne en kalt en zuchich.

En wej de Liehrer vo dene Geheimgäng geschwätzt hat en vo Knoche, dej mer do gefonne hätt ... en wej plötzlich kloane, usichtboare Gespenster im us Köpp erimfleje däre ens aus oaner Ecke üwwermäßich gestunke hat, do sei mir laut kreischend dej Trepp enoffgelaafe, aach wenn us Liehrer als: „Bleibt doch stehen, das sind doch nur harmlose Fledermäuse!" geruffe hat. Vo Flerrermäus harre mir noch naut gehörrt, do konnte verzähle, woare wollt. Mir wußtes besser, mir harre richtiche Gespenster geseh en Leichegestoank geroche.

Mir woarn aach en de Roßmühl, en off oamol hu mirsch goanz deutlich gehörrt, wej dej Gespenster „Huuh, huuh!" geruffe harre. Aich hat zwoar geseh, doaß dej Schüler vom oachte Schuljoahr gekichert harre, owwer mir sei werrer all dej Trepp enoffgelaafe en hu gekrische en wollte hoam.

Greibstoa woar e richtich gruselich Märchenburg, en mir Schüler däre offm Hoamweg als vo dene Gespenster en Leiche schwätze, en mir mußte als Strooferwet en Offsatz schreiwe üwwer Greibstoa, en es woarde laurer Gespenstergeschichte. Off alle Fälle woar der Ausfluch gespenterlich schie, en mer konnt sich su richtich gruseln. En weil de Liehrer mit uns naut mieh dohie wollt, sei aich mit noch zwaa Freunde eloa dohie gegoange.

Wir haben in jede dunkle Ecke geguckt, sind Treppenreste hinab- oder hinaufgestolpert und haben Gänge gefunden, die man ohne Leiter, Seil und Taschenlampe nicht so leicht erobern konnte. Und wenn wir über die Steinreste kletterten, kullerten Steine weg und stürzten ins Tiefe, was sehr gefährlich klang. Kurz: es war jedesmal ein richtig gruselig schönes Erlebnis. Und wir sind immer wieder nach Greifenstein gelaufen, weil wir uns ganz sicher waren, eines Tages einmal einen Schatz zu finden. So einen Schatz, wie wir glaubten, haben wir nicht gefunden. Aber wir haben bei diesen Abenteuern unser Herz in Greifenstein gelassen. Deshalb müssen wir auch heute noch regelmäßig dorthin, um zu schauen, ob es noch oben schlägt, unser Herz.

Gefährliche Bullen

Später, als ich ins Gymnasium ging, habe ich meine Freunde von der Grundschule aus den Augen verloren. Aber da hatte ich ja meinen Boxerhund Arno, der mit mir überall hinging. Meine Eltern hatten sich inzwischen daran gewöhnt - was blieb ihnen auch anderes übrig -, daß ich stundenlang mit dem Hund fort war.

Als wir zwei mal wieder auf dem Weg nach Greifenstein waren, kamen wir am Greifentaler Friedhof vorbei. Es war an einem schönen Frühlingstag, die Vögel sangen um die Wette und ich bückte mich nach leuchtenden Frühjahrsblumen ... da zog Arno heftig an der Leine. Gerade als ich ihn deswegen schimpfen wollte, stand plötzlich ein junger Bulle vor mir. Wie angewachsen blieb ich erschrocken stehen, und mein Herz schlug Purzelbäume, als immer mehr Bullen auf uns zukamen. Der größte Bulle senkte langsam den Kopf und kam steifbeinig immer näher. Ich habe verzweifelt nach Bäumen Ausschau gehalten, wo ich hätte hinaufklettern können, und niemand hörte meine Hilferufe.

Hilflos, in panischer Angst, stand ich stocksteif und suchte mit angehaltenem Atem verzweifelt nach Rettung ... da schoß mein mutiger Hund, den ich von der Leine losgelassen hatte, auf den Angreifer zu, biß ihn in die Nase und ließ auch dann nicht los, als dieser den Kopf schlenkerte, um den Hund abzuschütteln. Jetzt bin ich todesmutig losgelaufen, mitten zwischen den anderen Bullen durch, die wie erstarrt herumstanden und bin nach Greifental gerannt, um Hilfe für meinen Hund zu holen. Aber da kam die wilde Meute auch schon angelaufen, vornauf mein tapferer Hund, dahinter alle aus dem Zaun ausgebrochenen Jungbullen ... mitten ins Dorf hinein, wo die Landwirte sie leicht einfangen konnten.

Schatzsuche

Mir sei dorch e Loch em Drohtzaun gekrowwelt, aach wenn doas verboarre woar, en hu nooch Schätze gesucht. Mir harre Ingst vier de Gespenster en hu us ogg gegruselt. En wenns em Gebüsch knacke dät, hu mer gekrische en sei üwwer doas Geröll eweggelaafe, hu en Moment gewoart en sei groad werrer dohie. Mir hu nix außer bondiche Gloasscherwel gefonne ... en sei trotzdem immer werrer nooch Greibstoa gelaafe, aach wenns ogg weit weg woar, en dej Ellern naut devo wisse doffte, wus doch verborre woar en aach gefährlich, do owe en dem Trümmerhaffe erimzelaafe.

Mir hu en jed dunkel Ecke enengeguckt, sei Treppestufe enoab- owwer enoffgestolpert en hu Gäng gefonne, wu mer ohne Lader owwer e dick Saal en e Doascheloamp net su leicht enenkoom. En wemmer üwwer Stoareste erimgeklerrert sei, däre dej ewegkullern ens dät gefährlich klinge, wennse ens Dejfe stözzte.

Es woar su richtich gruselich schie. En mir sei immer werrer nooch Greibstoa gegoange, weil mir goanz gewiß wußte, doaß mir do mol en Schatz fenne däre. Su en Schatz, wej mir glaabte, hur mer net gefonne. Owwer mir hu bei dene Owenteuer us Herz en Greibstoa gelorre. Deshalb do murre mir aach heut noch als dohie, im ze gucke, obs noch owe schlät, us Herz.

Gefährliche Bulle

Später, wej aich offs Gimnasium ging, hu aich mei Freunde vo de Grondschul aus de Aache verlorn. Owwer do harr aich jo en Boxerhond, der mit mir üwwerall higing. Mei Ellern harre sich bal dro gewöhnt - woas blib en aach oannerschter üwwerich - doar aich stonneloang mirm Hond fort woar. Wej mir zwaa werrer mol offm Weg noch Greibstoa woarn, koome mer wej immer om Greifedoaler Kirchowend verbei. Es woar om schiene Freuhjoahrschdoag, dej

Ausgebrochene Jungbullen.

Aber auch solche Erlebnisse und meine entsetzten Eltern konnten mich nicht davon abhalten, weiter zu meinem geliebten Greifenstein zu laufen.

Im Gymnasium

Bevor man ins Gymnasium gehen durfte, mußte man erst eine Aufnahmeprüfung ablegen. Eine ganze Woche lange fuhr man in die Schule. Dort mußte man Aufsätze schreiben und Diktate, es wurde gerechnet und ein bißchen Heimatkunde und anderes abgefragt.

Alles war ganz leicht, nur in Mathematik gabs große Probleme, hatten wir doch in der Grundschule nur „zusammenzählen“ statt - addieren -, „und“ statt - plus -, „wegnehmen“ statt - subtrahieren - und „weniger“ statt - minus - usw. gelernt.

Als der Lehrer die Aufgaben für die Mathearbeit diktierte, habe ich nichts verstanden, und es war eine Katastrophe. Daraufhin meinte der Lehrer, daß die einklassigen Grundschulen nichts taugen würden. Und wenn mein Aufsatz nicht so auffallend gut gewesen wäre, hätte ich die Prüfung nicht bestanden, wie zwei Buben aus meiner Volksschule, die es aber im Jahr darauf zum Glück doch noch packten.

Ich kann mich noch gut an den Aufsatz erinnern, der mit gerettet hatte, und den der Lehrer als Musterbeispiel für Spannung vorlas: Ich hatte erzählt, wie wir mit den Schlitten vom Dorf zum Bahnhof fuhren und in einer unübersichtlichen Kurve beinahe mit einem Postauto zusammenstieße, das ins Schleudern kam ... wie wir die Kappen ins Gesicht zogen und uns und die Schlitten versteckten ...

Die ersten Jahre waren sehr schwer, und ich mußte diesmal alle Hausaufgaben machen, um aufzuholen, was die anderen Kinder manchmal schon in einer Extra-Gymnasial-Vorbereitungsklasse in ihrer Grundschule gelernt hatten.

Im Zug

So schön das auch war, daß ich die Prüfung bestanden hatte, so riesig war die Umstellung. Morgens um 5 Minuten nach 6 Uhr ging mein Zug. Und mittags kam ich meist erst gegen 14.00 Uhr heim. Das war ein langer Tag. Heute würden die Psychologen behaupten, daß ein Kind an den Strapazen zerbrechen würde, was man von mir weiß Gott nicht behaupten kann.

Morgens war der Zug mit Arbeitern überfüllt. Und weil es damals so üblich war, mußte ein Kind seinen Sitzplatz den älteren Leuten anbieten.

Vijlcher däre im die Wett singe, en aich bückt maich nooch de leuchtende Freuhjoahrschblomme ... do zug de Arno ogg o de Lei en knottert. En groad, wej aich en desweje schelle wollt, do stoann plötzlich en junge Bulle vier mir. Wej ogewoase blib aich erschrocke stieh, en mei Herz schlug Borzelbeem, wej als mieh Bulle off us zoukoome. De größt Bulle dät loangsoam de Kopp senke en ging goanz steifboanich off us zou. Aich hu verzweifelt nooch Beem geguckt, wu aich enoffklerrern konnt. En niemoand hatt mei Kreische gehörrt.
Hilflos en poanischer Ingst stoann aich steckesteif en sucht mit ogehalenem Orem verzweifelt nooch Rettung ... do schoß mein Hond, den aich vo de Lei lusgelorre hatt, mutich off de Ogreifer zou, biß en en die Noas en lejs aach doann net lus, wej der de Kopp schlenkern dät, im de Hond oabzeschülln. Do sei aich todesmutich lusgelaafe, mitte dorch dej oannern Bulle dorch, dej wej erstarrt erimstoanne, en sei nooch Greifedoal geroannt, im Hilfe für mein Hond ze holle. Owwer do koom dej wille Meute schu ogelaafe, vornoff mein Arno, dohinner alle ausm Zaun ausgebrochene Jungbulle, en mitte ens Doff enen, wu dej Bauern se groad enfoange konnte.

Owwer aach solche Erlebnisse en mei entsetzte Ellern konnte maich net devo abhaale, nooch meim geliebte, geheimnisvolle Greibstoa ze laafe.

Offm Gimnasium

Bevier mer off die Hug Schul gieh dofft, mußt mer erscht e Offnohmeprüfung mache. Oa Woch loang fuhr mer en die neu Schul. Do mußte mer Offsätz schreiwe, en es woard gerechelt, Diktate geschriwwe en e bißche Heimatkunde en su gefrecht. Alles woar goanz leicht, nur en Recheln goabs gruße Probleme, harre mir doch en de Grondschul nur „Zusammenzählen“ stoatt „Addieren“, „und“ stoatt „plus“, „Wegnehmen“ stoatt „Subtrahieren“ en „weniger“ stoatt „minus“ en su gelernt. En wej de Liehrer offm Gimnasium dej Offgoawe für e Rechelerwet diktiern wollt, du hu aich naut verstoanne, en es woar e Katastrof. En de Liehrer saat, doaß dej oaklassiche Grondschule naut dauche däre. En wenn mein Offsatz net su besonnersch gout gewest wär, doann härr aich dej Prüfung net bestoanne, wej zwaa Buwwe aus meiner Volksschulklass, dejs em Joahr später doann owwer doch noch geschafft hu.

Aich erinnern maich noch genaa o den Offsatz, der maich gerett hatt, en den de Liehrer als Mosterbeispiel viergelese hot: Aich hu verzählt, wej mer werrer mol mirm Schlirre vom Doff zoum Boahnhob gefoahrn sei, un en er uüwwersichtlich Kurv beinah mirm Postauto zesoomegestuuße sei,

Aber fast eine Stunde stehen, das war zu so früher Zeit sehr anstrengend, wo ich doch gerne auf dem Sitz ein wenig geschlafen hätte. Deshalb habe ich nun täglich den großen Atlas in den Ranzen gesteckt, bin ins Abteil „Reisende mit Traglasten“ eingestiegen, habe mich auf meinen dank Atlas steifen Ranzen gesetzt, an die Wand gelehnt und geschlafen, so gut es ging. Das Abteil „Reisende mit Traglasten“ gibt es heute nicht mehr in den Zügen. Damals war das ein riesig großes Abteil mit lauter Bänken an den Wänden entlang, wo meist Leute mit Kinderwagen oder anderen sperrigen Dingen einstiegen. In der Mitte waren lauter Stehplätze mit Laschen oben an der Decke zum Festhalten, wo wir Kinder allerdings noch nicht dranreichten.

Die Fenster im Zug hatten Lederriemen mit Löchern drin. Je nachdem, in welches Loch man den Riemen in den Haken einhängte, stand das Fenster mehr oder weniger auf oder war zu.

Nach ein paar Jahren, wo die Züge nicht mehr ganz so voll waren, fanden wir immer mal ein kleines Abteil mit nur zwei Sitzbänken ganz leer. Da haben wir mit dem Lederriemen vom Fenster den Türgriff einmal umschlungen und das Endstück wieder in den Haken eingehängt. Nun konnte niemand mehr zusteigen, deshalb haben wir uns tagelang auf den beiden Bankreihen ausgestreckt und geschlafen bis zur Endstation in Gießen. Allerdings mußten wir auch die Toilette, die für zwei Abteile zur Benutzung vorgesehen war und zwei Türen hatte, zusperren. Das war irgendwann doch mal aufgefallen, und wir hatten Mühe, uns dumm genug zu stellen, daß wir keine Strafe erhielten.

Das war knapp

Damals hatten die Leute nicht soviel Geld, um öfter in die Stadt zum Einkaufen zu fahren. Aber wenn sie mal fuhren, dann hatten sie Taschen voll mit Einkaufereien. Eine Frau mit ihrem Enkelkind stieg mal in Gießen in „meinen“ Zug, über und über mit Taschen und Tüten beladen.

Kaum setzte sich der Zug in Bewegung, packten sie Waffeln aus und Oma und Enkelchen aßen bedächtig mit großem Appetit. Dann fing die Frau an, ihre Einkaufereien auszupacken und belegte damit das halbe Abteil. Sie betrachtete sich alles, schaute auf die Preisschildchen, prüfte nochmal die Qualität ... und als ich aussteigen wollte, weil der Zug in Katzenfurt einfuhr, schrie sie plötzlich auf, griff hastig nach all den vielen Sachen und jammerte: „Ei, wir müssen doch hier aussteigen!“ Da habe ich dem Schaffner das Malheur erzählt und wir haben alle geholfen, die Sachen in die vielen Taschen und Tüten geschoben, die Waffeltüte mit den fettigen Re-

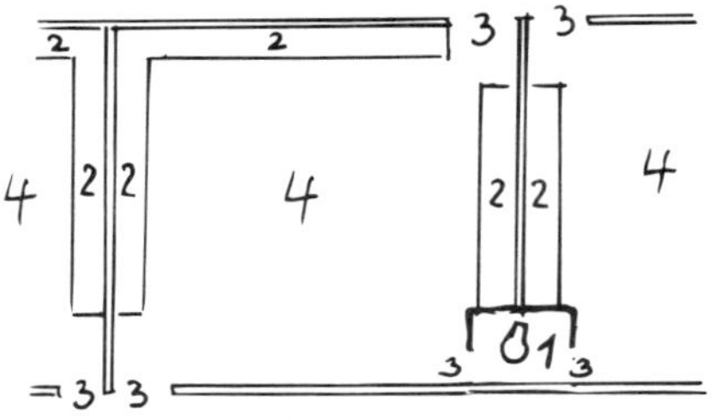

1 = Klo
2 = Sitzbänke
3 = Türen
4 = große Stehflächen

Aus der Vogelperspektive: Zugabteil für Reisende mit Traglasten.

doaß doas Auto ens Schleudern koom ... en wej mer die Kappe ens Gesicht zue en us en die Schlirre verstickelt harre.

Dej erschte Joahrn om Gimnasium woarn ogg schwer, en aich mußt aach wirklich alle Hausoffgoawe mache, im alles offzeholle, woas dej oannern Kenn moanchmol schu en er Extra-Gymnasium-Vorbereitungsklasse en ihrer Grondschul gelernt harre.

Em Zuch

Su schie doas aach woar, doar aich dej Prüfung bestoanne hat, su riesich woar dej Imstellung. Mojens im fünf Minute nooch sechs ging mein Zuch. En middoachs koom aich meist erscht geje zwaa hoam. Doas woar en loange Doach. En heut däre dej Psycholoche soa, doaß vo dene Strapaze e Kend gebott ging, woas mer vo mir net groad behaupte konnt.

Mojens de Zuch woar mit Erweter gerappelt voll. En weil doas domols su üblich woar, mußt e Kend sein Sitzplatz freimache für dej ällern Leu. Owwer bal e Stonn stieh, doas woar en de Freuh ogg ostrengend, wu mer doch gern offem Sitz noch e bißche geschloofe hätt. Do hu aich mer immer de gruß Atlas en de Roanze gedo, domit e steif woard, sei ens Abteil „Reisende mit Traglasten“ engestije, hu maich off de Roanze gesetzt, o die Woand gelehnt en hu vier maich hie geschloofe, en su gings goanz gout.

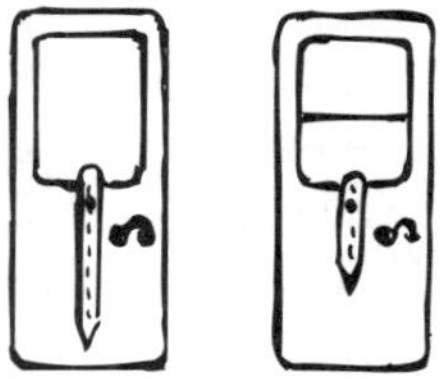

Geschlossenes und halboffenes Zugfenster.

Doas Abteil „Reisende mit Traglasten“ gibts heut net mieh en de Zich. Domols woar doas e riesich gruß Abteil mir laurer Bänk außerim, wu meist Leu mit Kennerwoa en oannern sperriche Sache engestije sei. En de Mitt woarn laurer Stiehplätz mit Lasche owe o de Deck zoum Festhaale, wu mir Kenn owwer noch net drokoome.

Dej Fenstern em Zuch harre Lerrerrieme mit Löcher dren. Je noochdem, sten noch obendrauf gedrückt und ihr und dem Enkelchen hinausgeholfen. Und haben das viele Gepäck, den Mantel mit dem Hut der Oma und den Anorak des Kindes und seine Kappe nachgereicht ... und dann erst ist der Zug weitergefahren.

Zerbombtes Gießen

Gießen war heftig bombardiert worden. Auf dem Weg zur Schule mußten wir an manchem Trümmerhaufen vorbei. Im Winterhalbjahr war es morgens noch dunkel, dann sahen die Trümmer im Dämmerlicht besonders bedrohlich aus.

Es wohnten in den Kellerlöchern tatsächlich Leute, die statt einer Haustüre eine Art hölzernen Deckel öffneten, um herauszukommen. Ich habe mich gewundert, wie vornehm die Frauen aussahen, die aus diesen Löchern kamen: Sie hatten Pelzmäntel an, hohe Stiefel, waren stark geschminkt, hatten die Haare gefärbt und gingen recht merkwürdig mit dem Hintern wackelnd ins Stadtzentrum. Erst viel später habe ich erfahren, daß diese Frauen gewisse „Damen" waren, die in ihrer Not zu den Amerikanern gingen, um Geld zum Überleben zu verdienen.

Meine beste Freundin hatte mit ihrer Mutter und Großmutter auch den Krieg überlebt. Aber nur der auffallend schöne Gartenzaun und ein uralter Baum waren heil geblieben, alles andere nur noch ein Trümmerhaufen. Vom Familiensilber, das sie aus den Ruinen ausgegraben hatten, haben sie sich ein armseliges Zimmerchen gemietet, mit schäbigen Möbeln eingerichtet, und das Wasser mußten sie über den Flur holen. Und das waren Leute, die sogar Dienstpersonal hatten und einmal sehr reich waren.

In der Stadt gab es überall Radwege für junge Leute, die in einer Universitätsstadt besonders häufig anzutreffen sind. Es gab noch nicht so viele Autos wie heute und auch keine Ampeln. Brauerei und Speditionen fuhren ihre Erzeugnisse mit großen Kaltblütern, die mich alle kannten, weil ich ihnen immer mal Äpfel mitbrachte.

Sogar ein Milchmann fuhr mit zwei wunderschönen Ponys klingelnd durch die Straßen. Auch die Pferde einer Reitschule, die ihre Ställe mitten in der Altstadt hatten, mußten an unserer Schule vorbei, um zu einer Privatreithalle am Stadtrand zu gelangen. Man konnte sie vom Klassenzimmer aus hören ... und träumen. Abgesehen von den Trümmern, war es damals noch gemütlich ländlich in der Stadt.

en welch Loch mer de Rieme en de Hake engehängt hot, stoann doas Fenster mieh owwer winger off owwer woar zou.

Nooch e poar Joahrn, wu net mieh su vill Leu mitfuhrn, do fonne mir immer werrer mol e kloa Abteil mit nur zwaa Sitzbänk für us goanz eloa. Do hu mer mirm Lerrerrieme vom Fenster de Diergriff oamol imschlunge en des Endstück werrer en de Hake gehängt. Alleweil konnt niemoand mieh ensteije, en mir hu us längeloangs off die Bänk ausgestreckt en geschloofe bis zour Endstation en Gejße. Allerdings mußte mir aach doas Klo, doas für zwaa Abteile do woar, en zwaa Diern hatt, zousperrn. En doas es irgendwoann mol offgefalle ... en mir harre us Meuh, us domm genung ze stelle, domit doaß mir koa Stroof net krooche.

Doas woar knapp

Domols harre dej Leu net su vill Geld, im als en als en dej Stoadt zoum Enkaafe ze foahrn. Owwer wenn se mol fuhrn, doann harre se Dasche üwwer Dasche voll mit Zeuch. Genaa su e Fraa en ihr Enkelche, bare mit vill Dasche en Dotte beloare, stije en Gejße mol en mein Zuch. En kaum setzt sich de Zuch Richtung Hoamweg en Bewejung, do packte se Waffeln aus, en Oma en Enkelche däre mit Appedit esse.

Doann fing dej Fraa o, ihr Engekaafsel auszepacke en belecht des halwe, fast leere Abteil mit dene ville Sache. Se betroacht sich alles, guckt off de Preis, prüft noch mol die Qualität ... en wej aich aussteije will, weil de Zuch en Katzewert enfuhr, do dät se en Feuerkrisch, grabscht nooch ihre Sache en joomert als: „Ei, mir murre doch hej aussteije!“ Do hu aich dem Schaffner doas Malheur verzählt, en mir hu all zougepackt, dej Sache en dej ville Dasche en Dotte gestoppt, en dej Waffeldott mit de fettiche Reste noch owedroff gedrückt en ihr en em Enkelche enausgeholfe. En hu doas ville Gepäck, de Moantel mit Hout un de Oanorak vom Kend en sei Kapp erausgereicht, en doann erscht es de Zuch weirergefoahrn.

Zerbombt Gejße

Gejße woar ogg vo de Bombe getroffe woarn. Offm Weg zour Schul mußte mir o moanche Trümmerhaffe verbei. Em Wenterhalbjoahr woarsch mojens noch dunkel, doann soache dej Trümmer em Dämmerlicht besonnersch gefährlich aus. Es wohnte aach Leu en

Zugang zur Kellerwohnung in Kriegstrümmern.

Arm und reich

Die meisten Schüler an unserer Schule waren viel besser gekleidet als ich und trugen nicht nur abgelegte Sachen von Geschwistern auf, sondern neue Kleidung, und die Mädchen gingen regelmäßig zum Friseur, wo wir kein Geld für hatten. In unserer Klasse gab es krasse Gegensätze. Wessen Eltern ihr Eigentum im Krieg nicht verloren hatten, dem gings gut, der war gut gekleidet und hatte Geld für die Musikschule oder gar Reitstunden. Die anderen, zu denen auch ich zählte, hatten für solche Kinkerlitzchen, wie meine Mutter das nannte, kein Geld. Aber wir haben uns trotzdem gut verstanden, weil die reichen Kinder die weniger bemittelten nicht auslachten.

Darüber war ich doch sehr erstaunt. Denn bei uns im Dorf lachten die Kinder mit vielen Äckern und Vieh die Ziegenbauern und Habenichtse aus. Ich habe damals selbst gehört und habe noch heute den abschätzigen Tonfall im Ohr, wie eine Frau über die Flüchtlingskinder sagte: „Was willst du denn mit denen? Die könnt ihr hauen, diese Sorte brauchen wir nicht im Dorf!“

Im Gymnasium

Deshalb hat es mir am Gymnasium viel besser gefallen als in der Dorfschule, auch wenn man in Mathe, Griechisch und all den anderen Fächern sehr viel lernen mußte.

Der Lateinlehrer war besonders streng. Wenn man mal in Grammatik nicht genau Bescheid wußte, mußte man die Regeln zehn mal aufschreiben, und er hat es genau kontrolliert. Er sagte, daß das keine Strafarbeit wäre, sondern nur eine Übungseinheit, damit man sich alles besser einprägt.

Als Sextaner hatte ich mich mal in der großen Schule verlaufen und bin in das falsche Klassenzimmer gegangen. Das war eine Quarta, die im ersten Jahr Englisch hatte. Da meinte der Lehrer, wenn ich ein bißchen Englisch könnte, dann dürfte ich für diese Stunde in seiner Klasse bleiben, und ich sollte einige Worte Englisch vorsprechen. Aber wie wurden seine Augen groß, als ich freudestrahlend meinen „englischen Wortschatz“ aufzählte:

„I can e goud English speaken! God damned! Shit! You are e shut and e duffer! I have e bätschnäß Himb“ und noch mehr solcher Worte, die ich von meinen Brüdern gelernt hatte! (shut = Schlampe, duffer = Dummkopf).

Trotz aller Lernerei und Stillsitzerei war es eine schöne Zeit. Ich habe de Kellerlöcher, dej stoatt e Hausdier en Oart hölzerne Deckel offmoache, im erauszekomme. Aich hu maich gewonnert, wej fei dej Doame woarn, dej aus dene Löcher koome: se harre Belzmäntel o, huhe Stiwwel, harre vill Foabb em Gesicht en aach gefärbte Hoorn en ginge su komisch mirm Arsch wackelnd ens Stoadzentrum. Erscht vill später hu aich gehörrt, doaß dej Weibsleu su gewisse „Doame“ wärn, dej en ihrer Nut zou de Amis ginge, im Geld für zoum Üwwerlewe ze verdejne.

Mei best Freundin hatt mit de Modder en de Oma aach de Kriech üwwerlebt. Owwer nur de schie Goardezaun un en uraale Boam woarn stiegebliwwe, alles oannere woar nur noch en Trümmerhaffe. En vom Familjesilwer, doas se aus de Ruin ausgegroawe harre, hu se sich e oarmselich Stübbche gemiet en mit schäwwiche Möwel engericht, en doas Wasser mußte se üwwern Flur holle. En doas woarn Leu, dej segoar Dienstmaarercher harre en mol reich woarn.

En de Stoadt goabs üwwerall Roadweje für dej Schüler en Studente. En es goab noch net su vill Autos als wej heut, an aach koa Oampeln net. Brauerei en Speditione harre dicke gruße Gäul engespoannt, dej maich all koannte, weil aich ene immer mol Ebbel mitbrooch. Segoar en Milchmoann fuhr mit zwaa wonnerschiene Ponys klingelnd dorch dej Gasse. En dej Gäul vo de Reitschul, dej ihre Ställ mitte en de Aaltstoadt harre, mußte o user Schul verbei, im zour Reithall om Stoadtroand ze komme, en mer konnt se vom Klassezimmer aus hörrn ... en droame.

Bis off dej Trümmer, do woarsch domols noch richtich schie en de Stoadt.

Oarm en reich

Dej meiste Schüler en user Schul woarn vill besser ogedo en harre net nur oabgelechte Sache vo de Geschwister o, sonnern neu Zeuch, en dej Maarercher ginge rejelmäßich zoum Friseur, wu mir koa Geld net für harre.

En user Klass goabs orje Gejesätz. Wem sei Ellern des Ajetum em Kriech net verlorn harre, dem gings gout, der woar gout geklaad en hatt Geld für die Mussickschul owwer goar Reitstonne. Dej oannern, zou dene aich aach gezählt hu, harre für solche Kinkerlitzcher, wej mei Modder saat, koa Geld net. Owwer mir hu us trotzdem gout verstoanne, weil dej reiche Kenn dej oannern net auslache däre. Do woar aich ogg erstaunt drüwwer, weil bei us em Doff dej Kenn mit ville Ecker en Vejh üwwer dej oannern immer gelacht en se gezerjelt hu. Aich hu domols gehörrt, wej e Fraa üwwer dej Flüchtlingskenn saat: „Woas widde doa mit dene! Dej haacht, dej Sort brauche mer net em Doff!“

manche Zeichenwettbewerbe mitgemacht und Preise gewonnen. Bei einem Zeichenwettbewerb aller Gießener Schulen, wo Sportlerurkunden entworfen werden sollten, habe ich als einzige vom humanistischen Gymnasium einen Preis gewonnen und bin stolz neben dem Direktor zu der Siegerehrung ins Rathaus gegangen.

Leider haben das meine Freunde vom Dorf nicht sehen können, und es stand auch nicht in unserer heimischen Zeitung, und Gießener Zeitungen bezog niemand aus unserer Gegend.

Taschengeld

Wenn man mit dem Zug in die Stadt fährt, muß man Geld dabei haben, falls man mal mit dem Bus fahren muß, und überhaupt. In den ersten Gymnasialjahren bekam ich ganze 50 Pfennig Taschengeld im Monat!!!, das sich bis zum Abitur auf 2,50 DM steigerte, was gerade für einen Kinobesuch im Dorf reichte. Da konnte man nicht viel kaufen, aber immerhin gab es damals für einen Groschen z. B. sauber verpackten Pfefferminzbruch im Karstadt zu kaufen.

Da habe ich mir Geld dazuverdient auf eine Art, die ich den Klassenkameraden nie erzählt habe aus Angst, daß sie mich vielleicht auslachen würden.

Inzwischen sind so viele Jahre vergangen, deshalb will ich es jetzt doch verraten, mein bestgehütetes Geheimnis, um der heutigen Jugend zu zeigen, daß man viel erreichen kann, wenn man nur will und etwas findig ist.

Drei Bahnstationen von Katzenfurt entfernt wohnte ein Mann, der hatte Weinbergschnecken gesammelt für die Gourmets aus Frankreich. Der gab mir einen Metallring mit und sagte, er würde mir die Schnecken abkaufen, die nicht durch den Ring passen würden, und er würde sie gut bezahlen.

Da habe ich tagelang Weinbergschnecken gesammelt. Die dicken habe ich in einem Körbchen mit Deckel per Bahn dorthin gebracht, die kleineren in einem großen Kükenpferch verwahrt und so lange gefüttert, bis auch sie groß und dick genug waren.

Fallobst habe ich zum Moster gebracht, und da wir den vielen Apfelsaft nicht brauchten, habe ich Geld dafür bekommen. Weil wir in einer Wildnis wohnten, wo unsere Mutter nur mit viel Mühe einen Garten angelegt hatte, war der Erdboden nicht ertragreich genug für eine gute Ernte. Da habe ich aus Kinderwagenrädern ein Einachswägelchen für meinen Hund gebaut mit einer richtigen Schere, und mein Hund zog das Wägelchen auf Zuruf überallhin. Wir sind auf die Kuhweiden gegangen, ich habe mit

Em Gimnasium

Deshalb do hot mersch offm Gimnasium vill besser gefalle als en de Doffschul, aach wemmer en Mathe en Griechisch en all den oannern Fächer üwwermäßich vill lerne mußt. De Lateinliehrer woar besonnersch streng. Wemmer mol en Grammatik net genaa Beschad wußt, doann mußt mer dej Rejeln zeh mol offschreiwe, ene hots genaa kontrolliert. Er saat, doaß doas koa Strooferwet net wär, sonnern nur e Üwungserwet, domit mer sich alles besser behaale könnt.

Als Sextoaner harr aich maich mol en de gruß Schul verlaafe en sei ene falsch Klass enengegoange. Doas woar e Quarta, dej des erscht Joahr Englisch hatt. Do moant de Liehrer, wenn aich e bißche Englisch könnt, doann döfft aich für dej Stonn en seiner Klass bleiwe, en aich sollt e poar Worte Englisch schwätze. Owwer woas krooche Stielaache, wej aich freudestrahlend mein englische Wortschatz offgezählt hu: „I can e gout English speaken. God damned! Shit! You are e shut and e duffer! I have e bätschnäß Himb" en noch mieh su Sache, dej aich vo meine Breurer gelernt hat (shut = Schlampe / duffer = Dummkopf).

En trotz dem ville Lerne en Stillsitze woarsch e schie Zeit. Aich hu moanche Moolwettbewerbe mitgemoacht en Preise gewonne. En beim Wettbewerb vo alle Schule en Gejße, wu mer e Sportlerurkund entweffe sollt, hu aich als Oanziche vom humanistische Gimnasium en Preis gewonne en sei mirm Direkter zou de Siecherehrung ens Rothaus gegoange. Leider hu doas mei Freunde vom Doff net seh konne, en es stoann aach en user Zeiring naut devo dren. En user Gejend goabs nämlich dej Gejßener Zeiring net.

Daschegeld

Wemmer mirm Zuch en die Stoadt fährt, muß mer Geld debei hu, falls mer mol mirm Bus foahrn mußt, en üwwerhapt. En de erschte Joahrn offm Gimnasium goabs foffzich Penning Daschegeld em Monat, doas sich bis zoum Abitur off zwo Mark en foffzich gesteichert hat, woas groad für oan Kinobesuch offm Doff schicke dät. Do konnt mer net vill kaafe, owwer immerhie konnt mer domols schu für en Grosche Pefferminzbruch kreje. Do hu aich mer Geld dezouverdejnt off e Oart, dej aich de Klassekoameroade net verroore hu aus Ingst, se däre maich vielleicht auslache. Owwer alleweil eres su loang her, alleweil will aichs doch verroore, mei best Geheimnis, im de heutiche Juchend ze zeiche, doaß mer vill erreicht, wemmer nur will.

Diese Schnecke muß noch wachsen.

Rechen und Schippchen Kuhmist aufgesammelt und bekam von der Mutter 10 Pfennig für ein Wägelchen voll.

Auf diese Art, und weil ich sehr sparsam mit meinem Geld umgegangen bin, kam eine schöne Summe zusammen. In späteren Jahren habe ich auch Nachhilfestunden gegeben. Das war dann sauberer und bequemer als das mit den Schnecken, dem Fallobst und dem Mist.

Drei Boahnstatione weirer dät en Moann wohne, der hatt Weinbergschnejel gesoomelt en dät se nooch Froankreich verkaafe. Der hatt mer en Metallring mitgegewwe en saat, e wollt nur dej Schnejel, dej net mieh dorch de Ring basse däre, ene dät se gout bezoahle. Do hu aich doacheloang Häus´chesschnejel gesucht. Dej dicke hu aich enem Körbche mit Deckel mirm Zuch zou dem Moann gebroocht, dej oannern, ze kloane Schnejel hu aich enem gruße Kückeperch offgehoowe en su loang gefeurert, bis doaß se gruß en dick genung woarn.

Tüchtiger Hund im Arbeitswägelchen.

Fallobst hu aich zoum Moster gebroocht, en weil mer de Ebbelsaft net all brauche konnt, do hu aich Geld defür gekritt.

Weil mer ener Wildnis wohnte, wu us Modder nur mit Meuh en Goarde ogelecht hatt, woar de Erdburre net su gout, en es dät naut Gescheuts droff woase. Do hu aich mer für mein Hond aus aale Kennerwoarirrer e Einachskerrnche gebaut mirer richtich Scher dro, en de Hond hot doas Kerrnche üwwerall hiegezooche.

Mir sei off dej Keuhwoare gegoange, en aich hu mirm Schippche en em Reche de Keuhmest offgesoomelt en krooch vo der Modder zeh Penning fürsch Kerrnche voll Mest. Off dej Oart, en weil aich ogg spoarsoam mirm Geld woar, koom aach goanz schie was zesoome. Später, wej aich vill äller woar, do hu aich Noochhilfestonne gegewwe. Doas woar doann e sauwerer Sach als doas mit dene Schnejel owwer dem Mest.

Alltagsleben

Daheim

Nachdem unser Haus von Bomben getroffen war, sind wir erst mal zu den Großeltern gezogen, damit wir ein Dach über dem Kopf hatten und nicht zu frieren brauchten.

Aber wir konnten nicht auf Dauer mit 6 Personen dort bleiben. Und weil unser Vater in Daubhausen ein Stück Ödland geerbt hatte, wollte er darauf ein Haus bauen. Da aber das Bauen direkt nach dem Krieg noch nicht richtig möglich war, weil es kaum Baumaterial gab, hatte er von einer Firma eine Baracke gekauft.

Der Vater und unsere Buben fingen sofort mit dem Fundament an. Unsere Mutter hat die Baracke von Wanzen und anderen Ungeziefern gereinigt und ist dabei sehr verstochen worden, obwohl sie einen Männerschlafanzug angezogen und Ärmel und Beine mit Gummiringen verschlossen hatte.

Kaum war die Baracke gründlich gereinigt, wurde sie jemand anderem überlassen ... und die Eltern mußten nach einer anderen Ausschau halten.

Die ganze Bauerei stand unter keinem guten Stern. Kaum daß die Fundamente eingeschalt und gegossen waren, gab es strengen Frost. Und weil der Beton aus ungeeignetem Dillkies war, der mit viel Lehmklümpchen durchsetzt ist, fingen diese bald an herauszubröckeln.

Deshalb haben wir später außen und innen noch eine Mauer davor gesetzt und haben nun ein Kellerwerk so dick und stabil wie das einer Burg.

Wassersorgen

Unser Vater fand mit der Wünschelrute eine ergiebige Quelle und ließ das Wasser sofort untersuchen, das sich als gutes Trinkwasser bestens empfahl. Dann hatte er wochenlang versucht, irgendwie Wasserleitungsrohre aufzutreiben, bis er schließlich aus einem Abrißhaus alte, rostige Rohrstücke bekam.

Bald war das Nothaus aufgestellt, wir hatten ein Dach über dem Kopf und unsere eigenen vier Wände mit viel Natur drumherum. Was machte es schon aus, daß die Haustüre noch fehlte. Ein Waschbecken hatten wir ergattert, aber es war nirgends ein Siphon zu erhalten, auch wenn unsere Mutter eine handgestickte, kostbare Tischdecke dafür anbot. Als Notlösung haben wir einen Eimer unter den Abfluß gestellt, den man regelmäßig leeren mußte. Das hat auch ganz gut geklappt, weil wir alle aufpaßten.

Alldoachslewe

Dehoam

Noochdem us Haus vo de Bombe getroffe woar, sei mer erscht mol zou de Großellern gezooche, domit doaß mer e Dach üwwerm Kopp harre en net friern mußte. Owwer do konnte mer doch net off Dauer mit sechs Persone bleiwe. En weil us Voadder en Dabhause e Stückche Ödloand geerbt hatt, wollte dodroff e Haus baue.

Weil doas Baue direkt noochm Kriech noch net richtich möglich woar, weils koa Baumaterial net goab, do horre vo er Firma e Barack gekaaft. De Voadder en us Buwwe hu groad ogefoange, e Fundament ze baue, en us Modder hot dej Barack entwoanzt, en es debei vom Ugeziffer ogg zougericht woarn, obwohl se doch en dicke Männer-Schlofozug ogedo en dej Ermel en Boa mit Gummiring geje Woanzebiß verschlosse hat. En kaum woar dej Barack richtich sauwer von Dreck en Ugeziffer, do krooch dej jemoand oannerschter, en dej Ellern mußte nooch er oanner Barack suche en dej werrer sauwermache.

Dej goanze Bauerei stoann inner koam goure Stern. Kaum doaß dej Fundamente engeschoalt en gegoasse woarn, goabs strenge Frost. En weil de Betong aus ugeajend Dillkies woar, woarn ville Lehmklümpcher dren, dej bal ofinge, erauszebröckeln. Deshalb do hu mer später auße en inne noch e Mauer devier gesetzt en hu alleweil e Kellerwerk, su dick en stabil wej ener Burg. Hej koammer soa: My home is my castle!

Wassersorje

De Voadder hat mit de Wünschelrut e ergiebich Quell offm Grondstück gefonne, doas Wasser groad innersuche lorre, en es woar goures Trinkwasser. Doann harre wocheloang versucht, irgendwej Wasserleiringsrohrn offzetreiwe, bire schließlich ausm Oabrißhaus aale rosteriche Rohrstückcher krooch. En bal woar des Nuthaus offgestellt, mir harre e Dach üwwerm Kopp, us aje vejer Wänn un vill Natur drimerim. Woas moachs, doaß mer noch koa Hausdier harre. En Gosserstoa harre mer ergattert, es woar owwer koa Siffong net offzetreiwe, aach wenn us Modder e hoandgestickt, kostboar Dischdeck dofür ogeborre hat. Do hu mer erscht mol en Oamer inner de Oabfluß gestellt, den mer doann rejelmäßich leern mußt. Doas hot aach goanz gout geklappt, weil mer all offgebaßt harre.

Owwer wej mol e Freundin vo meiner Schwester zou Besuch koom, do hot se de Wasserkrone offgedreht, en weil de Oamer groad voll woar, do

Aber als eine Freundin meiner Schwester zu Besuch kam, hat sie den Wasserhahn aufgedreht, und weil der Eimer gerade voll war, ist er übergelaufen. Unter dem Schränkchen ist ein dünnes Rinnsal hervorgekommen und in die Küche gelaufen. Zum Glück hatte das Mädchen nichts gemerkt.

Unsere Mutter überredete meine Schwester und ihre Freundin zu einem Spaziergang, leerte schnell den Eimer und hat alles wieder aufgewischt. Sie schämte sich sehr über unsere Armut, zu der wir doch nichts konnten. Und das alles nur, weil Rita's Vater Schuldirektor war, mit seiner Familie in einer komfortablen Schulwohnung lebte und von der Armut der Ausgebombten nichts wußte.

Unser Nothaus

Weil unser Nothaus eine Baracke war, haben viele Leute verächtlich auf uns herabgeschaut. Dabei kann man in jeder Garnisonsstadt noch heute solche Baracken sehen. Und manche Schulen mit Platzmangel hatten sie als Unterrichtsraum benutzt ... aber das wußten die Dorfleute ja nicht.

Dabei war unser Haus groß, und wir hatten viel mehr Platz als die meisten Bauern im Dorf. Unser Haus war genauso gut wie heute die Fertighäuser, die niemand mehr Baracke nennt, sondern vornehm „Bungalow".

In Wirklichkeit sind auch diese Fertighäuser meist aus Holz, mit Glaswolle oder anderen Isoliermaterialien dazwischen. Und genau wie diese Häuser, war auch unser Haus gemütlich und warm. Und damit wir das Haus nicht ständig außen streichen mußten, wo man Mühe hatte, Farbe zu bekommen, hatten wir es von außen mit Dachpappe verkleidet. Das Dach war mit glitzernden Wellblechstreifen beschlagen und war fast dicht. Nur bei starken Regengüssen mußten wir hier und da Eimer aufstellen.

Später, als es endlich wieder Baumaterial gab, haben unsere Eltern das Haus Stück für Stück massiv ausgebaut, neue Wasserleitungen gelegt und es gab Siphons - mehr als wir je brauchen konnten.

Im Haus

Damals gab es noch keine Tapeten, zumindest nicht für den „kleinen Mann". Da wurden die Wände weiß oder pastellfarben gestrichen und mit einer Walze, wo Muster eingraviert waren, in einer anderen Farbe schöne Blumen oder andere Motive aufgetragen. Das sah gut aus und war preiswert, weil man es mit wenig Aufwand selbst machen konnte.

ere üwwergelaafe. En immern Schränkche koom e dünn Rinnsal en die Kich gelaafe. Zoum Glück hat doas Maadche naut gemerkt. Us Modder hot ´s Rita zesoome mit de Schwester zoum Spaziergoang üwwerred, doann schnell de Oamer geleert en alles werrer offgewischt. Se hatt sich su geschoamt für ihr Oarmut, zou der mer doch naut konnte. En doas alles nur, weil dem Rita sein Voadder Schuldirekter woar, en se e komfortabel Schulwohnung harre en vo de Oarmut der Ausgebombte naut wußte.

´S Nuthaus

Weil us Haus e Barack woar, hu vill Leu verächtlich off us eroabgeguckt. Debei kaonn mer en jeder Garnisonstoadt alleweil noch su Baracke seh. En moanche Schule mit wink Platz woarde se als Unnerrichtsraum benotzt, owwer su woas wußte dej Doffleu jo net. Debei woar us Haus gruß, en mir harre vill mieh Platz als wej die meiste Bauern em Doff. En doas Haus woar genaasugout, wej heut die Fertichhäuser, dej koaner mieh Barack nennt, sonnern viernehm Bungalow. En Wirklichkeit sei dej Fertichhäuser aach aus Holz mit Gloaswoll owwer oannern Isoliersache dezwische.

En genaa wej dej Häuser, su woar aach us Haus gemütlich en woarm. En demit doaß mer net als en als doas Haus auße streiche mußte, wus aach net su leicht woar, Foabb ze kreje, do harre mersch vo auße mit Dachbapp vernaalt. En doas Dach woar mit glitzeriche Weißblechstreife beschloo en woar aach fast dicht. Nur bei ogg Rejewerrer hu mer hej en do Schüsseln en Emer offgestellt. En später, wejs endlich werrer Baumaterial goab, do hu us Ellern doas Haus Stück für Stück massiv gebaut en aach neue Wasserleiringe gelecht, en es goab su vill Siffongs, wej mer goar net brauche konnt.

Em Haus

Domols goabs für den kloane Moann noch koa Tapet. Do woarde dej Wänn weiß owwer eierschoalefoarwich gestriche, en mirer Walz, wu Mostern droff woarn, en er oanner Foabb schiene Blomme en su offgemoolt. Doas soach richtich schie aus en woar billich, weil mersch sebst mache konnt. En wenn oam doas Moster owwer dej Foabb net mieh gefejl, doann konnt mersch schnell werrer ännern.

Walze für Blumenmuster.

E Boarestobb koann aich net beschreiwe, weils em Nuthaus koan Raum dofür goab. Gewäsche hot mer sich en de Kich. En Soamsdoags word e gruß zinkern

Ein Badezimmer kann ich nicht beschreiben, weil in unserem Haus kein Raum dafür vorgesehen war. Gewaschen haben wir uns nacheinander in der Küche. Samstags wurde die große Zinkwanne in die Küche getragen zum Baden.

Überall im Haus lagen Holzdielen, aber weil die Zwischenräume so groß waren, daß man den Boden nicht gut sauberhalten konnte, haben wir alles mit Linoleum ausgelegt, da man diesen Belag leicht putzen konnte und nur ab und zu bohnern mußte, damit es glänzte.

Weil wir keine Heizung hatten, standen im Wohnzimmer ein Ofen und in der Küche ein Emailleherd. Beides wurde mit Holz und Kohlen beheizt, und unsere Mutter stand morgens schon um halb fünf Uhr auf, um Feuer anzufachen, damit die Familie beim Frühstück nicht in der Kälte sitzen mußte.

Da die Schlafräume nicht beheizt werden konnten, hatte unsere Mutter an kalten Tagen Wärmflaschen in die Betten gelegt, die damit schnell zu richtig kuscheligen Nestern wurden.

Weil man noch keine Doppelfenster kannte, liefen in den geheizten Räumen die Fensterscheiben an. Und im Winter konnte man dort die schönsten Eisblumen bewundern.

Wie in anderen Häusern, war auch bei uns die Küche groß und der Mittelpunkt des Familienlebens. Während die Mutter kochte, nähte oder bügelte, haben wir Kinder am Küchentisch mitten im Raum unsere Hausaufgaben gemacht, der Vater las nach Feierabend dort seine Zeitung, und wir waren viel zusammen.

Unser Herd

Der Herd war für damalige Zeiten ein kleines Wunderwerk. Außen um den Herd herum lief eine Metallstange, auf der man nasse Sachen trocknen konnte. Hinter dem Herd war ein Rahmen mit Kacheln als Schutz vor Spritzern an der Zimmerwand. Auf einer Herdseite war das „Schiff", ein Wasserbehälter, wo einige Liter Wasser Platz hatten. Und weil der Herd wegen der Kocherei täglich beheizt war, stand im Schiff immer heißes Wasser zur Verfügung.

Die Herdplatte hatte vier Kochstellen, die jeweils aus lauter einzelnen Ringen bestanden. Je nachdem, wie groß ein Topf oder eine Pfanne waren, nahm man mehr oder weniger Ringe von der Feuerstelle weg, damit das Gefäß direkt auf der offenen Flamme stand.

Boarewoann en die Kich geschleppt zoum Boare.

So sahen „gewalzte" Wände aus.

De Burre woar em goanze Haus aus Diele, owwer weil dej su gruße Ritze harre, dej mer net gout sauwerhaale konnt, hu mer Linoleum droffgemoacht, doas mer leicht botze konnt en doas mer nur oab en zou bohnern mußt, domit doares schie glänze dät.

1 = Waschgelegenheit in besseren Häusern. 2 = Waschgelegenheit in ländlichen Häusern.

Weil mir koa Heizung harre, stoann en de Wohnstobb en Owe un en de Kich en Emalljeherd. Es woard mit Holz en Kohle geheizt, en dej Modder stoann mojens schu im halb fünf off, im Feuer zu mache, domit doaß ihr Familje beim Freuhstücke net en de Käll sitze mußt. Weil dej Schloofstowwe koa Öwe net harre, hot us Modder o kaale Doache Wärmflasche en dej Betten gelecht, en es woarn schnell richtich kuscheliche, molliche Nester.

Weils domols koa Doppelgloas für die Fenstern goab, do lejfe en de geheizte Stowwe die Fensterscheiwe o. En em Wenter konnt mer die schienste Eisblomme bestaune.

Wej en oannern Häuser, woar aach bei us die Kich gruß en de Mittelpunkt vom Familjelewe. Während us Modder gekocht owwer genäht en gebijelt hot, hu mir Kenn om Kichedisch mitte en de Stobb Hausoffgoawe gemoacht, en de Voadder hot nooch Feierowend do sei Zeiring gelese, en mir woarn vill zesoome.

Typisch für die damalige Küche: Ziertuch, unter dem Hand- und Abtrockentücher hängen.

Das Waffeleisen konnte man um zwei Bolzen drehen, so daß die Waffeln von beiden Seiten gleichmäßig gebacken wurden. Dann hatte der Herd einen Backofen, in dem man den Kuchen nach der halben Backzeit herumdrehen mußte, damit er auch auf der anderen Seite braun wurde. Und neben dem Backofen war das große Feuerloch - mit Schamottsteinen ausgemauert - und darunter der Aschekasten. Unter dem Herd standen zwei passende Wägelchen, wo Brennholz und Briketts hineinkamen, und alles am Herd war praktisch.

Wenn unsere Mutter darin Feuer anmachte, knüllte sie zwei Zeitungspapierblätter zusammen und steckte sie ins Feuerloch. Darauf legte sie dünne Holzspänchen oder trockene Fichtenzapfen, und darauf ein paar Scheite trockenes Holz. Dann steckte sie alles mit einem Streichholz an, und es gab schnell ein kräftiges Feuer, auf das man den ganzen Tag über Holz und die teurere Kohle nachlegen mußte, damit es nicht ausging. Und abends legte sie noch ein kostbares Brikett auf, so daß das Feuer am anderen Morgen leicht wieder anzufachen war.

Wo kam das Brennholz her?

Die benötigten Holzmengen konnte man über die Gemeinde erwerben. Dieser sogenannte Schlagabraum waren meterlange Stücke Rundholz, das man erst mit dem Keil spalten mußte, bevor die Kreissäge diese gerissenen Holzplanken in handliche Stücke sägte, die dann mit der Axt zu den bekannten Holzscheiten gespalten wurden. Das alles war eine harte und gefährliche Arbeit, bei der sich mancher schon Hände und Beine schwer verletzt hat.

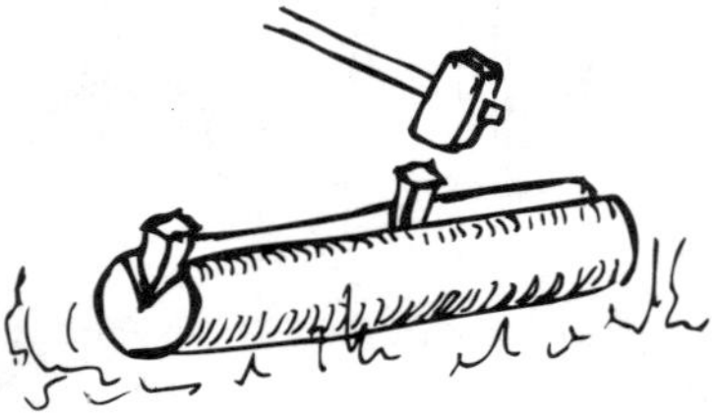

Rundholz, das mit Keilen und einem Hammer gerissen wurde.

Nach dem Sägen spaltet die Axt das Holz in handliche Stücke.

Das gehackte Holz wurde dann in einem Schuppen aufgesetzt, damit es trocken blieb und ohne viel Qualm brennen würde. Weil Briketts sehr teuer waren, haben wir meist Eierkohle verwendet. Die Asche kam auf den Misthaufen und wurde im Herbst mit untergegraben. Auf diese Weise wurde alles restlos verwertet.

Us Herd

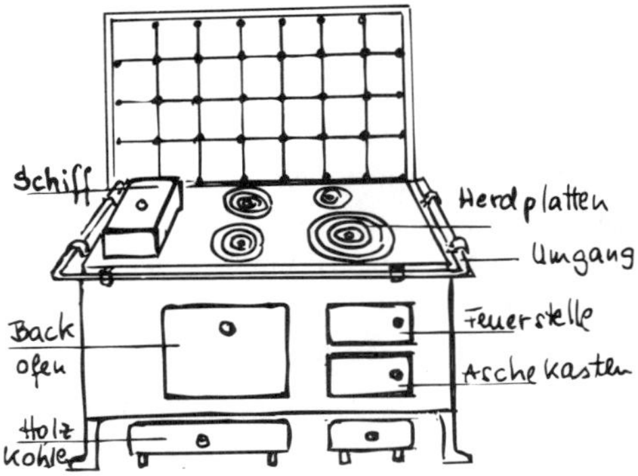

Wunderwerk Küchenherd

De Herd woar für domoliche Zeire e kloa Wonnerwerk. Auße im de Herd erim lejf e Metallstoang, off dej mer nasse Sache zoum Drickeln hihänge konnt. Hinnerm Herd woar en Metallrohme mit Kacheln, domit doaß naut o die Wänn spritze dät. Off oaner Herdseit woar doas „Schiff", doas woar en Wasserbehälter, wu e poar Liter Wasser enenbasste. En weil de Herd weje dem Koche jeden Doach beheizt woar, do woar aach doas Wasser em Schiff immer haaß.

Die Halterung für Kochlöffel hing beim Herd.

Dej Herdplatt hatt vejer Kochstelle, dej aus laurer Ring bestoanne. Je noochdem, wej gruß doas Dippe owwer dej Poann woarn, nohm mer mieh owwer winger Ring eweg, domit doaß dej Kochkröbbe direkt üwwerm offene Feuer stoanne.

Doas Waffeleise konnt mer im zwaa Bolze drehe, domit doaß dej Waffeln vo bare Seire gleichmäßich gebacke wern konnte. Doann hatt de Herd noch en Backowe, wu mer dej Kuche nooch de halwe Backzeit erimdrehe mußt, domit aach dej oanner Seit brou woard. En newer dem Backowe woar owe doas gruß Feuerloch mit Schamottstoa ausgemauert, en dodrinner de Äschekaste. En innerm Herd stoanne bassende Woacher, wu Brennholz en Briketts enenkoome, en alles om Herd woar praktisch.

Wenn us Modder Feuer omoach, doann dät se zwaa Zeiringsblirrer zesoomknäule un ens Feuerloch stoppe. Dodrüwwer koome dünne Holzspäncher owwer trockene Fichtezappe. En dodroff e poar Scheirer Holz, en doann dät se alles mirm Streichholz osticke, en es goab schnell e schie Feuer, wu mer de goanze Doach als en als Holz en Kohle noochleje mußt, domit doares net ausging. Owends legt mer noch e kostboar en deuer Brikett droff, doas doann bis zoum oannern Mojen die Glut hejl.

Das Klo

Wir hatten schon ein modernes Klo mit geplättetem Fußboden und einem richtigen Fenster mit Vorhang. Es war auch nicht, wie bei den Bauersleuten, über dem Hof, sondern direkt neben der Haustüre. Weil unsere eigene Wasserquelle nicht genügend Druck erzeugte, hatten wir (noch) keine Wassertoilette, sondern nur eine porzellanene Kloschüssel ohne Wasserspülung. Die Klo-Wände waren, wie in der Wohnung auch, hell gestrichen und mit farbigen Mustern verziert.

Für Klopapier gab auf dem Land niemand Geld aus. Dazu wurden die Tageszeitungen in passende Stücke zurechtgeschnitten und auf einem Metzgerhaken aufgespießt. So konnte man die Zeitung als Klopapier verwenden, ohne daß es etwas gekostet hätte.

Im Dorf lebten bei einer Familie 5 Generationen unter einem Dach. Und weil das eine Seltenheit ist, wollte die Tageszeitung einen Fotobericht über diese Familie bringen. Da hat die Uroma aufgeschrien, daß sie auf keinen Fall in die Zeitung wollte ... damit sich die Leute nicht an ihrer Familie den Hintern abputzen sollten.

Vielseitiges Zeitungspapier

Damals brauchte man noch keine blaue Mülltonne, weil das ganze Papier gebraucht wurde, vor allem das dünne Papier der Tageszeitungen, weil das sehr saugfähig ist.

Hatten wir mal nasse Schuhe, wurden sie mit zusammengeknülltem Zeitungspapier ausgestopft. Am anderen Tag war das Papier feucht und die Schuhe trocken.

Wer keinen Stiefelspanner besaß, hat seine hohen Schuhe mit Zeitungspapier bis obenhin fest ausgestopft, damit sie in Form blieben.

Beim Fensterputzen wurde mit Papier nachgerieben, was den Scheiben einen streifenlosen Glanz verlieh. Und auch die Herdplatte glänzte besonders schön, wenn man sie nach dem Putzen mit Zeitungspapier nachpolierte.

Zeitungspapier nahm man zum Feueranmachen, als Klopapier, zum Einpacken von Obst, Gemüse, Blumen, Eiern, Fisch ...

Und als man nach dem Krieg endlich Tapeten kaufen konnte, mußten die Zimmerwände vor dem Tapezieren mit Zeitungspapier beklebt werden, weil es noch keine Makulatur gab. So blieb vom Zeitungspapier nicht ein Fitzelchen übrig.

Wu koome dej Holzscheirer her?

Doas ville Holz konnt mer üwwer dej Gemoa kaafe. Doas noannt mer „Schlagroam“, en doas woarn meterloange Stücker Rondholz, doas mer erscht mirm Keil spalte mußt, bevier dej Kreissäg dej gerissene Holzploanke en hoandliche Stücker sägt, dej daonn mirer Axt zou Holzscheirer gespalte woarde. Doas Holzmache woar e gefährlich Erwet, en moancher hot sich debei die Hoand owwer des Boa verletzt. Doann woard doas gehackte Holz en em Schuppe offgesetzt, domit doares trocke woard en blib en ohne vill Qualm brenne dät. Weil dej Briketts ogg deuer woarn, hu mer meist Ajerkohle genomme. En dej Äsch koom off de Mest en woard em Hörbst mit innergegroawe. En off dej Oart woard alles restlos verwert.

Doas Klo

Mir harre schu e modern Klo mit Stoaplatte offm Burre enem richtiche Fenster mit Vierhäng dro. En es woar aach net, wej bei de Bauerschleu, üwwerm Hob, sonnern direkt newer de Hausdier. Weil us aje Wasserquell net genung Druck hatt, harre mir noch koan Wasserklo, sonnern halt nur en Klo, owwer mirer richtich weiß Kloschüssel. En dej Wänn woarn wej en de Wohnung schie gestriche un mit foarwiche Mostern verziert.

Für Klobabeier goab offm Loand niemoand Geld aus. Dozou woard dej Doacheszeiring en kloane Stücker zerechtgeschnirre en offn Metzgerhake offgespießt. En su konnt mersche als Klobabeier verwende, ohne doaß mer Geld dofür ausgewwe mußt.

Em Doff goabs e Familje, wu fünf Generatione inner oam Dach wohne däre. En weil doas jo selten es, do wollt dej Doacheszeiring en Fotobericht drüwwer bringe. Do hot dej Uroma offgekrische, doaß se off koan Fall en die Zeiring wollt .... domit sich dej Leu net o ihrer Familje de Arsch abbotze sollte.

Villseitich Zeiringsbabeier

Domols brauchte mer noch koa blo Mülltonn, weil doas goanze Babeier gebraucht woard, vier allem doas Babeier vo de Doacheszeiring, weil doas ogg saugfähich woar. Wemmer nasse Schouh hatt, dät mersche mit zesoomegeknüllt Zeiringsbabeier ausstoppe. Om oannern Doag woarsch Babeier feucht en dej Schouh trocke. Wer koa Stiwwelspoanner net hatt, der hot sei huhe Schouh aach mit Zeiringsbabeier bis owenoff ausgestoppt, domit doaß se en Form bliwwe.

Ums Haus

Vor dem Haus war früher die Gemeinde-Viehweide, weil das Land viel zu minderwertig für Heuwiesen oder Äcker war. Es war steinig und buckelig und übersät mit überwachsenen Maulwurfshügeln. Als wir es später kaufen konnten, hatte ein Bagger tagelang schwer zu arbeiten, bis alles einigermaßen gerade war. Deshalb gab es damals noch keinen befestigten Weg zum Gehen, sondern nur einen Trampelpfad. Wenn es geregnet hatte, war er matschig, und man hatte selbst bei vorsichtigem Auftreten schmutzige Schuhe.

Weil meine Schwester und der Vater zum Amt mußten, wo man nur mit sauberem Schuhwerk hingehen konnte, und weil wir auch nicht mit Matschschuhen im Zug fahren wollten, haben wir zu Hause alle Überschuhe angezogen, sind damit bis zum festen Weg gegangen, haben sie dort im Gebüsch versteckt und auf dem Heimweg wieder bis zur Haustüre angezogen.

Vor dem Haus war ein Fußweg, eine Abkürzung für die Leute aus dem Dorf, die zum Bahnhof wollten. Wenn Frauen in der Stadt eingekauft hatten, kamen sie an unserem Haus vorbei, haben hier ein wenig verschnauft und auch etwas getratscht, bevor sie den Berg ins Dorf hinaufgingen.

Bei plötzlichem Gewitter kamen die Arbeiter vom Zug zu uns ins Haus, um sich unterzustellen. Dann war unser Haus voll von Menschen, die alle was zu erzählen wußten und Späße mit uns Kindern trieben, bis sich das Gewitter verzogen hatte. So war es auch in der Einsamkeit nicht langweilig, weil ja immer Menschen bei uns einkehrten, um ein wenig zu erzählen. Und weil unsere Mutter für ihr weiches, verständnisvolles Herz bekannt war, hat man ihr manche Sorgen anvertraut. Danach sagte sie immer wieder, wie dankbar sie dem Herrgott wäre für ihre Familie und die gesunden Kinder. Und daß wir zu essen hätten und auch sonst das Nötigste zum Überleben.

Auch wenn wir arme Leute waren, so war doch das Glück bei uns Zuhause, selbst wenn es „nur“ eine Baracke war.

Garten und Ernährung

Es gab zwar Lebensmittelkarten, damit die Leute, die den schrecklichen Krieg überlebt hatten, nicht jetzt noch verhungern sollten.

Aber oft waren die Sachen, die man nach der Karte bekommen sollte, gar nicht in den Geschäften zu finden. Und außerdem reichte alles nicht für

Beim Fensterbotze woard mit dem Babeier noochgeröbbelt, domit doaß dej Scheiwe schie bloank woarde. En aach dej Herdplatt dät schie glänze, wenn se nooch em Botze mit Babeier noochpoliert woard. Doas Zeiringsbabeier nohm mer zoum Feueromache, als Klobabeier, zoum Enpacke vo Obst, Gemeus, Blomme, Ajer en Fisch en su. En wejs endlich noochm Kriech Tapete ze kaafe goab, do mußte dej Stowwewänn erscht mit Zeiringsbabeier beklebt wern, weils noch koa Makulatur goab. Su blib vo de Zeiringe net oa Fitzelche üwwerich.

Ims Haus

Vierm Haus woarn freuher dej Gemoa-Vejwaare, weil doas Loand vill ze schlecht woar für Haawisse owwer Ecker. En es woar stoanich en buckelich mit üwwerwoasene Molldroffshaffe üwwersät. En wej mersch später gekaaft hu, hot en Bagger doacheloang schwer schaffe murre, bires mol strack woar.

Deshalb do goabs domols koan feste Weg zoum Gieh, sonnern nur en Troampelpoad. En wenns gerejend hatt, doann woare matschich, en mer konnt net mit sauwere Schouh on Boahnhob geloange. Weil mei Schwester en de Voadder offs Oamt mußte, wu mer nur mit sauwere Schouh higieh konnt, en weil mir mit Matschschouh net em Zuch foahrn wollte, do hu mer all dehoam vier de Hausdier Galosche ogedo, sei domit bis zoum feste Weg gegoange en hu se em Gebüsch verstickelt. En wemmer hoamkoome, hu mersche werrer bis zour Hausdier ogedo.

Vierm Haus woar en Foußweg, e Oabkürzung für dej Leu ausm Doff, dej zoum Boahnhob wollte. Wenn Weibsleu en de Stoadt engekaaft harre, koome se bei us om Haus verbei en däre e bißche verschnaufe en aach e bißche tratsche, beviersch de Berg enoffging.

Wenns Gewirrer goab, doann koome dej Erweter vom Zuch bei us eren, im sich innerzestelle. En us Haus woar voll mit Leu, dej all woas ze verzähle wußte owwer Späßcher mit us Kenn moache, bis sich doas Gewirrer verzooche hatt.

En su woarsch nie loangweilich, weil jo immer Leu bei us eren koome, im e bißche ze schwätze. En weil us Modder e weich, verständnisvoll Herz hat, do hot se aach moanche Sorje verzählt kritt. Donooch saat se immer werrer, wej doankboar se dem Herrgott wär für ihr Familje en dej gesonde Kenn. En doas mer ze esse harre en sonst su des Nierichste zoum Üwwerlewe. Aach wemmer oarme Leu woarn, su woar doch doas Glück en usem Haus dehaom, sebst wenns „nur“ e Barack woar.

Deutschland
Vereinigtes Wirtschaftsgebiet
LEA Hessen
Luise Schumacher
Daubhausen 39
Frühkartoffelkarte 1948
für Versorgungsberechtigte
über 3 Jahre
Gültig ab 21. Juli 1948
Name
Wohnort
Straße
01
Lose Abschnitte sind ungültig!
Nicht übertragbar!
Bei Verlust der Karte kein Ersatz!

Kartoffeln 01/116/III LEA Hessen		
Kartoffeln 01/117/III LEA Hessen	Kartoffeln 01/117/II LEA Hessen	Kartoffeln 01/117/I LEA Hessen
Kartoffeln 01/118/III LEA Hessen	Kartoffeln 01/118/II LEA Hessen	Kartoffeln 01/118/I LEA Hessen
Kartoffeln 01 C LEA Hessen	Kartoffeln 01 B LEA Hessen	Kartoffeln 01 A LEA Hessen
Kartoffeln 01 F LEA Hessen	Kartoffeln 01 E LEA Hessen	Kartoffeln 01 D LEA Hessen

Lebensmittelkarte

vier lebhafte Kinder, die mitten im Wachstum waren und ständig Hunger hatten.

Deshalb haben die Eltern die Wildnis ums Haus gerodet, den Boden von Dornen- und Brennesselwurzeln befreit, alles umgegraben und mit viel Mist und Mühe zum Gartenboden gemacht. Auch wenn Dornen, Brennesseln und Disteln immer wieder durchkamen, so ist doch mancherlei gewachsen. Wir konnten davon leben und hatten Abwechslung in der Küche.

Wir Kinder haben Nüsse, Himbeeren, Brombeeren u. a. gesammelt und Vogelkirschen, die zwar klein waren, aber einen wohlschmeckenden Saft und Marmelade ergaben. Vor allem haben wir in der Not Bucheckern aufgelesen, die in der Mühle zu Öl wurden. Ungefähr acht Pfund sauber gelesene Bucheckern ergaben ungefähr 1 Liter Öl, das wir zum Backen, Braten und Kochen so nötig brauchten.

Vater konnte meisterhaft veredeln; deshalb hat er junge Vogelkirschenbäume veredelt, und wir hatten (aber erst Jahre später) dicke Knorpelkirschen, die sehr gut schmeckten, eingekocht noch appetitlich waren und sich gut verkaufen ließen.

Weil unsere Mutter sich aufs Einkochen und eine gute Vorratshaltung verstand, haben wir bald nicht mehr zu hungern brauchen. Sie baute Kohl an, den sie zu Sauerkraut verarbeitete, wenn wir ihn nicht schon frisch ver-

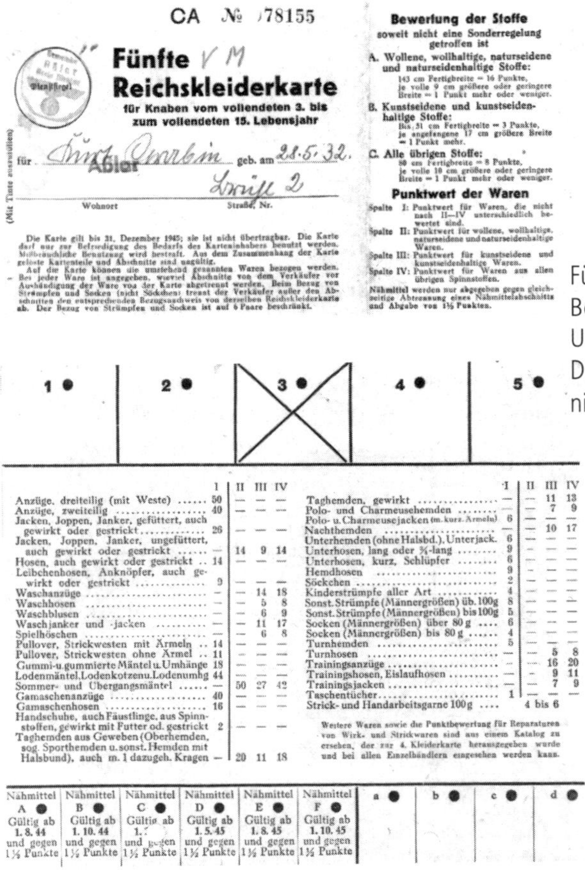

CA № 78155

Fünfte Reichskleiderkarte

für Knaben vom vollendeten 3. bis zum vollendeten 15. Lebensjahr

(Mit Tinte auszufüllen)

für .... geb. am 28.5.32.

Wohnort .... Straße, Nr.

Die Karte gilt bis 31. Dezember 1945; sie ist nicht übertragbar. Die Karte darf nur zur Befriedigung des Bedarfs des Karteninhabers benutzt werden. Mißbräuchliche Benutzung wird bestraft. Aus dem Zusammenhang der Karte gelöste Kartenteile und Abschnitte sind ungültig.

Auf die Karte können die umstehend genannten Waren bezogen werden. Bei jeder Ware ist angegeben, wieviel Abschnitte von dem Verkäufer vor Aushändigung der Ware von der Karte abgetrennt werden. Beim Bezug von Strümpfen und Socken (nicht Söckchen) trennt der Verkäufer außer den Abschnitten den entsprechenden Bezugsnachweis von derselben Reichskleiderkarte ab. Der Bezug von Strümpfen und Socken ist auf 6 Paare beschränkt.

Bewertung der Stoffe

soweit nicht eine Sonderregelung getroffen ist

A. Wollene, wollhaltige, naturseidene und naturseidenhaltige Stoffe:
143 cm Fertigbreite = 16 Punkte, je volle 9 cm größere oder geringere Breite = 1 Punkt mehr oder weniger.

B. Kunstseidene und kunstseidenhaltige Stoffe:
Bis 51 cm Fertigbreite = 3 Punkte, je angefangene 17 cm größere Breite = 1 Punkt mehr.

C. Alle übrigen Stoffe:
80 cm Fertigbreite = 8 Punkte, je volle 10 cm größere oder geringere Breite = 1 Punkt mehr oder weniger.

Punktwert der Waren

Spalte I: Punktwert für Waren, die nicht nach II—IV unterschiedlich bewertet sind.
Spalte II: Punktwert für wollene, wollhaltige, naturseidene und naturseidenhaltige Waren.
Spalte III: Punktwert für kunstseidene und kunstseidenhaltige Waren.
Spalte IV: Punktwert für Waren aus allen übrigen Spinnstoffen.

Nähmittel werden nur abgegeben gegen gleichzeitige Abtrennung eines Nähmittelabschnitts und Abgabe von 1½ Punkten.

1 ● | 2 ● | 3 ● | 4 ● | 5 ●

	I	II	III	IV
Anzüge, dreiteilig (mit Weste)	50	—	—	—
Anzüge, zweiteilig	40	—	—	—
Jacken, Joppen, Janker, gefüttert, auch gewirkt oder gestrickt	26	—	—	—
Jacken, Joppen, Janker, ungefüttert, auch gewirkt oder gestrickt	—	14	9	14
Hosen, auch gewirkt oder gestrickt	14	—	—	—
Leibchenhosen, Anknöpfer, auch gewirkt oder gestrickt	9	—	—	—
Waschanzüge	—	—	14	18
Waschhosen	—	—	5	8
Waschblusen	—	—	6	9
Waschjanker und -jacken	—	—	11	17
Spielhöschen	—	—	6	8
Pullover, Strickwesten mit Ärmeln	14	—	—	—
Pullover, Strickwesten ohne Ärmel	11	—	—	—
Gummi- u. gummierte Mäntel u. Umhänge	18	—	—	—
Lodenmäntel, Lodenkotzen u. Lodenumhg	44	—	—	—
Sommer- und Übergangsmäntel	—	50	27	42
Gamaschenanzüge	40	—	—	—
Gamaschenhosen	16	—	—	—
Handschuhe, auch Fäustlinge, aus Spinnstoffen, gewirkt mit Futter od. gestrickt	2	—	—	—
Taghemden aus Geweben (Oberhemden, sog. Sporthemden u. sonst. Hemden mit Halsbund), auch m. 1 dazugeh. Kragen	—	20	11	18
Taghemden, gewirkt	—	—	11	13
Polo- und Charmeusehemden	—	—	7	9
Polo- u. Charmeusejacken (m. kurz. Ärmeln)	6	—	—	—
Nachthemden	—	—	10	17
Unterhemden (ohne Halsbd.), Unterjack.	6	—	—	—
Unterhosen, lang oder ¾-lang	9	—	—	—
Unterhosen, kurz, Schlüpfer	6	—	—	—
Hemdhosen	9	—	—	—
Söckchen	2	—	—	—
Kinderstrümpfe aller Art	4	—	—	—
Sonst. Strümpfe (Männergrößen) üb. 100g	8	—	—	—
Sonst. Strümpfe (Männergrößen) bis 100g	5	—	—	—
Socken (Männergrößen) über 80 g	6	—	—	—
Socken (Männergrößen) bis 80 g	4	—	—	—
Turnhemden	5	—	—	—
Turnhosen	—	—	5	8
Trainingsanzüge	—	—	16	20
Trainingshosen, Eislaufhosen	—	—	9	11
Trainingsjacken	—	—	7	9
Taschentücher	1	—	—	—
Strick- und Handarbeitsgarne 100g		4 bis 6		

Weitere Waren sowie die Punktbewertung für Reparaturen von Wirk- und Strickwaren sind aus einem Katalog zu ersehen, der zur 4. Kleiderkarte herausgegeben wurde und bei allen Einzelhändlern eingesehen werden kann.

Nähmittel A ●	Nähmittel B ●	Nähmittel C ●	Nähmittel D ●	Nähmittel E ●	Nähmittel F ●	a ●	b ●	c ●	d ●
Gültig ab 1. 8. 44 und gegen 1½ Punkte	Gültig ab 1. 10. 44 und gegen 1½ Punkte	Gültig ab 1. [illegible] und gegen 1½ Punkte	Gültig ab 1. 5. 45 und gegen 1½ Punkte	Gültig ab 1. 8. 45 und gegen 1½ Punkte	Gültig ab 1. 10. 45 und gegen 1½ Punkte				

Für alles brauchte man Berechtigungskarten. Und dann waren die Dinge oft trotzdem nicht zu bekommen.

De Goarde en dej Ernährung

Es goab zwar Lewensmittelkoarte, domit doaß dej Leu, dej de schreckliche Kriech üwwerlebt harre, net verhungern sollte. Owwer oft woarn dej Sache, dej mer off die Koart kreje sollte, goar net en de Geschäfte. En außerdem dät doas alles net reiche für vejer lebhafte Kenn, dej mitte em Woase woarn en immer Hunger harre. Deshalb do hu us Ellern dej Wildnis ims Haus gerodt en de Burre vo Dörner- en Brennesselwozzeln gereinicht, alles imgegroawe en mit vill Mest goanz meuhselich zoum Goardeburre gemoacht. En aach wenn Dörner, Brennesseln en Disteln immer werrer mol dorchkoome, su es doch moancherlei do gewoase, en mir konnte devo lewe en harre Oabwechslung en de Kich.

Mir Kenn hu Nüss, Himbeern, Brombeern en su gesoomelt en Vuulskirsche, zehrt haben. Wir haben Kamilleblüten getrocknet für Tee, Stachelbeer- und Johannisbeersträucher gesetzt und alle Sorten Obstbäume, sogar die seltenen Pfirsiche, die allerdings noch Jahre brauchten, bis sie endlich Früchte trugen.

Daubhausen war bekannt für die vielen Obstbäume, vor allem Kirschen- und Apfelbäume, von denen letztere meist der Gemeinde gehörten. Deren Äpfel wurden im Herbst versteigert, und man mußte sie sich selbst pflükken. Auf diese Art hatten wir viele Äpfel, obwohl unsere eigenen Bäume noch jung waren. Apfelsaft und Apfelwein konnte man davon machen, oder Apfelmus zum Einkochen, Lageräpfel für die Vitaminversorgung im Winter und kleine wohlschmeckende Dämpfäpfel, die wir Kinder gerne zwischendurch in unsere ewig hungrigen Mäuler stopfen konnten. Wir hatten immer „Kohldampf", weil wir kaum sättigendes Fleisch oder Wurst hatten. Und um Fett zu sparen, hat unsere Mutter trockene Brotstücke auf die heiße Herdplatte gelegt und ohne Fett von beiden Seiten braun geröstet. So ein Röstebrot schmeckte knackig-frisch auch ohne Belag.

Weil wir Ziegen hatten, gab es viele Milchspeisen wie Milchsuppe, Haferflocken, Kakao und Pudding, Käse, Quark und gelegentlich auch Ziegenbutter, die streng roch, aber gut schmeckte. Fast jeden Tag gab es Kartoffeln mit Salat oder Gemüse. Und oft gebackene Eier dazu, weil wir diese Dinge alle selber hatten und sie fast nichts kosteten.

Mittags gab es oft Eintopf, den die Mutter schon am Morgen aufsetzte, und der alleine vor sich hinköchelte, während sie das Vieh versorgte und im Garten arbeitete.

So besehen sind wir sehr gesund aufgewachsen und sind auch alle groß und stark geworden, wie es sich die Eltern gewünscht hatten.

Die Milch, die nicht zum Buttern vorgesehen war, wurde sofort nach dem Melken abgekocht, weil sie dann auch bei Gewitterluft nicht so schnell verdarb. Beim Kochen setzte sich oben eine Haut ab. Wenn man diese Haut auf ein Honig- oder Marmeladenbrot legte, schmeckte das herzhafter und besser als die feinsten Torten. Wenn wir mal keine Milch oder Kakao trinken wollten, gab es Malzkaffee, das war so eine Art Kaffee-Ersatz, weil richtige Kaffeebohnen einfach zu teuer waren.

Wenn wir wo eingeladen waren, trank jeder ohne zu meckern den „Blümchen-Kaffee", weil man es ja von zu Hause so gewöhnt war. Bohnenkaffee gab es nur zu besonderen Feiern. Dann war der Kaffee so dünn, daß man den Boden der Kaffeetasse sah. Wir Kinder lästerten dann immer, daß unsere Mutter eine einzige Kaffeebohne an einem Faden durch heißes Wasser gezogen hätte ... dann hat sie uns lachend mit dem Finger gedroht.

dej zwar kloa woarn, owwer goure Saft en Marmelade brooche. Vier allem hu mer en de Nut Bucheckern offgelese, dej en er Mühl zou Öl woarde. Su acht Pond sauwer gelesene Bucheckern ergoawwe ugefähr oan Liter Öl, doas mer zoum Backe, Broore en Koche su nierich brauchte.

De Voadder konnt gout proffe, deshalb do horre dej jingere Vuulskirschebeem imgeprofft, en mir harre (owwer erscht nooch e poar Joahrn) dicke Knorwelkirsche, dej ogg gout schmoache, aach engekocht noch appeditlich woarn, en dej mer prima verkaafe konnt. Weil us Modder sich offs Enkoche en Vierroatshaltung verstoann, hu mer bal naut mieh ze hungern brauche. Se hatt Kohl ogebaut, den se zou Sauerkraut moach, wemmern net groad frisch gegesse hu. Mir hu Kamillebleure gedrickelt für Tee, hu Stachelbeeren Johoannisbeersträucher gesetzt, en alle Sorte Obstbeem, segoar dej seltene hooriche Ebbel mit Stoa, dej allerdings noch Joahrn gebraucht hu, im Früchte ze bringe.

Dabhause woar bekoannt für dej ville Obstbeem, vor allem Kirsche- en Ebbelbeem, vo dene vill de Gemoa gehörrte. Dej Ebbel woarde em Hörbst versteichert, en mer mußt se sebst plicke. Off dej Oart hu mer aach vill Ebbel gehoat, obwohl us aje Beem noch jung woarn. Ebbelsaft en Ebbelwei konnt mer dovo mache, owwer Ebbelbrei zoum Enkoche, Lagerebbel für dej Vitamine em Wenter en kloane, wohl schmeckende Dämpebbel, dej mir Kenn gern zwischedorch en use ewich hungriche Schnute stobbe konnte.

Mir harre vill Hunger, weils jo net vill sättichend Flaasch en Worscht goab. En im Fett ze sparn, hot us Modder trockene Stück´cher Brut off dej haaß Herdplatt gelecht en ohne Fett vo bare Seire brou geröst. Su e Riesterbrut woar woas feines, en es dät richtich knacke, wemmer enenbiß.

Weil mir Gaaße harre, do goabs vill Speise mit Milch, wej Milchsopp, Hoawwerflocke, Kakau en Budding, Käs, Schmierkäs en ab en zou aach Gaaßebodder, dej schoarb roch, owwer gout geschmeckt hot. En bal jeden Doach goabs Gedoffel en Seloat owwer Gemeus. En oft gebackene Ajer debei, weil mir dej Sache all selwer harre, en se fast naut koste däre. Middoachs goabs oft e dick Sopp, dej die Modder em Mojen schu offgesetzt hatt en dej eloa vier sich hie dotze dät, während se des Vejh versorcht en em Goarde geschafft hot.

Genaa genomme sei mir ogg gesond offgewoase en sei all gruß en stärk woarn, wej us Ellern sich doas gewünscht harre.

Dej Milch, dej mer net zoum Boddern owwer für Schmierkäs en su brauchte, woard groad noochem Melke oabgekocht, weil se doann länger haltboar woar. En beim Koche setzt sich owe e Haut oab. Wemmer e Hoingkbrut

Ersatzgemüse

Wir hatten im Garten alle möglichen Gemüsesorten angebaut. Aber bei einer so großen Familie reichte das alles nicht. Also zog unsere Mutter Handschuhe an und rupfte frisch ausgetriebene Brennesseln, um Gemüse draus zu machen. Sie hat die Stengel unter dem Wasserhahn abgewaschen, dann die Blätter abgerupft und so lange im Salzwasser gekocht, bis sie weich waren. Dann haben sie auch nicht mehr gebrannt.

Weil Brennesselgemüse sehr bitter ist, hat sie Ziegensahne und ein paar Körnchen Zucker druntergemischt. Trotzdem blieb ein bitterer Beigeschmack und wir wollten das Gemüse nicht essen. Dann betonte sie immer wieder, wie gesund das Gemüse wäre und daß man davon groß, stark und klug würde.

Na ja, da haben wir das Gesicht verzogen und das bittere Zeug gegessen. Groß und stark sind wir geworden. Klug? Ich weiß nicht so recht. Zumindest die Lehrer in der Schule haben davon nichts gemerkt.

Auch Löwenzahngemüse kam auf den Tisch und Sauerampfer, auch wenn der abscheulich schmeckte, wenigstens für Kindermäuler. Heute gibt es diese Gemüsesorten auch, aber heute nennt man das „Spezialitäten", die sehr teuer sind und manchmal sogar als Medizin gelten wegen der Vitamine und Mineralien, der Spurenelemente, dem Kreislauf, der Verdauung und dem Cholesterinspiegel.

Ich meine jedenfalls, mit einem kräftigen Schuß Schmand von der Ziegenmilch hätte das früher besser geschmeckt als heute dasselbe Gemüse in den feinen Restaurants.

Der fertige Hausten.

Ährenlesen

Wenn die Bauern das fast reife Getreide geschnitten hatten, dann wurden kleine Portionen mit der Witt zusammengebunden. Die Witt bestand aus ein paar Getreidehalmen, die umeinander gedreht wurden und dann die Garben fest zusammenhielten. Dann wurden die einzelnen Garbenbündel aufgestellt, eines in die Mitte, die anderen drumherum, und alle mit den Ähren nach oben. Ganz oben hat en dodroff dej Haut lecht, doann schmoach doas besser als wej dej feinste Tort.

Wemmer mol koa Milch owwer Kakau wollte, doann goabs Muckefuck ze drinke. Doas woar su e Oart Kaffieersatz, weil mer sich richtiche Kaffiebuhne net leiste konnt. En wemmer wu engeloare woar, dät jeder ohne ze meckern de Muckefuck drinke, weil mersch jo vo dehoam gewöhnt woar. Buhnekaffie goabs nämlich nur zou besonnere Feiern. Doann woar de Kaffie su dünn, doaß mer de Burre vom Kaffiekippche soach. Mir Kenn saare doann immer, doaß us Modder oa oanzich Kaffiebuhn o em Bindfoarre dorch des haaß Wasser gezooche hätt ... en doann dät se us lachend mirm Finger drohe.

Des Ersatzgemeus

Mir harre em Goarde alle möchliche Gemeusesorte. Owwer bei su er gruß Familje loangt doas alles net. Also dät us Modder Hennsche o en roppt frisch ausgetriwwene Brennessel, im Gemeus draus ze mache. Se hot dej Stengel innerm Wasserkrone abgewäsche, doann dej Blirrer oabgeroppt en su loang em Salzwasser gekocht, bis doaß se weich woarn. Do hu se aach net mieh su gebroannt.

Weil des Brennesselgemeus ogg bitter woar, hot se Gaaßeroahm drogedo un e poar Kerncher Zucker. Trotzdem woarsch Gemeus bitter, en mir wolltes net esse. Do saat se immer werrer, wej gesond doas Gemeus es un doaß mer dovo gruß, stärk en gescheut wird. No ja, do hu mer die Schnut verzooche un des bitter Zeuch gegesse. Gruß en stärk sei mer jo woarn. Gescheut? Aich waaß net su recht. Zoumindest dej Liehrer en de Schul hu naut devo gemerkt.

Aach Löwezoahngemeus koom off de Disch. Un Saueroamfer hu mer gegesse, wenns aach abscheulich schmoach. Heut gibts dej Gemeusesorte aach, owwer heut nennt mersche Spezialidäte, dej ogg deuer sei un moanchmol segoar als Medizin gelle vo weje dene Vitamine un Mineralje un Spurenelemente, weje dem Kreislauf un de Verdauung un em Scholesterinspijel.

Aich moane jedenfalls, mirem ordliche Schuß Schmoand vo de Gaaßemilch hätt doas freuher besser geschmeckt, als wej heut doas selwe Gemeus en de feine Restorangs.

Ährnlese

Wenn dej Bauern des fast reif Getreire geschnirre harre, doann woarde kloane Portione mit de Witt zesoomegebonne. Dej Witt bestoann aus e drauf kam ein Garbenbündel mit den Ähren nach unten als eine Art Hut, damit das Regenwasser gut abfließen konnte. So ein Ding nannte man „Hausten". Man konnte sich wunderbar darin verstecken, bekam aber Schläge, wenn man sich erwischen ließ.

Wenn nach ein paar Tagen oder Wochen die Bauern alle Hausten zum Dreschen heimgeholt hatten, dann durften die armen Leute auf die Felder, die liegengebliebenen Ähren aufsammeln. Die hat man dann zum Müller gebracht, der Mehl dafür eintauschte.

Da haben auch wir Kinder mit unserer Mutter Ähren gesammelt und von dem Mehl Kuchen gebacken. Das Auflesen war zwar eine anstrengende Prozedur, aber der Kuchen schmeckte besonders gut, weil wir ihn uns echt verdient hatten.

Das Kartoffelwunder

In einem Jahr konnte man gar keine Setzkartoffeln bekommen. Welch eine Katastrophe für eine sechsköpfige Familie. Da hat unsere Mutter ausprobiert, was sie mal gehört hatte: Sie hat im Garten viel Ziegenmist untergegraben, mit der Hacke kleine Löcher in die Erde gemacht und überall ein paar Kartoffelkeime dort hineingelegt.

Wir hatten niemandem davon erzählt, um nicht ausgelacht zu werden, falls der Versuch mißlingen sollte.

Wir Kinder - und sicher auch die Eltern - haben jeden Tag nachgeschaut, ob man schon was sehen konnte. Und tatsächlich, es kamen zögerlich hier und da ein paar Kartoffelpflänzchen aus der Erde heraus.

Im Herbst haben wir richtige Kartoffeln geerntet. Sie waren zwar sehr klein, aber prima als Pellkartoffeln zu gebrauchen.

Notzeit - Tauschzeit

Unsere Mutter hatte als junges Mädchen das Nähen gelernt und fertigte für viele heiratsfähige Mädchen die Aussteuer an. In ihrer Freizeit hat sie für sich eine üppige Aussteuer genäht und reichlich mit Stickereien verziert.

Als im Krieg und kurz danach die Lebensmittel knapp wurden, hat sie ihre Stickerei-Tischdecken und gute Bettwäsche gegen Lebensmittel eingetauscht, damit sie ihre große Familie ernähren konnte. Auch wenn das Verhältnis zwischen Handarbeit und Lebensmitteln nicht stimmte, so konnte sie doch ihre Kinder halbwegs damit über die schlechten Jahre bringen.

poar Getreirehalme, dej imenoanner gedreht woarde un dej Goarwe fest zesoomehejle. Doann woarde dej oanzelne Getreirebündel offgestellt, oans en die Mitt, dej oannern drimerim, un all mit de Ährn nooch owe. En goanz owedroff kom e Goarwebündel mit de Ährn nooch onne als Hout, domit doas Rejewasser besser oabflejße konnt. Su e Ding noannt mer „Hauste". Mer konnt sich wonnerbar dodren versticke ln, krooch owwer Schlä, wemmer se domm woar en sich debei erwische lejß.

Die Sense mußte oft gedengelt werden, um die dicken Getreidehalme schneiden zu können.

Wenn nooch e poar Doache owwer Woche dej Bauern alle Hauste zoum Dresche hoamgeholIt harre, doann doffte dej oarme Leu off die Ecker, dej leiegebliwwene Ährn offsoomeln. Dej hot mer doann zoum Müller gebroocht, der oam Mehl dofür goab. Do hu mir Kenn mit user Modder aach Ährn gelese un vom Mehl Kuche gebacke. Es woar zwar ostrengend, sich dauernd ze bücke, owwer de Kuche schmoach besonnersch gout, weil mir wußte, doaß mir en us richtich verdejnt harre.

Des Gedoffelwonner

En oam Joahr woarn mol goar koa Setzgedoffel net ze kreje. Doas woar e Katastrof für e sechsköppich Familje. Do hot us Modder ausbrowiert, woas se mol gehörrt hatt: Se hatt em Goarde vill Gaaßemest innergegroawe, mit de Hack kloane Löcher en dej Ere gemoacht en üwwerall e poar Gedoffelkeime engebuddelt.

Mir harre niemoand woas dovo gesaat, im net ausgelacht ze wern, wenn de Versuch net geroore dät. Mir Kenn - en hoamlich sicher aach dej Ellern - hu jeden Doach geguckt, ob mer schu woas seh konnt. En tatsächlich, es koome zögerlich hej en do e poar Gedoffelplänzcher aus de Er eraus. Em Hörbst hu mer richtiche Gedoffel geernt. Se woarn zwar ogg kloa, owwer prima als Quellgedoffel ze gebrauche.

Nutzeit - Dauschzeit

Us Modder hat als jung Maadche des Nähe gelernt un dät für vill

Unser Vater war im Krieg und danach im Lazarett und konnte sich nicht um seine Familie kümmern. Da mußte seine Frau sehen, wie sie alles alleine meisterte. Ziegenmilch und Ziegenbutter, Eier, Hühner und Blumen hat sie auch zum Tausch angeboten. Und Zwetschgen- und Birnenhonig. Das wollten zwar die Landwirte nicht unbedingt zum Tausch, aber die Flüchtlinge haben das gerne genommen und gegen andere Lebensmittel getauscht.

Einkauf und Abfall

Wenn man heute ein Geschäft betritt, um einzukaufen, dann läuft man durch Reihen mit Büchsen, Kartons und Plastikdosen mit viel buntem Papier und nimmt sich, was man braucht oder was einem gefällt. So ist es kein Wunder, daß wir viel Abfall produzieren, wenn der üppig verpackte Einkauf zu Hause ausgepackt und das viele Papier und Plastik weggeworfen wird.

Im Laden

In der Nachkriegszeit sahen die Geschäfte ganz anders aus als heute. Damals ging man durch eine normale Tür in ein Geschäft, dabei läutete ein Glöckchen, damit der Kaufmann wußte, daß im Laden Kundschaft wartete.

Der Kaufmann war meist eine Frau und das Geschäft ein normales Zimmer in der Wohnung, weil das praktisch war, wenn sie in der Küche arbeitete. Wenn Kundschaft kam, konnte sie schnell mal in den La-

Senf, Maggi, Öl, Essig ... alles wurde nachgefüllt.

heuroatsfähiche Maarercher dej Aussteuer nähe. Un en ihrer Freizeit hot se für sich e ordlich Aussteuer genäht un reichlich mit Stickereie verziert. Wej im Kriech en korz denooch kaum Lewensmittel ze kreje woarn, do hot se ihre Stickerei-Dischdecke un goure Bettwäsch imgedauscht geje Lewensmittel, domit doaß se ihr gruß Familje soat krooch. Aach wenn doas Verhältnis zwische Hoanderwet un Lewensmittel net stimme dät, su konnt se doch ihr Kenn halbwegs demit ernährn.

Us Voadder woar em Kriech un donooch em Lazarett un konnt sich net im sei Familje kümmern. Do mußt sei Fraa seh, wej se klarkoom. Gaaßemilch en Gaaßebodder, Ajer en Hinkel en Blomme hot se aach zoum Dausch ogeborre. En sebstgemoachte Quetsche- en Birnhoingk. Doas wollte zwar dej Bauern net zoum Dausch, owwer dej Flüchtlinge hu doas gern genomme en geje oannern Lewensmittel gedauscht.

Enkaafe en Oabfall

Wemmer heut ene Geschäft gitt, im enzekaafe, doann läft mer dorch Reihe mit Büchse, Kardongs en Plastikdose mit ogg vill bondich Babeier drimerim un grabscht, woas mer braucht owwer woas oam gefällt. Su eres koa Wonner, doaß mir vill Oabfall hu, wenn doas üppich verwickelt Engekaafsel dehoam ausgepackt un doas vill Babeier en Plastik eweggeschmisse wird.

Die begehrten Bonbons in den Gläsern standen in Augenhöhe auf der Theke.

De Loare

En de Noochkriechszeit soache dej Ge-

Einfache Waage.

den gehen. Sie putzte sich die Hände an ihrer Schürze ab und fragte, was man denn haben wollte. Dann reichte man ihr das mitgebrachte Säckchen über die Ladentheke, und sie füllte Mehl oder Zucker oder andere Sachen hinein, je nachdem, was auf den Säckchen geschrieben stand oder was man ihr sagte.

Im Laden war ein riesiger Schrank mit lauter großen und kleinen Schubladen, wo vorn draufstand, was drin war. Dann machte sie eine Schublade auf, nahm eine Schaufel aus Holz oder Blech und füllte damit z. B. Salz in das mitgebrachte Säckchen. An einer anderen Wand waren lauter Gefächer mit Flaschen und anderen bunten Gegenständen.

Mittelpunkt der Theke war eine Waage, wo auf beiden Seiten ein Messingschüsselchen auf einem beweglichen Gestell stand. In die eine Schüssel kam das Säckchen mit Inhalt, in die andere legte man kleine oder große Gewichtssteine. Dann wurde mit der Schaufel solange zum Inhalt hinzugefüllt oder weggenommen, bis die zwei Zeiger einander genau gegenüberstanden.

Brauchte man Maggi, hat die Kauffrau das mitgebrachte Fläschchen aus einer großen Flasche nachgefüllt. Senf wurde in das mitgebrachte Gläschen hineingeschöpft. Und hat man mal ein Säckchen vergessen, riß sie eine Dreieckstüte vom Haken und füllte das Gewünschte dort hinein.

Dann hat sie alles auf ein Zettelchen geschrieben und zusammengerechnet. Und wenn man viel gekauft hatte, bekam man einen Bonbon aus dem Glas, das man beim Einkaufen ständig begehrlich angestarrt hatte.

Was konnte man noch kaufen?

Sehr viel Auswahl hatte man beim Einkaufen nicht, weil vor allem auf dem Land die meisten Leute viele Lebensmittel selbst herstellten. Deshalb boten die Geschäfte mehr solche Dinge an, die man nicht selber machen konnte, wie Haferflocken, Grieß und Margarine. Außerdem gab es Mausefallen, Rechenzinken, Kordel und Wetzsteine und all die anderen Sachen, die man so auf dem Land brauchte.

Fertige Kleider gab es hier nicht zu kaufen, die nähte eine Schneiderin. Stoff für Kleider oder Bettwäsche und Unterwäsche brachte ein Mann mit, der regelmäßig mit einem alten, klapprigen Auto ins Dorf kam. Wer Zeit schäfte goanz oannerschter aus als wej heut. Domols ging mer dorch e normal Dier ene Geschäft, un dobei dät e Glöckche läure, domit doaß de Kaafmoann wußt, doaß jetzt Kundschaft do wär.

De Kaafmoann woar meist e Fraa un doas Geschäft e normal Stobb en de Wohnung, weils praktisch woar, wenn se en de Kich erwe dät. Wenn Leu koome, konnt se schnell mol en de Loare gieh. Se dät sich dej Henn o de Schözz oabbotze en frecht, woas mer hu wollt. Do hot mer doann des mitgebroocht Säckelche üwwer dej Loarethek hiegereicht, un se hot Mehl owwer Zucker owwer oannern Sache enengedo, je noochdem, woas off de Säckcher geschriwwe stoann un woas mer ihr saat.

Em Loare woar en riesiche Schroank mit laurer gruße en kloane Schubloare, wu vorn droff stoann, woas dren es. Doann moach se e Schubload off, nohm e Schaufel aus Holz owwer Blech un dät domit zoum Beispiel Salz erausholle un en des mitgebroocht Säckche fülle. En o oaner Woand woarn laurer Gefächer mit Flasche en oannern bondiche Sache dren.

Off de Thek stoann e Woog, wu off bare Seire e Messingschüsselche offm bewegliche Gestell stoann. En dej oa Schüssel koom des Säckche mit Inhalt un en dej oanner Schüssel kloane owwer gruße Gewichtsstoa. Doann woard suloang mit de Schaufel debeigedo owwer eweggenomme, bis doaß dej zwaa Zajer en de Mitt genaa offenoanner stoanne.
Wollt mer Maggi hu, dät mer des mitgebroocht Fläschche auser gruß Flasch noochfülle. Semf woard ens mitgebroocht Gläs´che enengeschöppt. Un hatt mer mol e Säckche vergesse, riß se e Dreiecksdott vom Hake en dät doas Gewünschte do enen. Doann hot se alles offm Zillche offgeschriwwe en zesoomegerechelt. Un wemmer vill gekaaft hat, krooch mer aach en Zuckerstoa ausm Bombomgloas, doas mer beim Enkaafe als en als sehnsüchtich ogestarrt hatt.

Woas konnt mer noch kaafe?

Ogg vill Auswoahl hatt mer net beim Enkaafe, weil groad offm Loand dej meiste Leu vill Lewensmittel sebst gemoacht hu. Deshalb do harre dej Geschäfte mieh su Sache, dej mer net selwer mache konnt, wej Hoawwerflocke, Gries un Magrin. Un es goab Mausefalle, Rechezinke, Goddel en Wetzstoa en all dej oannern Sache, dej mer su offm Loand braucht. Fertiche Klaarer goabs hej net ze kaafe, dej moach meist e Schneirerin. Stoff für Klaarer owwer Bettwäsch en Innerwäsch brooch en Moann mit, der rejelmäßich mirm aale, rompeliche Auto ens Doff koom.

Einkaufen ohne Tasche.

genug und Geld hatte, fuhr auch mal mit dem Zug in die Stadt, um sich ausgefallene oder nur selten benötigte Dinge zu kaufen wie Schuhe und Mantel, Hut und Schirm.

Unsere Mutter hatte uns Taschen genäht für die Einkäufe. Aber viele Frauen aus dem Dorf hatten große Schürzen vorgebunden. Dorthin füllten sie die Einkäufe, hielten mit den Händen die beiden Schürzenzipfel fest und brauchten deshalb keine Taschen. Daher stammt auch der Spruch, daß eine verschwenderische Frau in der Schürze mehr Geld wegtragen kann, als der Mann in der Tasche (Lohntüte) heimbringt.

Und wenn was kaputt ging?

Wenn mal was kaputt ging, wurde das nicht einfach weggeworfen, sondern so gut es ging wieder repariert. War einmal was so zerbrochen, daß man es nicht wieder herstellen konnte, wurden die Dinge aus Papier und Holz im Küchenherd zum Heizen und Kochen verwendet. Ausgefranste Stricksachen wurden aufgezogen und wenn der Faden sehr dünn war, zusammen mit einem Zwirnsfaden wieder neu verstrickt. Unsere Mutter fertigte Puppen für meine Schwester und mich aus Stoffresten, die sie zusammennähte und mit Stoffstückchen ausstopfte.

Alles konnte man wieder brauchen

Margarinebutter, wie man die Margarine auf dem Land nennt, konnte man natürlich nicht selbst herstellen. Die wurde in einem stabilen, großen Karton ins Geschäft geliefert, und wir Kinder bettelten um die feste Pappe.

Wir bastelten nämlich Flugzeuge draus mit Holzstäbchen, um das man mit Draht die Flügel und den Schwanz befestigte. Diese Eigenkonstruktionen konnten gut fliegen und hielten lange. Oder wir setzten uns in den Karton hinein und rutschten im Sommer auf feuchtem Gras einen steilen Berg hinab, bis die Pappe durchweicht war und man nasse Hosen bekam.

In leeren Farbdosen wurden Nägel aufgehoben und Schrauben und allerlei andere Kleinteile. Und wenn man mal ein paar zusammengenagelte Bretter hatte, zog man die Nägel heraus, klopfte diese mit einem Hammer gerade und legte sie in eine Büchse mit etwas Öl, damit sie nicht rosteten.

Und was man überhaupt nicht mehr verwerten konnte, nahm der Lumpensammler mit, wie alte Blechdosen, Stoffreste und so ... und man bekam sogar noch ein paar Pfennige dafür.

So kam nichts um, weil man fast alles wieder gebrauchen konnte. Heute

Wer Zeit en genung Geld hatt, dät aach mol mirm Zuch en dej Stoadt foahrn, im sich ausgefallene owwer nur selten benierichte Sache ze kaafe, wej Schouh en Moantel, Hout en Schirm. Us Modder hatt us Dasche genäht für zoum Enkaafe. Owwer vill Weibsleu ausm Doff harre gruße Schözze imgebonne. Do däre se des Engekaafsel enen un hejle dej zwaa Schözzezippel mit de Henn fest en brauchte koa Dasch net. En doher kimmt aach der Spruch, doaß e verschwenderisch Fraa en de Schözz mieh wegdroah koann, als de Moann en de Dasch hoambringt.

En wenn woas gebott ging?

Un wenn mol woas gebott ging, doann woard doas net fortgeschmisse, sonnern su gout wejs ging werrer repariert. Woar mol woas su gebott, doaß mersch net mieh goanz mache konnt, doann woarde dej Sache aus Holz en Babeier em Kicheherd zoum Heize en Koche genomme. Gebotte Stricksache woarde werrer offgezooche, en wenns Goarn ogg dünn woar, mirm Zwirnsfoarre zesoome werrer neu verstrickt.

Us Modder moach Bobbe für mei Schwester en maich aus Stoffreste, dej se zesoomenähe en mit Stoffstückelchen owwer aalt Woll ausstoppe dät, sudoaß naut imkoom.

Alles konnt mer werrer brauche

Magrinebodder, wej mer die Magrin offm Loand noannt, konnt mer nadierlich net selwer mache. Dej woard en em gruße, stabile Kardong ens Geschäft geliwwert, un mir Kenn däre im de Kardong belle. Mir moache nämlich Fluchzeuche drauß mirm Holzstäbche, im doas mer mit Droht dej Flijel un de Schwoanz festmoach, un dej däre gout fleje en loang howwe. Owwer mir däre us en de Kardong enensetze un em Sommer offm feuchte Groas en steile Berg enoabrutsche, bis dej Bapp durchweicht woar en mir nasse Hoose krooche.

Aus Pappe gebasteltes Flugzeug.

Schlittenersatz im Sommer.

En leere Foabbüchse woarde Näjel offgehowe un Schrauwe en allerlei oanner Kloazeuch. Un wemmer mol e poar zesoomegenaalte Brerer hatt, dät mer die Näjel erauszeje un mirm Hoomer strackkloppe un en e Büchs mirm bißche Öl, domit doaß se net roste däre.

versucht man, das alles nachzumachen, nennt das vornehm „Recycling“ und glaubt von Wunder, was man damit erfunden hätte. Man nennt uns eine Wegwerfgesellschaft, wir ersticken bald im Müll, und die Regierung will alles ändern.

Noch werde ich geizig genannt, weil ich alle schönen Einpackpapierchen und Schleifchen aufbügele, ordentlich zusammenlege und bei Gelegenheit wieder verwende. Aber warten wir mal ab, es dauert gar nicht mehr lange, dann nimmt jeder das gebrauchte, aufgebügelte Papier noch einmal zum Einpacken von Geschenken.

Kleidung und Schuhe

Als meine Eltern noch Kinder waren, trugen auch die Buben Kleider und hatten nichts darunter an, bis sie „sauber“ waren. Weil früher auf dem Land die Kinder sich mehr draußen als in der Wohnung aufhielten, konnten die Kleinen alleine mal schnell ihre Geschäftchen erledigen, ohne daß jemand dabei helfen mußte. So wurde viel Wäsche gespart, und die Buben haben sich viel Mühe gegeben, schnell „sauber“ zu werden, weil sie dann endlich auch Hosen tragen durften wie die Großen .

Kleine Buben wie der sitzende Fritz trugen Kleider.

In unserer Jugendzeit gab es noch keine Gummihosen oder gar die bequemen Windelhosen. Damals bekamen die kleinen Kinder keine Wegwerfwindeln, sondern besonders saugfähige Stoffwindeln, die man waschen und immer wieder verwenden konnte. Und über die Windel kam eine dicke, saugfähige Baumwollunterhose. Und trotzdem waren die Kinder irgendwie immer naß, und man konnte in den Häusern riechen, wo kleine Kinder aufwuchsen.

Damals gab es leider auch noch keine Strumpfhosen. Da trugen Mädchen wie Buben lange, kratzige, selbstgestrickte Strümpfe, die an einem Leibchen festgemacht wurden. Unsere Mutter war Schneiderin und konnte viel Geld sparen, weil sie aus jedem Stoffrestchen was Schönes fertigte. Sie machte auch die Leibchen selbst, die wie ein Korsett angezogen und vorne geknöpft wurden. Daran waren vier Strumpfbänder angenäht, wo die Strümpfe befestigt wurden. Und wenn die Buben besonders kurze Hosen

Off dej Oart konnts jo goarnet vill Oabfall gewwe, weil mer alles werrer benotze dät. Un woas mer üwwerhapt net mieh verwerte konnt, nohm de Lombemoann mit, wej aale Blechbüchse en Stoffreste, en mer krooch segoar e poar Penning dofür.

Su koom naut im, weil mer bal alles werrer gebrauche konnt. Heut versucht mer, doas alles noochzemache un nennt doas viernehm Risaikling en glaabt vo wonnersch, woas mer erfonne hätt. Heut nennt mer us e Wegwerfgesellschaft, un mir ersticke bal em Müll, en dej Regierung will alles ännern. Noch wern aich geizich genaonnt, weil aich alle schiene Enpackbabeiercher en Schlüppercher bijele, ordlich zesoome leje un bei Gelejeheit werrer zoum Enpacke nemme. Owwer woarde mir mol oab, es dauert goar net mieh loang, doann nimmt jeder doas gebraucht, offgebijelt Babeier noch emol zoum Enwickeln vo Geschenke.

Klaarer en Schouh

Als mei Elern noch Kenn woarn, du true aach dej Buwwe Klaarer en harre naut drinner o, bis doaß se „sauwer“ woarn. Weil freuher offm Loand dej Kenn mieh drauße woarn als en de Wohnung, do konnte se üwwerall schnell mol ihre Geschäftcher mache, ohne doaß jemoand debei helfe mußt. Su woard vill Wäsch gespart, en dej kloane Buwwe hu sich ogg Meuh gegewwe, schnell sauwer ze wern, weil se doann Hose krooche wej dej gruße Buwwe.

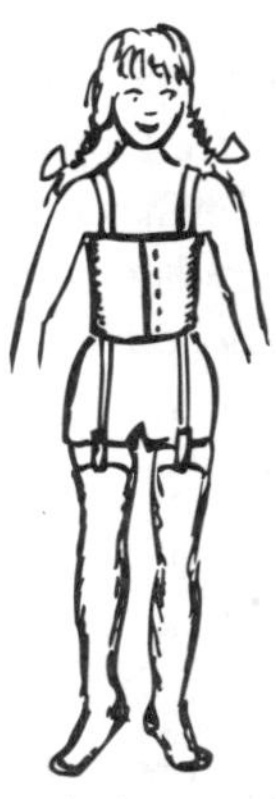
Leibchen und Strumpfbänder.

En user Juchendzeit goabs noch koan Gummihose owwer su bequeme Windelhose als wej heut. Domols krooche dej kloane Kenn koa Wegweffwindel o, sonnern besonnersch saugfähiche Stoffwindeln, dej mer wäsche en immer werrer verwende konnt. En üwwer dej Windel koom e dick, saugfähich Boamwollinnerhos. En trotzdem woarn dej Kenn immer e bißche naß, en mer konnts en de Häuser riche, wu kloane Kenn dahoam worn.

Domols goabs noch koa Stromphose. Do true Maarercher wej Buwwe loange, kratziche, sebstgestrickte Strümp, dej om Leibche festgemoacht woarde. Us Modder woar Schneirerin en konnt vill Geld sparn, weil se aus jedem Stoffitzelche woas Schienes nähe konnt. Se moach aach dej Leibchen sebst, dej wej e Korsett ogedo en vorne geknöppt woarde. O dene woarn vejer Strompbennel ogenäht, wu dej Strümp dro fest gemoacht woarde. Doas woar e uleidlich Sach, weil dej Strümp rutsche däre owwer sich verdreh. En wenn dej Buwwe kozze Hose oharre, doan guckte dej Strompbennel eraus.

anhatten, schauten die Strumpfbänder heraus.

Wenn es kalt war, trugen die Buben gerne blaue Trainingsanzüge, die warm, praktisch und bequem waren und an denen man nicht jedes Fleckchen oder Löchelchen sah.

Mädchen durften keine Hosen tragen, sondern nur Röcke, die beim Klettern in den Bäumen überall hängenblieben. Wenn es ganz kalt war, dann zogen sie über die normale Unterhose noch eine zweite mit extralangen Beinen, die sehr warm hielt. Jüngere Geschwister mußten die Kleider der Älteren oder anderer Verwandten auftragen, auch wenn diese Sachen schon abgeschabt, unmodern und unpraktisch waren oder kratzten und drückten. Meist wurden die Kindersachen aus dunklem Stoff gefertigt, damit man sie nicht dauernd waschen mußte.

Wenn unsere Mutter für meine Schwester und mich Kleider nähte, dann hat sie beim Zurechtschneiden rundum zehn Zentimeter mehr einkalkuliert als nötig war. Damit die Kleidung trotzdem paßte, hatte sie überall Abnäher hineingenäht und einen langen Saum, damit man das Kleid jederzeit umändern konnte, wenn man wieder gewachsen war. Wenn sie die Abnäher und Säume auftrennte, sah der Stoff an diesen Stellen noch wie neu aus. Damit das nicht so auffiel, hat sie oft ein farbiges Band oder Zackelitze auf die Nahtstelle genäht, und das Kleidchen war fast wieder wie neu.

Damit man in der Schule immer ordentlich aussah, hat sie viele weiße Krägelchen genäht, die man mit Druckknöpfen schnell an jedem Kleid befestigen konnte. Diese Krägelchen schmückten sehr und waren leicht zu säubern, ohne daß man das ganze Kleid waschen mußte.

Unsere Buben bekamen an die Ellenbogen und vor die Knie Lederstücke an die Kleidung genäht, damit diese besonders strapazierten Stellen länger hielten.

Wenn Vaters Hemden kaputt waren, hat unsere Mutter aus den brauchbaren Stellen noch Hemden für die Buben genäht oder Taschentücher.

Wir Kinder trugen viel Stricksachen. Wenn diese zu klein wurden oder dünne Stellen hatten, haben wir sie aufgezogen. Damit die Krause aus der aufgeribbelten Wolle herausging, weil man sie sonst nicht mehr gut neu verstricken konnte, haben wir die Wolle ganz fest über ein Holz gewickelt und naß gemacht. Sobald sie trocken war, waren auch die Krausen weg.

War die Wolle von der vielen Aufzieherei und Benutzung sehr dünn, hat unsere Mutter einen dicken Zwirnsfaden mit verstrickt. Dann sah die Wolle schön geflickert aus und hat wieder lange gehalten.

Wenns kalt woar, true dej Buwwe gern bloe Träningsozig, dej woarm, praktisch en bequem woarn, en o dene mer net jed Fleckche owwer Löchelche soach. Domols doffte dej Maarercher koa Hose net odou, sonnern nur Röck, aach wenn se wej aich off de Beem erimmgeklerrert sei. Wenns goanz kalt woar, doann zooche se üwwer dej normal Innerhos noch e zwaat mit extraloange Boa, dej ogg woarm hejl. Dej jingere Geschwister mußte dej Klaarer vo de ällere Geschwister owwer oannern Verwoande odou, aach wenn dej Sache schu oabgeschoabt, umodern en upraktisch woarn owwer kratze en dricke däre.

Meist woarn dej Kennersache aus dunkel Stoff, domit mer sche net dauernd wäsche mußt. Wenn us Modder für mei Schwester en maich Klaarer moach, doann hot se beim Zerechtschneire immer su zeh Zentimeter mieh kalkuliert, als wej nierich woar. Domit doas Klaad aach alleweil basse dät, hot se üwwerall Potze enengenäht un en loange Saum gemoacht, domit mer doas Klaad leicht ännern konnt, wemmer gewoase es.

Wenn se dej Potze, Abnäher en Säum offgetrennt hatt, doann soach de Stoff o dene Stelle noch wej neu aus. Domit doares net su offalle sollt, hot se oft e Boand aus Soamt owwer Zackelitz drüwwergenäht, en doas Klaadche soach werrer wej neu aus.

Domit mer en de Schul immer ordlich aussoache, hot se vill weiße Kräjelcher genäht, dej mer mit Druckknöpp schnell o jed Klaad omache konnt. Dej däre botze en woarn leicht ze säuwern, ohne doaß mer gleich doas goanz Klaad wäsche mußt.

Us Buwwe krooche o de Ermel en vier de Knej Riester offgenäht, domit dej ogg strapazierte Stelle länger hoawwe däre. Wenn dem Voadder sei Himber gebott woarn, doann hot us Modder aus dene brauchboare Stelle Buwwehimber genäht. Owwer se moach Daschedücher draus.

Mir Kenn harre vill Stricksache o. Wenn dej ze kloa woarde owwer ogg dünne Stelle harre, do hu mersche offgezooche. Domit doaß dej Krause vo de offgezooche Woll erausging, weil mersche sonst net mieh su gout neu verstricke konnt, hu mer dej offgezooche Woll goanz fest üwwer e Holz gewickelt en naß gemoacht. Wenn se doann trocke woar, woarn aach dej Krause eweg.

Wenn dej Woll weje dem ville Offzeje en Benotze ogg dünn woar, doann hot us Modder en dicke Zwirnsfoarre mitverstrickt. Doann soach dej Woll su schie geflickert aus en hot werrer loang gehoabt. En domit beim Spille dej Klaarer geschunt woarde, harre mir Maarercher un aach die kloane Buwwe e Schözz im, dej mit vill Stickereie verziert woar. En su es bal koa Fitzelche Stoff owwer Woll imgekomme.

Damit die Kleidung beim Spielen geschont wurde, trugen Mädchen wie Buben Schürzen, die unsere Mutter liebevoll bestickt hatte. Auf diese Art wurde jedes Fitzelchen irgendwie verwertet.

Schuhe

Ein besonders teurer Posten waren die Schuhe. Damals trug man noch keine Halbschuhe oder Sandalen, sondern die Kinder hatten hohe Schnürschuhe an den Füßen, weil man glaubte, das würde den noch wachsenden Füßen besseren Halt geben.

Unser Großvater war Schuster. Und damit die teuren Schuhe länger halten würden, hat er die Schuhsohlen vorn an der Spitze und hinten am Absatz mit Eisenplättchen benagelt. Und auf die Sohle kamen lauter sechseckige kleine Eisennägel. So liefen sich auch die Sohlen nicht ab. Man konnte schon von weitem hören, wenn Kinder kamen, weil die Plättchen und Nägel beim Gehen geräuschvoll die Straße berührten.

Die Schuhe wurden unter den Geschwistern und der ganzen Verwandtschaft aufgetragen, bis sie auseinander fielen. Manchmal drückten so alte Schuhe recht unangenehm. Und wenn heute viele Leute meines Jahrganges Plattfüße haben, dann lag das sicher auch an den nicht immer passenden Familienschuhen.

Direkt nach dem Krieg konnte man nicht so einfach Schuhe kaufen, sondern mußte auf Bezugsscheine warten. Darauf gab es zwei Sorten von

Hohe Schnürschuhe sollte den Kinderfüßen Halt geben.

Schouh

En besonnersch deuere Poste woarn dej Schouh. Domols trug mer als Kend noch koa Halbschouh owwer Soandale, sonnern huhe Schneuerschouh o de Feuß, weil mer glaabt, doas dät dene Kennerfeuß mieh Halt gewwe. Us Großvoadder woar Schuster. En domit doaß dej deuern Schouh länger hoawwe däre, hore o de Schouhsohle vorne ode Spitz en om Oabsatz Eiseplättcher ogenaalt. En off dej Sohl koome laurer sechseckiche kloane Eisenäjel. Su lejfe sich koa Sohle net oab. En mer konnt schu vo weirem hörrn, wenn Kenn koome, weil dej Plättcher en dej Näjel beim Gieh laut offstotzte.

Vorne und hinten Plättchen, die Sohle benagelt: So hielten Schuhe besonders lang.

Dej Schouh woarde inner de Geschwister un en de goanz Verwoandtschaft offgedraat, bis se ausenoanner fejle. Moanchmol däre su aale Schouh aach mol drücke, en wenn heut ville Leu en meine Joahrgäng Plattfeuß hu, doann lejt doas sicher aach o dene net immer bassende Familjeschouh.

Trotz Loch für den großen Zeh drückt der Schuh.

Direkt nooch em Kriech konnt mer net su oafach Schouh kaafe, sonner mußt off Bezuchsschei woarde. Dodroff goabs zwaa Sorte vo Schouh, nämlich Lerrerschouh, dej owwer fast goarnet ze kreje woarn, en Sejelduchschouh mit Holzsohle.

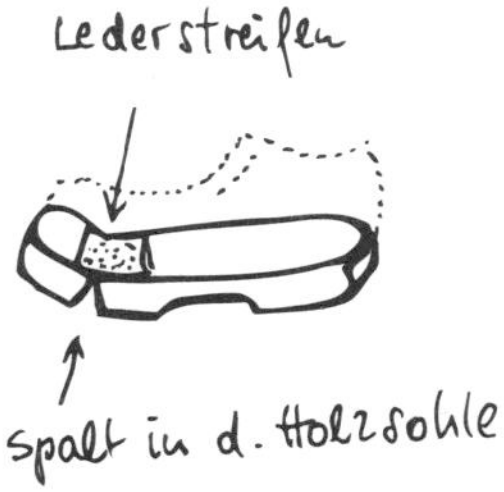

Holzsohle der Segeltuchschuhe.

En weil de Ludwich werrer mol dringend e poar Schouh braucht, weile su gewoase woar un doas Loch, doas us Modder für dej gruß Zich en dej aale Schouh geschnirre hat, net mieh gereicht hot, do wollte se bloe Sejelduchschouh kaafe. Dej

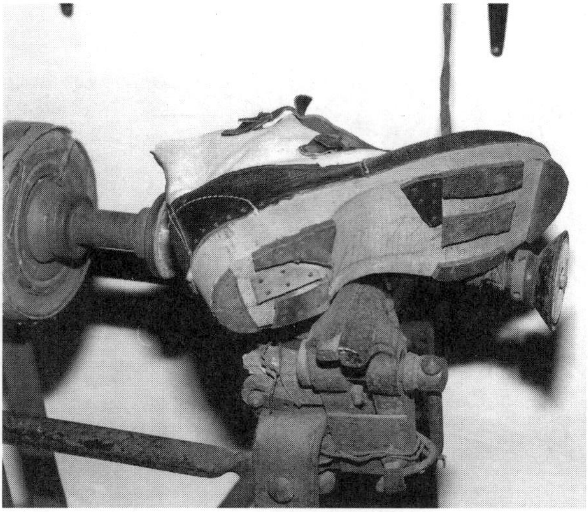
Segeltuchschuhe mit mehrfach geflickter Holzsohle.

Schuhen, nämlich Lederschuhe, die aber fast überhaupt nicht zu bekommen waren und Segeltuchschuhe mit Holzsohle. Und weil Ludwig wieder mal dringend ein paar Schuhe brauchte, weil er sehr gewachsen war und das Loch, welches die Mutter für Ludwigs große Zehe in die alten Schuhe geschnitten hatte, nicht mehr ausreichte, da wollte sie blaue Segeltuchschuhe kaufen. Die Holzsohlen hatten vorne am Ballen von unten einen Schlitz, wo oben an der gleichen Stelle ein Lederstück war, damit man halbwegs mit der Holzsohle laufen konnte.

Leider hatte der Schuster nur noch Damenschuhe mit hohen Holzabsätzen auf Lager, mit denen Ludwig aber nicht in die Schule gehen wollte. Da hat nach vielem Bitten der Schuster die Absätze abgesägt und den Schuh neu gerichtet, und Ludwig hatte keine Ausrede mehr, um die Schule zu schwänzen.

Waschtag

Früher zogen die Leute nicht jeden Tag frische Unterwäsche oder frischgewaschene Hemden an, weil die Wascherei sehr umständlich und anstrengend war. Beamte, die im Beruf weiße Hemden tragen mußten, zogen auch nicht jeden Tag frische Hemden an, sondern hatten auswechselbare Kragen an den

Wäsche bleichen.

Holzsohle vo dene Schouh harre vorne om Balle vo onne en Schlitz, wu owe o der Stell e Lerrerstück woar, domit doaß mer aach laafe konnt mit dene Schouh. Leider hat de Schuster nur noch Doameschouh mirm huhe Holzoabsatz, mit dene owwer de Ludwich net en die Schul gieh wollt. Do hot de Schuster dej Oabsätz oabgesächt, die Sohl e bißche gericht, en de Ludwich hat koa Ausred mieh, im die Schul ze schwänze.

Wäschdoag

Freuher däre dej Leu net jeden Doag frisch Innerwäsch owwer frischgewäschene Himber o, weil doas Wäsche ogg imständlich en ostrengend woar. Beoamte, dej weiße Himber droah mußte, däre aach net o jedem Doag e frisch Himb o, sonnern harre auswechselboare Kroache em Himb en Ermelschuner, domit doaß mer des Himb e goanz Woch odou konnt en trotzdem sauwer aussoach. En wenn mol e Klaad owwer Hos Flecke hatt, doann woarde dej extra ausgewäsche, en mer konnt dej Sache om nächste Doag werrer odou.

Waschkessel, auch für Pflaumenmus geeignet.

Oamol en de Woch woar Wäschdoag. Doann woard em Wäschkessel Wasser haaß gemoacht en dej Bettwäsch un alles, woas mer koche konnt, mirm Wäschpolwer dodren gekocht. Us Modder hat en gruße Wäschestomber, der dej Wäsch als off- en oabbeweje en erimdreje dät. Der Stomber hatt en kräftiche Holzstiel, wu onne dro zwaa Metallglocke enenoanner hinge, wubei dej inner kloanere Glock sich beim Stombe als off- en oabbeweje en dej Wäsch huchholle dät en werrer falle lejs. Doas ging goanz gout en hatt su e ähnlich Wirkung, als wej heut die Wäschmaschine hu, wu sich die Trommel dreht en debej dei Wäsch als hi- en herschwenkt.

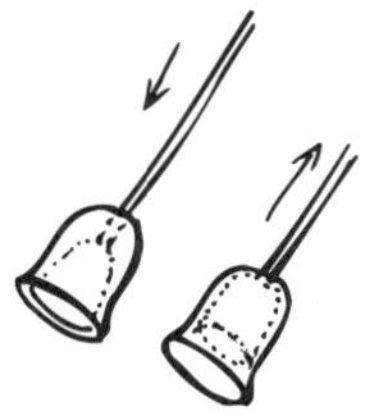

Wäschestampfer als Waschhilfe.

Woar mol e Wäschestück ogg dreckich, dät us Modder doas offm Wäschbrett reiwe, im dej Flecke mit Kernsoaf erauszeröbbeln. Nooch de Kochwäsch koome dej oanner Sache ens net mieh su haaße Wasser. En wenn alles gewäsche woar, woard mit dem „goure" Wäschwasser dej Wohnung gebotzt, en su woar doas deuer Wäschpolwer restlos ausgenotzt.

Waschbrett.

Hemden und Ärmelschoner, damit man ein Hemd eine ganze Woche lang tragen konnte und es trotzdem sauber aussah.

Auch die Unterwäsche wurde nicht jeden Tag gewechselt. Und wenn mal ein Kleid oder eine Hose Flecken hatten, wurden diese extra ausgewaschen, und man konnte die Sachen am nächsten Tag wieder anziehen.

Einmal in der Woche war Waschtag. Dann wurde im Waschkessel Wasser heiß gemacht und die Bettwäsche und alles, was man kochen konnte, mit dem Waschpulver dort einige Zeit gekocht. Unsere Mutter hatte einen großen Wäschestampfer, der die Wäsche immer auf- und abbewegte. Dieser Stampfer hatte einen kräftigen Holzstiel, wo unten zwei Metallglocken ineinander hingen, wobei die innere kleine Glocke sich beim Stampfen ständig auf- und abbewegte und die Wäsche hochholte und fallen ließ. Das ging ganz gut und hatte eine ähnliche Wirkung wie heute die Waschmaschinen, wo sich die Trommel dreht und dabei die Wäsche hin- und herschwenkt.

Nach der Kochwäsche kamen die anderen Sachen ins nun nicht mehr so heiße Wasser. Und wenn alles gewaschen war, wurde mit der „guten" Brühe noch die Wohnung geputzt, und so war das teure Waschpulver restlos ausgenutzt.

War mal ein Wäschestück sehr schmutzig, hat unsere Mutter das auf dem Waschbrett gerieben, um die Flecken mit Kernseife herauszureiben. Wenn die Wäsche sauber war, kam sie in eine Wanne mit frischem Wasser, um das Schmutzwasser herauszuspülen. Mit dem Spülwasser wurde anschließend der Hof draußen abgespritzt.

In vielen Dörfern floß ein Bach mit klarem Quellwasser durch. Da brauchten die Frauen kein Wasser heimzuholen, sondern spülten die Wäsche direkt am Bach.

Danach wurde die Wäsche ausgewrungen, was vor allem bei großen Wäscheteilen wie z.B. Bettbezügen sehr schwer war. Danach hatte unsere Mutter die Wäscheleine mit einem feuchten Tuch abgewischt, damit es keine neuen Flecken in der Wäsche gab. Die weißen Teile wurden gleich aufgehängt, die bunten erst auf die linke Seite gedreht, damit die Farbe nicht von der Sonne ausgebleicht würde.

Wer keinen Speicher hatte, mußte auch im kältesten Winter die Wäsche nach draußen hängen. Da war sie oft steifgefroren, sozusagen gefriergetrocknet, wurde in der Wohnung noch ein wenig nachgetrocknet und konnte endlich gebügelt werden. Als Bettlaken hatte man meist dickes, steifes Leinen, das schnell vergilbte. Deshalb wurde die vergilbte Wäsche im Sommer bei Sonnenschein gebleicht.

Wenn dej Wäsch sauwer woar, koom se en e Bütt mit frisch Wasser, im des Schmotzwasser erauszespeule. Mit dem Speulwasser woard dann de Hob drauße oabgespritzt. En ville Döffer floß en Bach mit klarem Quellwasser dorch. Do brauchte dej Weibsleu koa Wasser hoamzeholle, sonner däre dej Wäsch do ausspeule.

Doann woard dej Wäsch ausgerunge, woas vier allem bei gruße Daler wej de Bettwäsch ogg schwer woar. Donooch hot us Modder dej Wäschelei mirm nasse Duch oabgebotzt, domits koa Flecke off de sauwere Sache goab. Dej weiße Sache woarde gleich offgehängt, dej bondiche erscht off dej link Seit erimgedreht, domit daß se net verschosse, weil dej Sonn die Foabb ausbleiche dät.

Wer koan Speicher net hatt, mußt aach em kälts Wenter dej Wäsch enaushänge. Do woarsche oft steifgefrorn, woard en de Wohnung noch e bißche noochgedrickelt en konnt gebijelt wern.

Als Bettwäsch hat mer meist dick, steif Leine, doas sich net gout bijeln lejß en schnell vergilwe dät. Deshalb woard dej vergilbt Wäsch em Sommer bei Sonneschei gebleicht. Doache vierm Bleiche woard dej Wiss gemäht, domit doaß kao Blomme mieh droff stoanne en dej Groasstoppeln koan Saft mieh harre, doaß dej Wäsch sich net verfärwe konnt. Doann woarde dej frischgewäschene weiße Daler off de Wiss ausenoanner gelecht. Wenn dej Sonn se gedrickelt hat, woarde dej Wäschestücker mit de Gejßkoann werrer naß gemoacht, en doas e poarmol. Donooch hot mer dej Daler noch emol dorchgespeult en doann zoum Drickeln offgehunke. En su woard dej Bettwäsch en oannern Sache aach weiß, ohne Bleichmittel em Wäschpolwer.

Wemmer allerdings Pech hatt, doann lejfe mol dej Hinkel mit de dreckiche Feuß üwwer dej Wäsch, owwer de Hond en e Katz, en dej Vijel däre em Vorbeifleje mol droffscheiße. Doann blib user Modder naut oannerschter üwwerich, als dej Sache noch mol gründlich ze wäsche.

Wej mei Schwester mit de Schul fertich woar en als Sekreärin offm Oamt endlich Geld verdejne dät, do hot se als erschtes e Wäschmaschin gekaaft, im de Modder den ogg ostrengende Wäschdoag ze erleichtern.

Allerlei Schoawernack

Aach wenns en de Noochkriechsjoahrn net alles goab, woas mer gern gehoat hätt owwer brauche konnt, su goabs doch immer werrer mol en Grond ze feiern. Un wu mei Ellern higinge off e Hochzeit owwer e Jubiläum, do mußt aich als mit, un doas woar goarnet schie, weil mer e gout Klaad odou

Tage vor dem Bleichen wurde die Wiese gemäht, damit keine Blumen mehr draufstanden und die Grasstoppeln keinen Saft mehr hatten, um die Wäsche nicht zu verfärben. Dann wurden die frischgewaschenen weißen Teile auf der Wiese auseinander gelegt. Wenn die Sonne sie getrocknet hatte, wurden sie mit der Gießkanne wieder naß gemacht, und das ein paarmal. Danach hat man diese Teile nochmals durchgespült und anschließend zum Trocknen aufgehängt. Und so wurden die Bettwäsche und andere Sachen auch weiß ohne Bleichmittel im Waschpulver.

Wenn man allerdings Pech hatte, dann liefen mal die Hühner mit schmutzigen Füßen über die Wäsche, oder Hund und Katze, und die Vögel verkleckerten alles im Vorbeifliegen. Dann blieb unserer Mutter nichts anderes übrig, als die Sachen nochmals gründlich zu waschen.

Als meine Schwester mit der Schule fertig war und als Sekretärin auf dem Amt endlich Geld verdiente, hat sie als erstes eine Waschmaschine gekauft, um der Mutter den sehr anstrengenden Waschtag zu erleichtern.

Allerlei Schabernack

Auch wenn es in den Nachkriegsjahren nicht alles gab, was man gerne gehabt hätte oder brauchen konnte, so gab es doch immer wieder mal einen Grund zu feiern. Und wo meine Eltern hingingen auf eine Hochzeit oder ein Jubiläum, da mußte ich leider mit. Das war gar nicht schön, weil man ein gutes Kleid anziehen und sauber bleiben mußte und aufpassen, daß man keinen „Siebter" in den Stoff riß.

Meine Zöpfe wurden frisch gekämmt, und es schmerzte fürchterlich. Die Haarschleife rutschte, die Strümpfe kratzten und das Sonntagsleibchen, wo die Strümpfe dran festgemacht waren, war eng und drückte überall und überhaupt ... ich habe nur räsoniert und war unleidlich, weil ich lieber zu Hause geblieben wäre und alte Kleider anhatte, wo man nicht so aufpassen mußte.

Bei diesen Feiern gab es meist reichlich zu essen. Aber was nutzte das beste Essen auf dem Tisch, wenn man nur soviel essen durfte, wie die Mutter auf den Teller schöpfte. Am Kaffeetisch standen die feinsten Kuchen. Man bekam Stielaugen und die Mutter sagte: „Überleg' es dir gut, welchen Kuchen du möchtest. Du darfst dir nur zwei Stückchen Kuchen aussuchen von den Hefekuchen. Die Torten sind für die älteren Leute ... Schau die Torten nicht so langmäulig an, das gehört sich nicht ... Sei nicht gierig, iß langsam ... Schmatz nicht, iß kleine Bissen und sprich nicht mit vollem Mund ... Sei höflich zu den alten Leuten ... Und wenn du nicht brav bist, gibt's daheim Krach!", und noch mehr solcher Verschen.

en als sauwer bleiwe mußt en offbasse, doaß mer kaon Sibter net en de Stoff reiße dät. Mei Zöpp woarde frisch gekämmt, un es dät berwarersch roppe, dej Schlupp dät rutsche, dej Strümp kratze. En des Sonndoachsleibche, wu dej Strümp dro festgemoacht woarde, woar eng en dät dricke. En üwwerhapt hu aich als en als räsoniert en woar awich, weil aich lejwer dehoam gebliwwe wär un aale Klaarer ohätt, wu mer net su offbasse müßt.

Mädchenfrisuren: 1. kleine Mädchen, kurze Haare mit Schleife; 2. Zöpfe und Haartolle; 3. Affenschaukel.

Bei dene Feiern goabs meist gout ze esse, owwer woas notzt des best Esse offm Disch, wemmer nur suvill esse dofft, wej die Modder off de Deller schöppt. Om Kaffiedisch stoanne dej feinste Kuche, un mer krooch Stielaache, en dej Modder saat: „Üwwerleg dersch gout, welche Kuche de willst! De däffst dir nur zwaa Stückcher Kuche aussuche vo dene Hewekuche. Dej Tort es für ällere Leu! Guck dej Tort net als su loangmäulich o, doas gehörrt sich net! Sei net gierich! Eß loangsoam! Schmatz net! Ess kloane Bisse, en schwätz mer net mirm volle Mund! Sei höflich zou de aale Leu ... en wenn de net broav seist, gibts dehoam Krach!“ Un noch mieh su Versch´cher.

Bei de Hocheitsfeier vo er Doande stoanne berwarersch schiene Kuche offm Disch, dej aich jo net esse sollt. Un nur zwaa Hewekuche mit vill ze

Die berühmte Hochzeitsfeier.

Bei der Hochzeitsfeier einer Tante standen tolle Kuchen auf dem Tisch, die ich ja nicht essen durfte. Und nur zwei Hefekuchen mit viel zu dickem Teig und nur wenig Gutem obendrauf. Von den Kuchen wollte ich gar nichts und habe die Torten sehnsüchtig angestarrt.

Da fragte mich eine Tante, warum ich keinen Kuchen auf dem Teller hätte und ob ich ein Stück Torte wollte. Als ich mit dem Kopf nickte, hat mich meine Mutter ins Bein gezwickt und ich habe laut: „Aua!“ geschrien und gesagt: „Ei Mama, warum zwickst du mich denn? Und schimpfst du mich auch, wenn wir zu Hause sind?“

Da bekam unsere Mutter einen feuerroten Kopf und sagte nichts mehr. Ich habe vier Stücke Torte gegessen, und sie konnte es nicht verhindern wegen der Leute. Aber weil ich nicht so viel Buttercreme vertragen konnte, ist mir sehr schlecht geworden. Außerdem hatte ich ein schlechtes Gewissen, weil ich meine Mutter blamiert hatte. Aber: Ich mußte danach nie mehr mitgehen!

Das Kitzel

So kann man ein Kuchenblech auf dem Kopf tragen.

Wir wohnten außerhalb des Dorfes und hatten einen Herd, bei dem der Backofen kaputt war. Deshalb haben wir alle Kuchen auf dem Blech ins Backhaus mitten ins Dorf getragen. Meine Brüder waren schon groß und stark. Deshalb schleppten sie immer zwei Bleche: das kleine unter dem Arm, das große, meist ein Streuselkuchen, auf dem Kopf.

Das war gar nicht schwer, wenn man auf den Kopf ein Kitzel und da drauf das Kuchenblech legte und ein bißchen mit einer Hand festhielt. Mit der anderen Hand trug man das kleinere Blech unter dem Arm, und so konnte man schon mal eine längere Strecke aushalten.

Ihr wißt nicht, wie ein Kitzel aussieht? Das ist ein kleines rundes mit Pferdehaaren oder Heu ausgestopftes Kissen mit einem Loch in der Mitte. Das trug man wie eine Königskrone auf dem Kopf, legte das Blech darauf und wackelte damit so lange hin und her, bis es in der Balance saß. Und dann war alles ganz einfach.

Kuchenartistik

Unser Karl konnte das größte Blech auf dem Kopf balancieren, ohne daß dickem Daig en ogg wink Gourem owedroff, un aich wollt vo dem Kuche goarnaut en hu als dej Torte ogestarrt. Do frecht mich e Doande, woarim aich koan Kuche offm Deller hätt, en oab aich e Stück Tort wollt. Wej aich mirm Kopp nicke dät, do hot maich mei Modder ens Boa gepetzt, en aich hu laut: „Auwa" gekrische en gesaat: „Aj Moamme, woarim petzte mich doa? ... en krej aich aach gescholle, wemmir hoamkomme?" Do krooch mei Modder en feuerruure Kopp en saat goarnaut mieh. En aich hu vejer Stücker Tort gegesse, un se konnts net verhinnern weje de Leu. Weil aich su vill Bodderkremtort net verdroah konnt, es mersch ogg schlecht woarn. En owedroff harr aich e schlecht Gewisse, weil aich mei Modder su blamiert hat. Owwer ... aich braucht donooch net mieh mitzegieh !

Des Kitzel

Mir wohnte außerhalb vom Doff un harre en Herd, bei dem de Backowe gebott woar. Deshalb do hu mer alle Kuche offm Blech ens Backes mitte em Doff gedraat. Mei Breurer woarn schu gruß en stärk. Deshalb däre se immer zwaa Blecher schleppe: des kloane innerm Oarm, des gruße, meist en Riwwelkuche, offm Kopp. Doas woar goarnet su schwer, wemmer offm Kopp e Kitzel un do droff des Kucheblech leje dät ens e bißche mir oaner Hoand fest hejl. Mit de oanner Hoand trug mer doas kloaner Blech innerm Oarm, un su konnt mersch schu mol e länger Streck aushaale.

Kuchenakrobatik

Das Kitzel.

Ihr wißt net, wej e Kitzel aussejt? Doas ere kloa rond mit Gäulshoorn owwer Haa ausgestoppt Kisse mirm Loch en de Mitt. Doas dät mer wej e Könichskron off de Kopp und dodroff des Blech en suloang demit hi- en herwackeln, bires fest offm Kopp un en de Baloangse saß. Un doann woar alles goanz oafach.

Kucheartistik

Us Kall konnt des größt Blech offm Kopp baloangsiern, ohne doare dej Henn debei braucht. Wej e merkt, doare debei vo oanner Leu bewonnert woard, do finge o, Fissemadentcher ze mache: E dät mirm Kopp wackeln, doaß des Blech hi- en herschwoanke dät. Ene ging plötzlich mol en die Knej, als obe gleich hifalle wollt, un hatt sei Freud, wenn alle erschrocke offkrische.

er die Hände dazu brauchte. Als er merkte, daß er dabei von anderen Leuten bewundert wurde, fing er an, Blödsinn zu machen. Er wackelte mit dem Kopf, daß das Blech hin- und herschwankte. Und plötzlich ging er in die Knie, als ob er gleich hinfallen würde und hatte seine Freude, wenn alle erschrocken aufschrien.

Den Spaß wollte ich auch mal machen, schließlich konnte auch ich schon Kuchenbleche auf dem Kopf balancieren. Aber dabei bin ich echt gestolpert, und der Kuchen lag auf der Straße. Das war ein Verlust in der Nachkriegszeit!

Ich habe mich vor der Mutter sehr geschämt. Und daß sie nichts sagte, war viel schlimmer, als wenn sie mich gehauen hätte.

Der Streuseldieb

Ludwig konnte so gut balancieren, daß er das Blech nicht festzuhalten brauchte. Und was machte der Lausbub mit der freien Hand? Er naschte unterwegs von dem Streuselkuchen, den er auf dem Kopf trug. Wenn wir anderen Kinder genug bettelten, steckte er uns auch ein paar Streusel in den Mund. Denn wir hatten ja jeder zwei kleine Bleche unter den Armen und konnten deswegen nicht selber naschen.

Im Backhaus angekommen, hat Ludwig die Streusel so lange hin- und hergeschoben, bis die Löcher vom Naschen wieder verschwunden waren.

Unsere Mutter hatte sich gewundert, wie dünn die Streusel auf dem Kuchen lagen. Ludwig machte immer eine Unschuldsmiene und sagte, daß sie einfach zu geizig mit den Streuseln gewesen wäre ... na ja, und daß er nur ein paar genascht hätte.

Und weil das Schimpfen nichts nutzte, hat die Mutter sich bald darauf eingestellt und zwei gute Hände voll Streusel mehr gemacht. Daß die Streusel noch immer dünn auf dem Kuchen waren lag daran, daß wir Kinder jetzt mehr genascht haben.

Seltsamer Kuchen

Unsere Cousine Inge war in den Ferien zu Besuch und wollte unbedingt auch mal Kuchen auf dem Kopf ins Backhaus bringen. Tagelang haben wir fleißig geübt mit einem leeren Blech, und es ging auch schon ganz gut. Und damit nicht zu viel passieren konnte, bekam Inge nur den einen Kuchen für den Kopf und hatte beide Hände frei zum Festhalten.

Da sind wir fröhlich schwätzend und lachend losgezogen, und das Cou-

Den Spaß wollt aich aach gern emol mache, schließlich konnt aich aach schu Kucheblecher offm Kopp baloangsiern. Owwer dobei sei aich echt gestolpert, un de Kuche loag off de Gass. Doas woar en Verlust en de Noochkriechszeit! Aich hu maich ogg geschoamt vier de Modder. En doaß se naut saat, woar noch vill schlemmer, als wej wenn se maich gehaache hätt.

De Riwwelklau

De Ludwich konnt su gout baloangsieren, doare des Blech üwwerhapt net festzehaale braucht. Owwer woas moch de Lausbub mit de frei Hoand? E nascht innerwegs vom Riwwelkuche, dene offm Kopp hat. Wemmir oannern Kenn ogg betteln däre, doann stoppte us aach e poar vo de Riwwel en die Schnut. Weil mir harre jo jeder zwaa kloane Blecher inner de Erm en konnte desweje net selwer nasche.

Em Backes ogeloangt, horre dej Riwwel suloang hi- en hergeschowe, bis dej Löcher vom Nasche werrer zou woarn. Us Modder hot sich gewonnert, wej dünn dej Riwwel offm Kuche woarn. De Ludwich moach immer e Unschuldsmien un saat, doaß se oafach ze geizich mit de Riwwel gewest wär ... no ja, un doare su e poar genascht hätt. Un weils Schelle naut notze dät, do hot die Modder sich bal droff engestellt en zwaa goure Henn voll Riwwel mieh gemoacht. Doaß dej Riwwel noch immer dünn offm Kuche woarn, loag dodro, doaß mir Kenn jetzt mieh genascht hu.

De wonnerlich Kuche

´S Kusinche Inge woar en de Ferje zou Besuch en wollt ubedingt aach mol en Kuche offm Kopp ens Backes bringe. Doacheloang hu mer fleißich geübt mirm leere Blech, un es ging schu goanz gout. En domit net ze vill bassiern konnt, kroochs Inge nur den oane Kuche fürn Kopp en hatt bare Henn frei zoum Festhaale. Do sei mer schwätzend en lachend lusgezooche, uns Kusinche hoabt des Kucheblech mol mit de recht, mol mit de link Hoand fest. Dobei hots net gemerkt, doares dej goanz Zeit de Kopp mirm Blech e bißche nooch vorn geneicht hot.

Un bal fing de Daig o ze laafe. Aich soach, wej de Kuchedaig su allmählich wej en Vierhoang eroabhing en immer länger woard. Aich hu naut gesaat un droff gewoard, doares Inge doas sebst merke dät ... no ja, im ehrlich ze sei, wollt aich mol oabwoarte, woas bassiert. Do goabs aach schu de Krisch - en badatsch, loag de Kuche soamt Blech em Groas. Do hots Inge heulend de Daig werrer offs Blech geschowe un Groashalme en sinchen hielt das Kuchenblech mal mit der rechten, mal mit der linken Hand fest. Dabei hat Inge gar nicht gemerkt, daß sie die ganze Zeit den Kopf mit dem Blech leicht nach vorne geneigt hielt.

Und bald fing der Teig an zu laufen. Ich sah, wie der Kuchenteig so allmählich wie ein Vorhang herabhing und immer länger wurde. Ich habe nichts gesagt und gewartet, ob Inge das nicht selbst merken würde ... na ja, um ehrlich zu sein, wollte ich auch mal sehen, was passiert.

Da gab es auch schon einen Schrei und platsch, lag der Kuchen samt Blech im Gras.

Da hat Inge heulend den Teig wieder auf das Blech geschoben und Grashalme und Dreck so gut es ging herausgelesen, von meinem Kuchen ein paar Streusel herabgeholt und auf dem verunglückten Kuchen verteilt. Wir haben ihn gebacken und gehofft, daß niemand was davon merken würde.

Unsere Mutter hat uns den frischgebackenen Kuchen großzügig für das brave Helfen geschenkt, und wir durften ihn ganz alleine essen. Aber wir wollten gar nicht so recht zubeißen und meinten, er würde sicher besser schmecken, wenn er trocken wäre. Später haben ihn die Ziegen und der Hund genüßlich verzehrt.

Dreck su gout wejs ging erausgelese, vo meim Kuche e poar Riwwel eroabgehollt un off de veruglückte Kuche verdaalt.

No ja, mir hu en gebacke en gehofft, doaß niemoand woas merke dät. Us Modder hot us de frischgebackene Kuche großzüchich fürsch broave Helfe geschenkt, un mir dofften goanz eloa esse. Owwer mir wollte goarnet su recht zoubeiße en moante, e dät sicher besser schmecke, wenne trocke wär. En später hu en dej Gaaße en de Hond genüßlich gefresse.

Dorfleben

Im Dorf

Typischer Hof für die Gegend um Ehringshausen.

Wir wohnten und wohnen noch heute im Niemandsland zwischen den Dörfern Daubhausen und Katzenfurt. Aber weil ich in Daubhausen die Volksschule besuchte und wir auch amtlich zu Daubhausen gehörten, da habe ich hier meine Freunde gefunden, bin in den Ställen herumgegangen und habe viel vom Dorf gesehen und erlebt, fast als wenn ich da gewohnt hätte.

Im Dorf gab es anfangs noch keine geteerten Wege, sondern diese waren mit Steinen und obendrauf einer Feinschicht so angelegt, daß das Regenwasser in die Gosse abfließen konnte, und fest genug, daß die Bauern gut drauf fahren konnten.

Die Höfe waren nicht besonders groß, weil ja in unserer Gegend schon seit Generationen Realteilung üblich war. Und deshalb wurden die Ländereien von Generation zu Generation immer kleiner. Die Häuser standen eng beieinander, weil die Landwirte ja damals nicht viele Gerätschaften hatten: einen Ackerwagen, den man zur Heuzeit mit Leitern zum Heuwagen umbauen konnte. Dann einen Pflug und eine Egge; später kamen noch eine Sämaschine und eine Mähmaschine, und wer sich's leisten konnte, noch ein Heuwender dazu.

Kinder hockten sich unbekümmert auf den Mist.

Auf dem Hof war eine Mistkaute, und neben dem Mistplatz der Abort. Manchmal war direkt daneben auch

Dofflewe

Em Doff

Mir wohnte en wohne noch heut em Niemoandsloand zwische dene Döffer Dabhause en Katzewert. Owwer weil aich en Dabhause en dej Volksschul ging un mir aach oamtlich zou Dabhause gehörrn däre, do hu aich en Dabhause mei Freunde gefonne, sei do en de Ställ erimgehippt en hu vill vom Doff geseh en erlebt, bal als wej wenn aich do gewohnt hätt.

Heute ein Fall für die Berufsgenossenschaft, damals Alltag.

Em Doff woarn dej Weje ofoangs noch net asfaltiert, sonnern mit Stoa en owedroff e Feischicht su ogelecht, doaß doas Rejewasser en die Goss oabflejße konnt, en fest genung, doaß dej Bauern gout droff foahrn konnte. Dej Höb woarn net gruß, weil jo en user Gejend schu seit Generatione beim Vererwe Realteilung gelle dät. En deshalb do woarde dej Lännereie immer kloaner.

„Leiterwagen"

Dej Häuser stoanne eng beienoanner, weil dej Loandwirte jo domols net ville Gerätschafte harre: en Eckerwoa, der en de Haazeit mit Ladern zoum Haawoa imgebaut woard. Doann noch en Plugg en e Egg, später koome noch e Sämaschin en e Mähmaschin, en wer sichs leiste konnt, aach noch en Haawenner dezou.

Das „Häus'chen mit Herz" direkt neben der Mistkate.

Off jedem Hob goabs e Mestkaut, en newer de Mestkaut woar de Abort. En moanchmol woar direkt dodenewer dej Sommerkich, wu dej Bauerschleu sich em Sommer offhejle, domit doaß dej Wohnung

Unter den Betten stand ein Nachttopf, damit man nachts nicht über den Hof mußte.

die Sommerküche, wo die Landwirte sich im Sommer aufhielten, damit die Wohnung sauber blieb, wenn sie mit schmutzigen Sachen vom Feld heimkamen.

Der Abort war ein dunkles Häuschen mit Herz, wo ein hölzerner Kasten mit einem Loch war, auf dem oft ein Deckel lag. Wenn man in das Loch hineinschaute, dann sah man alles, was so die Menschen über Tage dort hinbrachten, wie es ihre Natur verlangte. Es wimmelte von Asseln und Fliegen, die dann auch in der Sommerküche herumschwirrten.

Wer sich ekelte , mußte eben hungern. Aber wenn man das als eine Art natürliche Impfung ansah, dann war es nicht mehr so schlimm. Und die Bauern sind trotz allem sehr alt geworden und bis ins hohe Alter gesund geblieben.

In den Häusern gab es noch keine Badezimmer. Wenn die Leute sich waschen wollten, dann gingen sie nacheinander in die Küche und wuschen sich unter dem Wasserhahn nur mit kaltem Wasser. Da kann man sich vorstellen, wie es morgens in einer großen Familie zuging, wo doch allemann auch in der Küche noch frühstücken mußten, bevor es ins Feld oder zur Arbeit ging. Fast alle Haushalte hatten eine Badewanne, die samstags in die Waschküche gestellt wurde. Dann konnten die Familienmitglieder nacheinander drin baden. Und damit das Badewasser nicht zu kalt wurde, hat man immer etwas heißes Wasser nachgefüllt. Aber auch ohne das tägliche Duschen blieben die Leute gesund und konnten arbeiten wie ein Bär.

In manchen Häusern war so wenig Platz für die oft drei und mehr Generationen, daß die Kinder zu zweit oder gar dritt in einem Bett schlafen mußten. Das hatte sich erst geändert, als die einzelnen Familien nicht mehr so viele Kinder bekamen.

Auf dem Speicher hatten die Bauersleute meist einen Räucherschrank, und auch das Getreide wurde dort gelagert. Die Bauern mußten das Getreide in sauwer blib, wenn se vom Feld mit de dreckiche Sache haomkoome.

Das Bad am Samstag.

De Abort woar e dunkel Häus´che mit Herz, wu en hölzerne Kaste mirm Loch woar, wu aach en Deckel droff basse dät. Wemmer en doas Loch enenguckt, doann soach mer alles, woas su dej Mensche üwwer Doache do hibrooche, wejs ihr Natur verloangt. En es wimmelt vier Asseln en Fliche, dej doann aach en de Sommerkich erimschwirrn däre. Wer sich geekelt hot, mußt ewwe hungern. Owwer wemmer doas als e Oart nadierlich Impfung ogeseh hot, doann woarsch net mieh su schlemm. En dej Bauerschleu sei trotz allem ogg aalt woarn en bis ens huhe Aaler gesond gebliwwe.

En de Häuser goabs koa Boarestobb net. Wenn dej Leu sich wäsche wollte, doann ginge se noochenoanner en dej Kich en däre sich om Wasserkrone mit kalt Wasser wäsche. Do koammer sich vierstelle, wejs mojens bei er gruß Familje do zouging, wu doch aach allemoann en de Kich freuhstücke wollte. Fast alle Haushalte harre e Bütt, dej Soamsdoachs en die Wäschkich gestellt woard. Do däre doann dej Familjemitglieder noochenoanner dren boare. En domit doas Wasser für dej Nächste net zou kalt woar, dät mer immer werrer mol e bißche haaß Wasser noochfülle. Owwer aach ohne des täglich Dusche bliwwe dej Leu gesond en konnte schaffe wej en Bär.

En moanche Häuser woar su wink Platz für oft drei en mieh Generatione, doaß dej Kenn zou zwaat owwer goar dritt en oam Bett schloofe mußte. Doas hot sich erscht geännert, wej dej oanzelne Familje naut mieh su vill Kenn krooche.

Offm Speicher harre de Bauern en Räucherschroank, en aach des Getreire woard do owe gelachert. Dej Bauern mußte doas Getreire en Säck off de moanchmol schmoal, eng Speicherstieg enoff - en später werrer enoabschleppe, woas ogg ostrengend woar en off die Knoche ging.

Getreidesäcke sind schwer.

En moanche Familje ging de Voadder off die

Säcken eine oft schmale Speicherstiege hochschleppen und später bei Bedarf wieder heruntertragen, was sehr anstrengend war und die Knochen belastete.

In mancher Familie ging der Vater „in die Hütte“ arbeiten oder zur Bahn, und die Frauen mußten die vielen Kinder und die alten Eltern versorgen und noch ins Feld. Und wenn der Vater von der Arbeit nach Hause kam, hat er schnell etwas gegessen, sich umgezogen und ist gleich ins Feld nachgekommen. Die Kinder mußten schon früh mit anpacken. Da blieb gar keine Zeit und auch keine Kraft mehr für Dummheiten.

Kleidung

Sonntagsstaat

Nur an Sonn- und Feiertagen trugen alte Leute ihre Tracht oder den Sonntagsstaat. Bei der Feldarbeit und im Stall trugen die Männer alte, meist blaue Hosen und ein kariertes Hemd, und wenns kalt war, darüber eine blaue Jacke. Oft zogen sie eine stabile Schürze an, um die Kleidung zu schonen. Auf dem Kopf saß eine Kappe mit Schirm, um vor Sonnenbrand geschützt zu sein.

Wenn den Bauern bei der Feldarbeit die Nase lief, dann holten sie nicht immer ein Taschentuch heraus, weil sie ja dazu ihr Vieh anhalten und die Arbeit unterbrechen mußten. Nein, sie hielten mit dem Daumen ein Nasenloch zu und schneuzten kräftig auf den Boden. Dann machten sie dasselbe mit dem anderen Nasenloch, daß die Brocken nur so flogen. Danach wischten sie sich die Nase mit einem Schürzenzipfel oder Ärmel ab, und bei alledem brauchten sie ihre Arbeit nicht zu unterbrechen.

Pinkelnde Landfrau.

Die Frauen trugen nur weite Röcke, die ziemlich lang und gewiß nicht so praktisch waren, wie heute die langen Hosen der modernen Bauersfrau.

Oft hatten die Frauen bei der Feldarbeit oder im Stall keine Unterhosen oder zweigeteilte mit Schlitz an.

Hütt owwer bei die Eiseboh, en dej Weibsleu mußte dej ville Kenn un dej aale Ellern versorje en noch ens Feld gieh. En wenn de Voadder vo de Erwet hoamkoom, däre woas esse, sich imzeje en ging gleich ens Feld. En dej Kenn mußte schu freuh mit opacke. Do blib goar koa Zeit en aach koa Kraft mieh für Dommheire.

Klaarer

Nur sonn- en feierdoachs däre dej Leu ihr Troacht owwer de Sonndoachsstoat o. Bei de Felderwet en em Stall harre dej Männer aale, meist bloe Hose o ene kariert Himb. En wenns kaalt woar, dodrüwwer e blo Jack. En meist harre se e stabil Schözz imgebonne, im dej Klaarer ze schuune. Offm Kopp saß e Kapp mit Schirm, domit doaß se koan Sonnebroand net krooche.

Arbeitskleidung

Wenn dene Bauern bei de Felderwet dej Noas lejf, doann däre se net immer e Sackduch erausholle, weil se jo dozou des Vejh ohaale mußte. Noa, se däre mit dem Daume oa Noaseloch zouhaale en kräftich off de Burre schneuze. Doann moache se doasselwe mirm oannern Noaseloch, doaß dej Brocke weit ewegflue. Doann däre se sich dej Noas mit de Schözz owwer em Ermel oabwische, en debei konnte se als ihr Erwet weirermache.

So kann man sich auch die Nase „putzen".

Dej Weibsleu harre immer en weire Rock o, der ziemlich loang woar en sicher net su praktisch, wej heut dej loange Hose für die modern Bauerschfraa. Oft harre dej Weibsleu bei de Felderwet owwer em Stall koa Innerhose owwer e Innerhos mit Schlitz o. Wennse mol e kloa Geschäft mußte, däre se sich braatboanich histelle, vorn en henne de Rock mit de Henn vom Körper oabhaale en brauchte sich net imständlich e verborje Eck se suche, en alles ging ogg schnell.

Wenn sie mal ein kleines Geschäft machen mußten, stellten sie sich breitbeinig hin, hielten vorn und hinten den Rock vom Körper ab und brauchten nicht umständlich nach einem verborgenen Platz zu suchen ... alles ging ganz schnell im Stehen.

Das Vieh

Wer Pferde für die Feldarbeit hatte, war schon ein großer Bauer. An Sonntagen wurde meist das Pferdegeschirr geputzt, weil es ja täglich gebraucht wurde, sehr teuer war und ganz bleiben mußte, damit kein Unfall passierte.

Die Pferde, meist prächtige Kaltblüter, hatten auch im Winter Arbeit genug. Sie schleppten im Wald Holz oder schoben mit einem hölzernen Schneepflug den Schnee zur Seite.

Die Kühe der Pferdebauern sahen rund und wohlgenährt aus, brauchten sie doch nur Kälbchen zu bekommen und Milch zu geben. Die Kühe der kleineren Bauern mußten schwere Feldarbeit leisten und gaben deshalb weniger Milch. Sie sahen oft auch magerer und knochiger aus als die anderen, nicht arbeitenden Kühe.

Manche Bauern hatten für ihre Kühe ein passendes Kumtgeschirr angeschafft, manche aber auch ein Stirnjoch. Und weil die Kühe genau wie Pferde sich auf steinigen Wegen die Füße abliefen, wurden sie beschlagen: an jeder Klaue wurde ein halbmondförmiges kleines Eisen angenagelt.

Die Schweine wurden von selbstgezogenem Getreide, Kartoffeln und Küchenabfällen gefüttert. Sie wurden verkauft oder selbst geschlachtet, und fast in jedem Stall oder hinter den Häusern wurden Schweine gemästet.

Längst nicht jedes Haus hatte Hunde. Aber wer Kühe mit auf die Gemeindeweiden schickte, mußte immer mal für eine Woche die beiden Hunde des Kuhhirten in Kost und Logis nehmen.

Ziegen hatten nur die Hutschelbauern, die eine armselige Wiese, aber keine Äcker besaßen, genau solche Hutschelbauern, wie wir auch waren.

Katzen gabs in jedem Haus wegen der Vorratskammer und dem Getreidespeicher. Damals wurde keine Katze, kein Kater kastriert. Die Katzen bekamen regelmäßig Junge, und es war Aufgabe der Dorfkinder, das Katzennest zu finden. Dann durfte die Mutterkatze ein Junges behalten. Die anderen wurden ertränkt, totgeschlagen oder starben durch Genickbruch, was fast die humanste Todesart war, weil es am schnellsten ging.

Des Vejh

Winterarbeit der Kaltblüter.

Wer Gäul hatt für die Erwet, der woar schu en gruße Bauer. Meist sonndoachs woard doas Gäulsgeschirr gebotzt, weils jo täglich gebraucht woard, ogg deuer woar en aach goanz bleiwe mußt, domit koan Ufall net bassiern konnt. Dej Gäul, meist kräftiche prächtiche Kaltblüter harre aach em Wenter ihr Erwet. Se schleppte em Wald Holz en däre de Schnej vo de Gasse mirm stabile Holzgerät ewegschiewe. Dej Keuh vo de Gäulsbauern soache rond en wohlgenährt aus, brauchte se doch nur Kälbcher ze kreje en Milch ze gewwe.

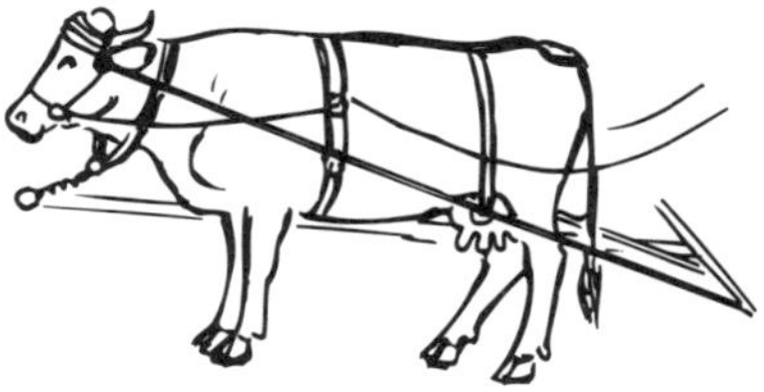
Anspannung mit Stirnjoch.

Dej Keuh vo de kloane Bauern mußte dej schwer Felderwet mache, en goawwe deshalb winger Milch en soache aach meist net su rond aus als wej dej oannern. Moanche Bauern harre für dej Keuh e bassend Kumtgeschirr, moanche owwer aach e Stirnjoch. En weil dej Keuh genaa wej dej Gäul, sich off de stoaniche Weje dej Feuß oablaafe däre, woarde se beschlo: o jed Klau koom e halbmondförmich kloa Eise.

Für jeden Kuhfuß zwei Halbeisen.

Dej Säu woarde mit sebstgezoochene Getreire, Gedoffel en Kücheoabfäll gefeurert. Se woarde verkaaft owwer sebst geschloacht, en bal en jedem Stall owwer hinner de Häuser woarde Säu gemäst.

Längst net jed Haus hatt Honn. Owwer wer Keuh mit off die Waad schickt, der mußt immer für e Woch dej zwaa Honn vom Keuhert en Kost en Loschie nemme.

Gaaße harre nur dej Hutschelbauern, dej oa oarmselich Wiss harre en koa Ecker, genaa su Hutschelbauern, wej mirsch woarn.

Katze goabs en jedem Haus weje de Mäus en de Vierroatskoammer, em Haus en offm Getreirespeicher. Domols woard koa Katz, koan Koarrer kastriert. Dej krooche rejelmäßich ihre Junge. En dej Doffkenn mußte offbasse, wu doas Katzenest woar. Doann dofft dej Modderkatz oa Junges behaale. Dej oannern woarde ertränkt owwer dutgeschlo owwer krooche de Kopp erimmgedreht, woas fast dej humoanste Duresoart woar, weils om schnellste ging.

Im ganzen Dorf liefen Hühner und Hähne frei herum, die aber genau wußten, wo sie hingehörten. Um die Eier gabs manche Streitereien, weil die Hühner auch schon mal im fremden Nest ihre Eier legten.

Manche Leute hielten auch ein paar Gänse, Enten und Truthühner. Und Tauben lebten fast überhaupt keine im Dorf.

Das Dreschen

Eine besondere Zeit im Jahr war die Dreschzeit. Dann lief die Dreschmaschine Tag und Nacht, und es wurde ausgelost, wer wann dran war. So gut es ging, haben sich die Bauern gegenseitig mit Wagen und Säcken ausgeholfen. Denn die Garben mußten ja rechtzeitig an der Maschine sein. Und Helfer brauchte man, die die Getreidebündel zureichten und das Stroh gleich wieder auf einen anderen Wagen aufluden. Andere Leute halfen, leere Säcke in den Halterungen einzuklemmen und volle Säcke gleich wegzubringen. In dieser Zeit war um die Dreschhalle eine ungeheure Staubwolke, die tagelang auch überall in den Häusern zu spüren war.

Grenzstein

Es gibt kein Fleckchen auf der Erde, wo nicht um Grenzsteine gestritten wird. So war es auch in unserem Dorf, wo jeder Angst hatte, sein Grenzstein würde nicht mehr am richtigen Platz sitzen und sein Acker würde immer kleiner.

Auch wir hatten uns gewundert, als unsere Waldwiese in jedem Jahr kleiner und kleiner wurde. Wir konnten das leicht feststellen, weil rechts und links am Ende unserer Wiese ein großer Baum stand. Unsere geerbte Waldwiese lag mitten in einem Wiesengrund. Wir konnten erst Heu machen, wenn die Bauern vor uns angefangen hatten, weil wir ja sonst immer über deren Wiesen gemußt und diese dabei niedergetrampelt hätten.

In jedem Jahr wurde unsere Wiese nach einer Seite hin ein bißchen kleiner. Es hat lange gedauert, bis unsere Buben die Grenzsteine am Heckenrand gefunden hatten. Als sie dem Bauern die Grenzsteine zeigen wollten, wurde er böse und meinte, Ziegenbauern hätten nichts zu sagen.

Im nächsten Jahr haben unsere Buben aufgepaßt, wann der Bauer seine Wiese mähen wollte, haben an dem Tag extra die Schule geschwänzt und sind vor dem Bauern zur Waldwiese gegangen. Dort haben sie ein kleines, fingerdickes Eisenstäbchen so in unsere Wiese geklopft, daß der Bauer es mit dem Mähwerk erwischen mußte, wenn er wieder zuviel von unserer Wiese abmähte.

Em goanze Doff lejfe Hinkel en Gickel erim, dej genaa wußte, wu se owends himußte. Owwer im dej Ajer goabs vill Streirereie, weil dej Hinkel aach schu mol enem fremde Nest leje däre. Moanche Leu harre aach noch e poar Gäns, Ente en Truthinkel. En Dauwe goabs fast goarkoa em Doff.

Des Dresche

Oa besonner Zeit em Joahr woar dej Dreschzeit. Do lejf dej Dreschmaschin Doag en Noacht, en es woard ausgeluust, wer woann dro woar. Su gouts ging, däre sich dej Bauern gejeseirich mit Woa en Säck aushelfe. Weil, doas Getreire mußt jo all rechtzeirich bei de Maschin sei. En Helfer braucht mer aach, dej die Goarwe zoureiche däre ens Struh gleich werrer offm oanner Woa offgeloare hu. En oannern Leu holfe, dej Säck o de Halterunge festzebenne en volle Säck gleich wegzebringe. Im dej Zeit woar im die Dreschhall e ugeheuer Staabwolk, dej doacheloang üwwerall en de Häuser ze spiern woar.

Grenzstoa

Es gibt koa Fleckche off de Ere, wu net im dej Grenzstoa gestrirre wird. Su woarsch aach em Doff, wu jeder Ingst hat, sein Grenzstoa dät net mieh om richtiche Platz sitze en sei Ecker däre als klenner wern.

Mir harre us aach gewonnert, wej us Waldwiss en jedem Joahr klenner woard. Mir konnte us doas leicht merke, weil rechts en links om En vo user Wiss en gruße Boam stoann. Us geerbt Waldwiss loag mitte enem Wissegrond. En mir konnte erscht Haa mache, wenn de Bauer vier us ogefoange hat, weil mer jo sonst immer üwwer sei Wiss gemußt härre.

En jedem Joahr woard se nooch der Seit hie e bißche klenner. Es hat loang gedauert, bis us Buwwe dej Grenzstoa en de Hecke gefonne harre. En wej se doas dem Bauern zeiche wollte, do ere bies woarn en moant, su Gaaßebauern härre naut ze soa. Em nächste Joahr hu us Buwwe offgebaßt, woann der Bauer sei Wiss mähe wollt, hu o dem Doag extra die Schul geschwänzt en sei vier dem Moann zour Waldwiss gegoange. Do huse e kloa Eisestäbche en us Wiss gekloppt, su doaß se de Bauer mirm Mähwerk erwische mußt, wenne werrer zevill vo user Wiss oabmähe wollt.

De uverschoamt Moann fing aach groad o, goanz uflerich dejf en us Wiss enenzemähe. Es goab en Knall, do woar e Kling vom Mähwerk gebott ene konnt hoamfoahrn, im se auszewechseln. Woas harre geflucht, woar doch de Weg weit bis ens Doff. Us Buwwe en de Hecke horre net geseh, aach net gehörrt. Owwer e hot donooch nie mieh dej Grenz vergesse.

Der unverschämte Mann fing auch gerade an, sehr tief in unsere Wiese hineinzumähen. Es gab einen Knall, da war eine Klinge am Mähwerk kaputt und er konnte heimfahren, um sie auszuwechseln. Was hat er geflucht, war doch der Weg weit bis zu seinem Hof. Unsere Buben in den Hecken hat er nicht gesehen, auch nicht gehört, wie sie verhalten gelacht haben. Aber er hat danach nie mehr die Grenze unserer Wiese verletzt.

Die gute Seele

Eine Frau aus dem Dorf will ich noch besonders erwähnen, hat sie doch in der armen Zeit bewiesen, daß es noch gute Leute gab, die das bißchen, was sie selber hatten, christlich teilten. Unsere Mutter mußte, wie viele andere Leute, Kuchen aus Maismehl backen. Die sahen auch wunderschön und goldgelb aus, waren aber klebrig und knatschig beim Kauen und schmeckten nicht besonders gut. Und nur manchmal gabs auf Bezugsschein gutes Mehl, um mal wieder richtiges Brot und Kuchen zu backen.

Im Backhaus.

Einmal war unsere Mutter im Backhaus und schob ein armselig kleines Blech mit Kuchen in den Backofen, was offensichtlich zu wenig für sechs Personen war. Da kam die Bauersfrau, um selber zu backen. Als sie unseren kleinen Kuchen sah, schenkte sie unserer Mutter eine riesengroße Schüssel voll Weizenmehl.

Unsere Mutter konnte vor Freude nichts sagen und wischte sich andauernd die Augen mit der Schürze.

Hochzeiten

Bei den Hochzeiten früher wollten die Junggesellen auch ihren Spaß haben. Was heute ein Polterabend, war früher das „Stegen“. Dabei wurden Ackerwagen auseinandergenommen und meist im Backhaus wieder zusammengebaut.

Und wenn die Brautleute sehr beliebt waren, dann wurde im Backhaus der Wagen mit Mist vollgeladen. Das war eine aufregende Sache, weil sie dort doch noch Kuchen backen mußten. Manchmal, wenn man so eine gewisse Ahnung hatte, wurde den Brautleuten auch noch ein Storch mit Kinderkleidern im Schnabel aufs Dach gesetzt.

Dej gout Seel

Oa Fraa will aich noch besonnersch erwähne, hot se doch en de oarm Zeit bewisse, doares goure Leu goab, dej doas bißche, woas se sebst harre, christlich daale däre.

Frisches Backhausbrot.

Us Modder mußt, wej ville oannern Leu, Kuche aus Maismehl backe. Dej soache aach wonnerschie en goldegeel aus, woarn owwer klebrich en knatschich beim Kaue en däre naut schmecke. Nur moanchmol goabs off Bezuchsschei goures Mehl, un se konnt mol richtich Brut en Kuche für de Moann en dej vejer Kenn backe.

Oamol woarsche em Backes en dät e kloa, oarmselich Blech mit Kuche en de Owe, un es woar wirklich knapp für e sechsköppich Familje. Do koom e Bauerschfraa ausm Doff, im aach ze backe. Wej dej de kloane Kuche soach, do schenkt se user Modder e riesengruß Schüssel voll Waasemehl. Us Modder konnt naut soa vier Freud en wischt sich odauernd dej Aache mit de Schözz.

Hochzeire

Bei de Hochzeire freuher wollte jo dej Jungegeselle aach ihrn Spaß hu. Woas heut de Polterowend, doas woar freuher des „Steje“. Doann woarde dej Eckerwoa ausenoannergenomme en meist em Backes werrer zesoomegebaut.

En wenn dej Brautleu ogg beliebt woarn, doann woard de Woa aach em Backes noch mit Mest vollgeloare. Doas woar e offrejend Sach, weil dej Brautleu doch em Backes noch Kuche backe mußte. En moanchmol, wemmer su e gewisse Oahnung hat, krooche dej Brautleu aach en Storch mit Kennerklaarer em Schnoawwel offs Dach gesetzt.

Oa Brautpoar hatt üwwerall verzählt, doaß mer bei ihne net steje könnt, weil se su en gefährliche Hond offm Hob härre, dem sei Kett su loang wär,

Eingesperrter Hund.

Ein Brautpaar hatte überall erzählt, daß man bei ihnen nicht poltern könnte, weil sie so einen gefährlichen Hund auf dem Hof hätten, der an seiner langen Kette überallhin könnte. Und sie haben sich beruhigt ins Bett gelegt.

Darauf hatten die jungen Burschen nur gewartet. Einer schlich sich auf die Mistkaute des Nachbarhofes und klopfte von hinten mit einem langen Stock an die Hundehütte. Als der Hund wütend in seine Hütte sprang, hat ein anderer Bursche den Deckel eines Einkochtopfes vor den Eingang der Hundehütte gehalten und der Dritte hat schnell mit einer Kuhleine alles umwickelt.

Die Familie hatte nicht gehört, wie der Hund in der Hütte tobte, während die jungen Burschen die Hütte samt Inhalt zum Backhaus trugen. Dann haben sie den Ackerwagen auf dem Hof so leise wie möglich auseinandergenommen, im Backhaus wieder zusammengebaut, Mist draufgeladen und dann den Hund aus seiner Hütte befreit, der so erschrocken war, daß er keinen Ton mehr herausbrachte.

Das war mal eine gelungene Überraschung, über die das Dorf noch wochenlang gelacht hat.

Mit der Trummsäge muß das Brautpaar einen Stamm durchtrennen.

Vor der Hochzeit haben Nachbarsleute - wie bei Konfirmationen - Backzutaten gebracht und wurden dafür zum Nachkaffee eingeladen.

Am Hochzeitstag trug der Bräutigam einen schwarzen Anzug und weiße Handschuhe, und die Braut ein weißes Brautkleid, das sie eigentlich nur dann anziehen durfte, wenn sie noch Jungfrau war. Manchmal war so ein Brautkleid unauffällig cremefarben. Und die Braut war mit einem langen Schleier geschmückt, dessen Enden ein oder zwei Kinder schleppten ... und der trotzdem noch auf dem Boden schleifte.

Wenn die Brautleute und Gäste alle in der Kirche waren, kamen die Dorfkinder angerannt und spannten vor der Kirche Seile. Die Kinder ließen diese nur dann fallen, wenn die Brautleute - nach der Trauung - ihnen reichlich Bonbons zuwarfen.

Die jungen Burschen haben einen Sägeblock aufgebaut, auf dem ein dikker Stamm lag, den die Brautleute gemeinsam mit einer großen Säge durchtrennen mußten.

Manchmal haben sie auch die Haustüre mit dünnem Draht bespannt und alles voller Brennesseln geklemmt. Meist hatten sie dem Bräutigam beim doare üwwerall hikönnt. En se hu sich berouhicht ens Bett gelecht. Owwer dodroff harre dej junge Borsch nur gewoard. Oaner schlich sich off dej Mestkaut vom Nochberschhob en dät vo henne mirm loange Stecke o dej Hondehütt kloppe. Do es de Hond wütend en sei Hütt gehippt, en oannern Borsch hot en Deckel vom Enkochkrobbe off de Engoang vo de Hondehütt gehaale en de dritt hot schnell e Keuhlei im alles gewickelt.

Dej Familje hatt net gehörrt, wej de Hond en de Hütt getobt hatt. En dej Borsch hu de Hond mit de Hütt viersch Backes gedraat. Doann huse de Gedoffelwoa offm Hob su leis wej mielich ausenoanner genomme en em Backes werrer zesoomegebaut, noch Mest droffgeloare en doann de Hond aus de Hütt befreit, der su erschrocke woar, doare koan Bibs mieh saat. Doas woar mol e gelungene Üwwerraschung, wu des Doff noch wocheloang drüwwer gelacht hot.

Kein Durchkommen ohne „Wegezoll",

Vierer Hochzeit hu dej Nochberschleu - wej bei de Konfitmatione - Backzoudoare gebroocht en woarde dofür zoum Noochkaffie engeloare. Om Hochzeitsdoag hatt de Bräutigoam en schwoarze Ozug o en weiße Hennsche, en dej Braut e weiß Brautklaad, doaß se ajentlich nur odou dofft, wennse noch Jungfraa woar. En moanchmol woar su e Brautklaad uoffällich kremfoarwich. En se hatt en loange Schleier o, den zwaa Kenn schleppe däre, domit doare net offm Burre hing.

Wenn dej Brautleu en dej Gäste all en de Kirch woarn, doann koome dej Doffkenn ogeroannt en däre vier de Kirch Saaler spoanne. Dej Kenn lejße dieSaaler nur doann falle, wenn die Brautleu - nooch de Trauung - reichlich Bomboms hiwoaffe.

En dej junge Borsch hu en Säjebock offgebaut, wu en dicke Stoamm droffloag, den dej Brautleu mirer Drommsäg zesoome dorchsäje mußte. Moanchmol hu se aach dej Hausdier mit dünne Droht bespoannt en laurer Brennesseln do engeklemmt. En schu beim Säje hu se dem Bräutigoam dej weiße Hennsche oabgenomme, domit doaß se net dreckich woarde - su hu se jedenfalls gesaat! Desweje mußte dej Brennesseln vo de Hausdier mit bloanke Henn oabroppe, en es hot em noch doacheloang en de Henn gekribbelt en gejuckt.

En der Joahreszeit wus greu woar, hu kloane Kenn aach Blomme vier dej

Sägen schon die weißen Handschuhe abgenommen, damit sie nicht schmutzig wurden - so haben sie jedenfalls gesagt. Deswegen mußte er die Brennesseln mit bloßen Händen vor der Haustüre abrupfen, und es hat ihn noch tagelang an den Händen gekribbelt und gejuckt.

In der Jahreszeit, wo es Blumen gab, haben kleine Kinder auch Blumen vor den Brautleuten ausgestreut als Zeichen, daß das Leben für die Neuvermählten nur Schönes bereithalten sollte. Auf der Hochzeitsfeier sagten ältere Kinder Gedichte auf oder spielten kleine, lustige Geschichten vor.

Und weil niemand im Dorf genug Geschirr, Tische und Stühle hatte, lieh man sich die nötigen Sachen aus der Nachbarschaft. Bei einer Hochzeit war gerade die heiße Suppe aufgegessen, der Tisch abgeräumt, als eine Frau sich mit einer anderen unterhielt und dabei den Ellenbogen aufstützte. Da gabs einen Knacks und das Tischbein war abgebrochen. Nun hing der Tisch schräg auf dem Schoß einiger Gäste, und jeder wollte wissen, wie das passieren konnte. Um das zu demonstrieren, hat diese Frau sich an der anderen Seite nochmal so auf den Tisch gestützt ... und da brach noch ein zweites Bein ab! Beim Wegtragen konnte man dann sehen, daß der Tisch fast nur noch aus Wurmlöchern bestand.

Oh weh, wenn das passiert wäre, als die heiße Suppe in den Tellern war! Und dann noch das geliehene Porzellan auf dem Tisch gestanden hätte! Aber es war ja noch einmal gutgegangen, und die Ehe hat trotzdem oder deswegen gehalten bis heute.

Beerdigungen

Die Kirche von Daubhausen liegt mitten im Dorf, und früher war auch der Friedhof direkt an der Kirche. Aber als der Platz nicht mehr reichte, wurde ein neuer Friedhof angelegt für die Hugenottendörfer Daubhausen und Greifental. Er liegt zwischen den beiden Dörfern, und es ist für alle ein weiter Weg dahin.

Wenn jemand starb, mußte ein Grab ausgehoben werden. Was heute Maschinen machen, war damals eine harte Knochenarbeit, weil der Erdboden arg steinig war, nur mit der Pickelhacke gelockert werden konnte und mühsam mit der Schippe ausgehoben wurde. Wenn hier auf dem Land nach 30 Jahren die alten Gräber abgeräumt wurden, hatte man die Erde eingeebnet und neu eingesät. Wenn man Platz brauchte, wurde an ungefähr gleicher Stelle wieder ein Grab neu angelegt.

Als mal ein Totengräber seiner Arbeit nachging, war ich als kleines Mädchen zufällig in der Nähe und wollte ein wenig zuschauen, obwohl er mich

Brautleu gestraat als Zeiche, doaß doas Lewe für dej Neuvermählte nur Schienes berathaale sollt. Off de Hochzeitsfeier saare dej ällern Kenn Gedichte off owwer spielte e kloa, lustich Geschicht vier.

En weil niemoand em Doff genung Geschirr, Disch en Steuhl hat, dät mer dej nieriche Sache bei de Nochbern liehne. Bei oaner Hochzeit woar groad dej haaß Sopp gegesse, de Disch woard oabgeroammt en oa Fraa dät sich mit em oanner Weibsmensch om Disch innerhaale en debei de Elleboche offstütze. Do däts en Knacks, en oa Dischboa woar oabgebroche. Do hing de Disch schepp offm Schuuß vo de Gäste, en jeder wollt wisse, wej doas doann bassiern konnt.

Do hot dej Fraa sich o de oanner Seit noch emol su off de Disch gestützt, en do es noch e Boa oabgebroche. Beim Wegdroah hu se geseh, doaß de Disch laurer Wurmlöcher hatt. Och du´che, wenn doas bassiert wär, wu dej haaß Sopp offm Disch stoann! En wenn doas geliehnte goure Porzelloan droff gestoanne hätt! Owwer doas woar jo noch emol gout gegoange, en dej Eh hot gehaale bis heut.

Beerdichunge

Dej Kirch vo Dabhause leit mitte em Doff, en freuher woar aach de Kirchowend direkt debei. Owwer wej de Platz net mieh geschickt hot, do es en neue Friedhob ogelecht woarn für dej Hugenottedöffer Dabhause en Greifedoal, ene leit zwische dene zwaa Ortschafte, en es für alle en weire Weg dohi.

Wenn jemoand gestoarwe woar, doann mußt des Groab ausgehowe wern. Doas woar e hoart Knocheerwet, weil de Erdburre ogg stoanich woar en nur mit de Pickelhack gelockert en mirer stabile Schipp erausgehoallt wern mußt. En wenn nooch dreißich Joahrn dej aale Gräwer werrer oabgeroammt woarn, doann woard dej Ere neu engesät. En wemmer Platz braucht, o ugefähr de gleich Stell werrer benotzt.

Wej mol de Duregräwer seiner Erwet noochging, do woar aich als kloa Maadche groad zoufällich en de Näh en hu e bißche zougeguckt, obwohl e maich als en als wegschicke wollt, domit doar aich koan Schreck kreje sollt, wenne Knoche fonn. Off oamol, wej e werrer dej Pickel en die Ere schlug en eraushoallt, do hing en Durekopp dro, en ach sei kreischend weggelaafe.

immer wieder wegschicken wollte, damit ich keinen Schock erleiden sollte, falls er Knochen fand. Auf einmal, als er die Pickel in die Erde schlug und wieder herauszog, hing ein Totenkopf daran, und ich bin schreiend weggelaufen.

Selbstmord

Kurz nach dem Krieg hatte sich mal ein junger Mann im Dorf erschossen. Das hatten wir in der Schulpause gehört und auch, daß er im Hausflur aufgebahrt wäre.

Deshalb habe ich mich heimlich aus der Schule fortgeschlichen und bin auf Umwegen zu dem Haus, weil ich noch nie einen Toten gesehen hatte und neugierig war.

Da kamen alle Leute aus der Nachbarschaft herbei, alles rief und redete durcheinander, und niemand hatte in der Aufregung gemerkt, daß ich mich ins Haus schlich.

Der Flur war sehr dunkel, und meine Augen hatten Mühe, sich daran zu gewöhnen. Da sah ich den Mann auf einer Bank liegen mit zusammengefalteten Händen auf der Brust. Er war ein bißchen blaß und ich glaubte, er würde gleich aufstehen. Das kleine Löchlein in der Schläfe war so unauffällig, das konnte es doch nicht gewesen sein.

Ich habe ihn mal vorsichtig angestupst, aber er rührte sich nicht ... da schrie auch schon jemand, daß ich hier nichts zu suchen hätte.

Beerdigungsbräuche

Wenn jemand gestorben war, wurde er drei Tage lang im Haus aufgebahrt, und es war eine Nachtwache dabei, damit man eventuelle Lebenszeichen sofort merken würde. Im Sommer hat man gleich gemerkt, daß jemand tot war, weil der Körper in der Hitze schnell anfing, sich zu zersetzen. Das konnte man sehen und riechen. Nach drei Tagen wurde der Sarg draußen auf dem Hof auf Böcke gestellt, die Trauergäste kamen alle herbei und der Pfarrer hielt eine kurze Ansprache und zelebrierte die Aussegnung.

Lang vor meiner Zeit haben dann sechs Männer den Sarg den sehr weiten Weg bis zum Friedhof getragen und waren dankbar, wenn der Tote nicht allzu schwer war. Später hat die Gemeinde einen schwarzen Wagen mit schwarzen Tüchern und Schleifen angeschafft, wo der Sarg draufgestellt wurde, und den die sechs Leichenträger den Berg hinauf bis zum Friedhof schieben mußten. Zur damaligen Zeit war der Weg noch nicht asphaltiert,

Sebstmord

Korz noochem Kriech hatt sich mol en junge Moann ausm Doff erschosse. Doas harre mir en de Schulpaus gehörrt en aach, doare em Hausflur offgebart wär. Do hu aich maich hoamlich aus de Schul geschliche en sei off Imweje zou dem Haus, weil aich noch nie en Dure geseh hatt en neuschierich woar. Do koome dej Leu aus de Nochberschhäuser herbei, alles dät kreische en dorchenoanner schwätze, en koaner hot en de Offrejung gemerkt, doar aich ens Haus enenschlich.

Es woar berwarersch dunkel em Flur, en mei Aache harre Last, sich dodro ze gewöhne. Do soach aich en Moann off er Boank leie mit de zesoomegefaltene Henn off de Brost, ene soach aus, als wej wenne schloofe dät. E woar e bißche blaß, en aich glaabt, e müßt gleich offstieh. Doas kloane Löchelche en de Schläf woar su uoffällich, doas konnts doch net gewest sei. Aich hu en viersichtich ogestupst, owwer e dät sich net reuhern. Do krisch aach schu jemoand, doar aich hej naut ze suche hätt.

Beerdichungsbräuch

Wenn jemoand gestoarwe woar, doann woarde drei Doach loang offgebart, es woar aach e Noachtwach debei, domit doaß mer merke konnt, wenne goarnet dut woar.

Em Sommer hot mer doas leicht gemerkt, wenn jemoand dut woar, weil de Körper schnell ofing, sich se zersetze, en doas konnt mer riche en aach seh. Nooch drei Doach woard de Soarch drauße offm Hob off Böck gestellt, en dej Trauergäste koome all herbei, en de Parrer dät e korz Osproch haale en moach dej Aussechnung.

Goanz freuher däre doann sechs Männer den Soarch den berwarersch weire Weg bis zoum Friedhob droa en woarn doankboar, wenn de Dure net su schwer woar. Später harre se em Doff e schwoarz Kerrnche mit schwoarze Dücher en Schleife ogeschafft, wu de Soarch droffkoom, en doas dej sechs Leicheträjer de Berg enoff bis zoum Friedhob schuwwe mußte.

Leichenwagen

En der Zeit woar de Weg noch net asfaltiert, sonnern stoanich en buckelich, en aich glawe, wenn do jemoand net richtich dut woar, de ere spätestens bei dem Gehoppel werrer offgewacht.

sondern steinig und buckelig, und ich glaube, wenn jemand bei diesem Gehoppel nur scheintot gewesen wäre, wäre er spätestens auf dieser Buckelpiste wieder aufgewacht.

Viele Leute hatten Kränze dabei mit schönen Schleifen dran, und der Chor sang so traurige Lieder am Grab, daß man weinen mußte, auch wenn man den Toten nicht so gut gekannt hat.

Alle Trauergäste trugen schwarze Kleidung, selbst Schirm und Handtasche waren schwarz, und diese Sachen wurden nur zu Beerdigungen getragen. Die Männer trugen schwarze Zylinder auf dem Kopf. Und die Sargträger hatten weiße Handschuhe und ein weißes Taschentuch, um die Sarggriffe anzupacken, und alles war sehr feierlich und würdevoll. Und wenn die Angehörigen nicht geheult hätten, wäre das richtig schön gewesen.

Während der Tote ins Grab gesenkt wurde und der Pfarrer und manchmal noch ein paar andere Leute eine Rede hielten, in der der jeweils Verstorbene der beste Mensch auf der Erde war, den der Herrgott viel zu früh abberufen hatte, haben ein paar Helfer im Haus die Tische gedeckt, Kaffee gekocht und die Beerdigungswecke auf die Tische gestellt.

Das war für die engsten Angehörigen des Toten gerichtet und für Trauergäste, die mit dem Zug anreisten oder gar einen beschwerlichen Fußmarsch hinter sich hatten, damit sie sich stärken konnten, bevor sie den weiten Heimweg antraten.

Die Reihenwecke, die übrig waren, wurden Freunden im Dorf gebracht oder den Trauergästen für den Heimweg mitgegeben. Ich habe die süßen Reihenwecke sehr gern gegessen und immer wieder unsere Mutter gefragt, wann denn endlich wieder mal eine Beerdigung wäre.

Prothesen

Vor vielen Jahren starb mal ein Eisenbahner, der bei einem Unglück einen Arm und ein Bein verloren hatte und deswegen sein Leben lang Prothesen trug.

Als nach einigen Jahren auch seine Frau starb, mußten Verwandte den Haushalt auflösen. Während sie ahnungslos den Schlafzimmerschrank öffneten und nach Wäschestücken griffen, purzelte ihnen der künstliche Arm mit der lederüberzogenen Hand entgegen ... und gleich darauf die Beinprothese.

Das Geschrei der entsetzten Frauen war so laut, daß die Nachbarn erschrokken herbeieilten. Und es hat etliche Tage gedauert, bis sie sich wieder ins Haus hineinwagten.

Ville Leu harre Kränz debei mit Schleife dro, en de Gesoangverein dät om Groab trauriche Lieder singe, doaß mer heule mußt, aach wemmer den Dure net su gekoannt hat. Dej Leu harre sich all kohlroaweschwoarz o, sebst de Schirm en dej Hoanddasch woarn schwoarz, en dej Sache woarde fast nur für Beerdichunge benotzt. En dej Männer harre en schwoarze Zylinder offm Kopp. Dej Soarchträjer harre weiße Hennsche o ene weiß Dascheduch, im de Soarchgriff ozepacke ... en es soach alles su feierlich aus. En wenn dej Ogehöriche net geheult härre, doann wär doas richtich schie gewest.

Während de Dure ens Groab koom en de Parre, en moanchmol aach e poar oannern Leu, e Red hejle, wu groad der Dure de beste Mensch vo de Welt woar, den de Herrgott vill ze freuh oabgeruffe hatt, hu e poar Helfer em Haus dej Disch gedeckt en Kaffie gekocht en dej Reiheweck off die Disch gelegt. En doas woar für dej engste Ogehöriche vom Verstorwene un dene Trauergäst, dej mirm Zuch ogerast woarn owwer goar en weire Foußmarsch hinner sich harre, domit doaß dej woas ze esse en trinke harre, bevier sche werrer hoam mußte. En dej Weck, dei üwwerich woarn, woarde zou de Freunde em Doff gedraat. En aich hu als Kend dej seuße Reiheweck berwarersch gern gegesse en immer werrer mei Modder gefrecht, woann doa endlich werrer mol e Beerdichung wär.

Prothese

Vier Joahrn woar mol en Eisebohner gestorwe, der bei em Uglück en Oarm ene Boa verlorn hatt en desweje bis zoum Dut dej gout gemoachte Prothese trug. Wej nooch e poar Joahrn aach sei Fraa stoarb, do mußte Verwoandte dej Wohnung leerroamme. En wej se oahnungslos de Schlofstobbschroank offmoache en nooch Wäschestücker griffe, do bozzelt de künstlich Oarm mit de Hoand eraus, en gleich dehinner dej Boaprothes. Doas goab en Krisch, doaß dej Nochbern erschrocke ogeroannt koome. En se hu Doache gebraucht, bis se sich werrer en doas Haus enentraute.

Domols goabs noch koa Müllabfuhr em Doff. Do woarde dej Sache, dej niemoand mieh gebrauche konnt, en dej Müllkaut gewoffe, su aach dej Prothese. En mir Kenn hu sich noch doacheloang erschrocke, wemmer dej Prothese do su leie soache, bis endlich oannern Müllsache drüwwergewoffe woarde.

Damals gab es noch keine Müllabfuhr im Dorf. Da wurden die Dinge, die niemand mehr brauchen konnte, auf die Müllhalde des Dorfes geworfen, so auch die Prothesen.

Wir Kinder haben uns noch tagelang erschrocken, wenn wir die Prothesen auf der Müllhalde sahen ... bis endlich anderer Müll darübergeworfen wurde.

Kuhgeschichten

Biene-Louis und die Kühe

Weil im Dorf viele Bauern ein Pferd hatten, da brauchten nur wenige Kühe überhaupt ins Feld. Die anderen Kühe gingen täglich auf die gemeindeeigenen Viehweiden, und deshalb hatte das Dorf einen Kuhhirten. Wenn morgens die Kühe gemolken waren, ging der Kuhhirte durchs Dorf und blies in ein Horn, damit die Landwirte das Vieh auf die Straße schickten.

Der Mann wurde Biene-Louis genannt. Das war bestimmt ein Spitzname, weil er wütend schimpfte, wenn er so gerufen wurde.

Biene-Louis hatte zwei Hunde, die aufpassen mußten, daß die Kühe und Rinder nicht auf die Felder oder Wiesen liefen. Dann ging er mit dem Vieh auf eine der Gemeinde-Viehweiden und suchte mittags einen Schattenplatz auf, wo die Kühe ausruhen und wiederkäuen konnten. Wenn der Louis merkte, daß ein Gewitter drohte, führte er die Kühe nach Hause, weil sie wegen der Gewitterbremsen unleidlich wurden. Die Kühe fanden alleine den Weg in ihre gewohnten Ställe, gingen direkt an ihren Platz, und die Bauern brauchten sie nur noch anzubinden.

Beschissene Angelegenheit

Als ich aus der Kirche kam, kamen die Kühe an einem Sonntag gerade nach Hause. Weil beim Heine niemand zu Hause war, hatte ich die Kühe an ihren Plätzen festgebunden und meine Lieblingskuh hinten am Schwanz gekrault, weil sie das so gerne mochte.

Sonntagsgeschenk.

Dabei hatte ich nicht gemerkt, daß sie gleich mal mußte ... Und sie hat mir einen batschig-nassen, grasgrünen Kuhhaufen direkt auf einen meiner Sonntagsschuhe und den weißen Strumpf fallen lassen. Ganz entsetzt habe ich den Schuh umgestülpt und versucht, das stinkende Sonntagsgeschenk mit Stroh abzuwischen und dabei auch noch mein Sonntagskleid be-

Keuhgeschichte

De Biene-Louis en die Keuh

Weil en Dabhause ville Bauern en Gaul harre, do brauchte nur wink Keuh üwwerhapt ens Feld. En deshalb do goabs em Doff en Keuhert. Mojens, wenn dej Bauern gemolke harre, ginge dorchs Doff en dät ene Horn bloose, domit doaß dej Bauern des Vejh off die Gass schikke sollte. Der Moann woard Biene-Louis genoannt. Doas woar bestimmt en Unoome, weile berwarersch schelle dät, wemmern su geruffe hot.

„Biene-Louis"

De Louis hat zwaa Honn, dej offbasse mußte, doaß dej Keuh en Renner net off dej Felder en Wisse vo de Bauern lejfe. Doann ginge mirm Vejh off dej Gemoa-Waare en sucht middoachs en Schatteplatz off, wu dej Keuh ausrouhe en werrerkäue konnte. Wenn de Louis merkt, doare Gewirrer koom, doann ere mit de Keuh hoam, weil dej weje de Bremse uleidlich woarde. En dej fonne eloa de Weg en ihre Ställ, ginge o ihre Plätz, en dej Bauern brauchte se nur noch ozebenne.

Beschissene Ogelejeheit

Oamol, wej aich aus de Kirch ging, do koome dej Keuh aach groad hoam. En weil beim Heine niemoand dehoam woar, hu aich se o ihre Plätz gebonne en mei Lieblingskouh henne om Schwoanz gekrault, weil se doas su gern hatt. En aich hu debei net gemerkt, doaß se gleich emol mußt. Se hot mer en batschich-nasse groasgreune Kouhhaffe direkt off oan vo meine Sonndoachsschouh en weiße Strümp geschisse.

Goanz entsetzt hu aich den Schouh imgestülpt en versucht, doas stinkich Sonndoachsgeschenk mit Struh oabzewische ... en debei aach noch mei Kirchgoangsklaad bekleckert. En dem rutschich-kleweriche Schouh konnt aich net laafe. Do hu aich den oane Schouh en Stromp ausgedo en sei su hoamgegoange en hatt e schlecht Gewisse, weil mei Modder immer saat, doar aich net mit de sonndoachse Sache en de Ställ erimhippe sollt. Owwer mei Familje hot gelacht, weil aich su ogg bekleckert hoamkoom, doaß aach die Modder net mieh schelle konnt. En wej de Heine später emol saat, doar aich e düchtich Maadche wär, weil aich ohne Ingst dej Keuh ogebonne hatt, do hot aach die Modder werrer gestrahlt.

kleckert. In diesem rutschig-klebrigen Schuh konnte ich nicht laufen. Also habe ich Schuh und Strumpf ausgezogen und bin humpelnd nach Hause gelaufen, und hatte zudem noch ein schlechtes Gewissen, weil meine Mutter immer wieder sagte, daß ich mit den Sonntagssachen nicht in Ställen herumlaufen sollte.

Aber meine Familie hat herzlich gelacht, weil ich so bekleckert nach Hause kam, daß auch meine Mutter nicht schimpfen konnte. Und als der Heine später einmal meinte, daß ich ein tüchtiges Mädchen wäre, weil ich ohne Angst die Kühe angebunden hätte, hat auch unsere Mutter wieder gestrahlt.

Unfreiwilliges Bad

Übermütige Kuh.

Besonders lustig wurde es, wenn im Frühjahr die Kühe und vor allem die Rinder zum ersten Mal auf die Viehweiden gingen. Dann waren sie ganz unruhig, machten Luftsprünge wie kleine Ziegenlämmer, die Schwänze dabei steil in die Luft gestreckt, und das Euter schlapperte hin und her, auf und ab, daß man glauben konnte, sie wollten damit Buttern.

Damit sie nicht in die Äcker und Wiesen hüpften, sind in den ersten Tagen die Dorfkinder mit Stökken mitgegangen, weil der Hirte und die zwei Hunde das nicht alleine schafften. Direkt vor unserem Haus, wo heute unsere Pferde weiden, kam die wilde Schar vorbei. Ich weiß nicht mehr genau, wie das passieren konnte: Plötzlich lag ein Rind bei uns im Wasserbassin, das voll Wasser war. Das Rind mußte schwimmen, um nicht zu ertrinken.

Da kamen die Bauern angelaufen, einer mußte ins kalte Wasser, um dem wild strampelnden Rind ein Seil um den Bauch zu binden und hat auch ganz todesmutig ein anderes Seil um die Hörner geschlungen, und mit vereinten Kräften und viel Geschrei haben sie das geschockte Rind aus dem Wasser gezogen.

Gefährliche Kühe

Die meisten Kühe waren brav und ruhig. Aber wie bei den Menschen, so gab es auch bei den Kühen Mistviecher. Wenn ich aus der Schule kam und die Kühe vor dem Haus weideten, bin ich mittendurch zu unserem Haus gegangen. Da kam einmal eine Kuh auf mich zu, guckte mich so komisch an und senkte die Hörner. Da bin ich ganz vorsichtig rückwärts gegangen,

Ufreiwillich Boad

Besonnersch lustich woarsch, wenn em Freuhjoahr dej Keuh en vier allem dej Renner es erschte mol off dej Vejhwaad ginge. Doann woarn se goanz urouhich, moache Luftsprüng wej kloane Gaaßelämmer, de Schwoanz debei steil en die Luft gestreckt, en des Euter dät off - en oabhippe un hie - en herwackeln, doaß mer glawe konnt, se wollte domit boddern. Domit doaß se aus Üwwermut net üwwer dej Ecker en Wisse hippe däre, sei en de erschte Doache dej Doffkenn mirm Stecke mitgelaafe, weil dej zwaa Honn doas net eloa packte.

Direkt vierm Haus, wu heut us Gäul waare, do koom dej wille Schoar verbei, en aich waaß net mieh genaa, wei doas bassiern konnt: plötzlich loag e Rend bei us em Wasserbasseng, doas voll Wasser woar en wu des Rend schwimme mußt, im net ze ersaufe. Do sei dej Bauern ogelaafe, oaner mußt ens kaale Wasser, im dem will stroampelnde Rend e Saal im de Bauch ze benne, en hot aach goanz todesmutich e oanner Saal im dej Hörner geschlunge, en mit vereinte Kräfte en vill Gekrisch hu se des Rend ausm Wasser gezooche.

Mit vereinten Kräften vor dem Ertrinken gerettet.

Gefährliche Keuh

Dej meiste Keuh woarn broav en rouhich. Owwer wej bei de Mensche, su goabs aach bei de Keuh Missgeberrer. Wenn aich aus de Schul koom, en dej Keuh vierm Haus waare däre, doann sei aich mittedorch en zoum Haus gegoange. Do koom emol e Kouh off maich zou, guckt maich su komisch o en senkt dej Hörner. Do sei aich goanz viersichtich rückwärts gegoange, en dej Kouh komm als mirm gesenkte Kopp mit, bir aich plötzlich mirm Rück om Kirscheboam stoann en naut mieh ausweiche konnt. Do dät se maich goanz loangsoam o de Kirscheboam drücke. Aich hu die Feuerkrisch gedo, hu er mit de Kennerhenn off de Kopp gekloppt en krooch schu bal koa Luft mieh.

Gefährlicher Angriff.

und die Kuh kam mit gesenkten Hörnern hinterher, bis ich plötzlich mit dem Rücken an einem Kirschbaum stand und nicht mehr ausweichen konnte. Da begann sie, mich ganz langsam an den Kirschenbaum zu drücken. Ich habe um Hilfe geschrien, mit den Kinderhänden wild auf ihren Kopf geschlagen und bekam fast keine Luft mehr. In diesem Moment schoß Arno, mein Boxerhund, aus dem Haus, stürzte sich auf die Kuh und biß sie ins Maul. Da mußte sie den Kopf drehen, ich konnte endlich wieder tief Luft holen und war froh, daß ich wieder richtig atmen konnte.

Diese Kuh war auch wieder mal dabei, als die Herde vor dem Haus graste. Meine Mutter rupfte im Blumenbeet vor dem Haus Unkraut und sah dabei nicht, was ich vom Küchenfenster aus beobachtete, nämlich daß die böse Kuh ganz langsam mit gesenktem Kopf auf sie zuging. Und plötzlich saß unsere Mutter auf dem Kuhkopf, hielt sich mit beiden Händen krampfhaft an den Hörnern fest und schrie. Erst mal mußte ich lachen, weil ich im Leben so was Lustiges noch nicht gesehen hatte, und blieb wie angewachsen am Fenster stehen. Aber Arno war viel vernünftiger als ich. Der rannte hinaus, hat die Kuh ins Bein gebissen, weshalb die Kuh den Kopf drehte und unsere Mutter herunter fiel. Nach den zwei Unfällen wurde die Kuh geschlachtet, weil sie jetzt bösartig und gefährlich geworden war.

Die goldene Uhr

Zu seinem 25. Jubiläum als Kuhhirte schenkten die Bauern dem Biene-Louis eine goldene Uhr. An jedem Tag, an dem er bei uns vorbeikam, fragte er unsere Mutter nach der Uhrzeit. Er besaß nämlich keine Uhr, brauchte auch keine, weil er ein gutes Gefühl für Tageszeiten hatte. Außerdem verstand er die Uhrzeiten auch nicht richtig abzulesen.

Als er die goldene Uhr hatte, zeigte er sie voll Stolz unserer Mutter und fragte wie immer: „Martha, wieviel Uhr ist es?“ Da meinte die Mutter: „Aber Louis, jetzt hast du doch selbst eine Uhr und brauchst mich nicht mehr zu fragen!“ Da wollte Louis nicht zugeben, daß er keine Uhrzeiten ablesen konnte und antwortete verschmitzt: „Ich will doch nur mal die Uhrzeit vergleichen und prüfen, ob meine Uhr auch richtig geht!“

Besatzer

Vom Dorf gibt es auch nachdenkliche Geschichten zu erzählen, weil auch in so einem kleinen „Nest“ die Besatzer mal nach dem Rechten schauen wollten.

En dem Moment schoß de Arno ausm Haus, stözzt sich off dej Kouh en dät se ens Maul beiße. Do mußt se jo luslorre, en aich hu dejf Luft geholt en woar fruh, doar aich werrer richtich atme konnt.

Unfreiwilliger Ritt.

Dej Kouh woar aach werrer mol debei, wej dej Herd vierm Haus gegrast hot. Mei Modder dät em Blommebeet vierm Haus Ukraut roppe en soach net, woar aich owwer vom Kichefenster aus beowoacht hat, doaß dej bies Kouh goanz loangsoam mirm gesenkte Kopp off se zou ging. En plötzlich saß mei Modder offm Kouhkopp, hejl sich mit baare Henn kroampfhaft o de Hörner fest en krisch.

Erscht mol mußt aich lache. Aich hat nämlich em Lewe su woas Lostiches noch nie net gesehen blib wej ogewoase om Fenster stieh. Owwer de Arno woar vill vernünfticher als wej aich. Der es erausgelaafe en hot dej Kouh ens Boa gebisse. Dobei hot des bies Dejer de Kopp gedreht, en us Modder es eroabgefalle. Nooch dene zwaa Ufäll es dej Kouh geschloacht woarn, weil se alleweil biesoartich en gefährlich woar.

Dej goldene Uhr

Zou seim 25. Jubiläum als Keuhert krooch de Louis vo de Bauern e golden Uhr geschenkt. O jedem Doach, wue bei us verbeikoom, däre nooch user Modder ruffe en freje, wejvill Uhr´s doann wär. E hatt nämlich koa Uhr net o, braucht aach koa, weile e gout Gefeuhl für dej Doacheszeire hat, en verstoann aach dej Uhrzeire net su richtich oabzelese.

Wej e dej golden Uhr hatt, zeichte se voll Stolz user Modder en saat wej immer: „Madda, wejvill Uhr es doa?" Do saat us Modder: „Aj Louis, alleweil hoste doch sebst e Uhr en brauchst maich net mieh ze freje!" Do wollt de Louis net zougewwe, doare koa Uhr net verstoann, en saat verschmitz: „Aich wollt doch nur mol dej Uhrzeire vergleiche en gucke, ob mei Uhr aach richtich gitt!"

Dej Besatzer

Vom Doff gibts owwer aach ernste en noochdenkliche Geschichte ze verzähle, weil sebst en su em kloane Nest dej Besatzer mol nooch em Rechte gucke wollte. Su koome aach mol Amis hejher. Aich glawe, dej moache Moanöwer. Jedenfalls saat us Modder immer werrer, doaß mer dene

Lange nach dem Krieg kamen mal Amerikaner hierher. Ich glaube, die machten Manöver. Jedenfalls sagte unsere Mutter immer wieder, daß wir den Besatzern möglichst aus dem Weg gehen und bei Begegnungen besonders höflich grüßen sollten. Denn die hätten den Krieg gewonnen und könnten uns sehr schaden, wenn wir Kinder böse zu ihnen wären.

Ich hatte in meinem kurzen Leben noch keinen so dunklen Mann gesehen wie den Schwarzen, der unser Grundstück betrat und irgend etwas fremdes sprach.

Meine älteren Geschwister, die das verstanden hätten, waren in der Schule, meine Mutter und ich alleine zu Hause, und wir hatten Angst vor dem Schwarzen und auch, weil wir nicht verstanden, was er wollte. Da zeigte er auf unsere Ziegen, und wir bekamen einen Schreck, weil wir glaubten, er wollte sie schlachten. Dabei brauchten wir sie doch selbst dringend wegen der Milch. Da hatte der Mann begriffen, daß wir Angst hatten. Er zeigte lächelnd seine blütenweißen Zähne, gab mir Schokolade, deutete auf eine Ziege und tat so, als ob er trinken wollte. Da haben wir ihm erleichtert einen großen Topf voll Ziegenmilch gegeben.

Es hat noch viele Jahre gedauert, bis ich begriffen hatte, daß nicht alle Amerikaner schwarz und nicht alle Schwarzen Amerikaner waren.

Kriegsheimkehrer

Unsere Mutter rupfte im Garten Unkraut, und ich habe ihr dabei so ein kleines bißchen geholfen. Da kam plötzlich ein ganz wüster Mann auf uns zu. Er hatte ein zerfurchtes Gesicht, einen schlimmen Stoppelbart und lauter zerrissene Lumpen an: einen langen, schmutzigen, löchrigen Mantel, zerfranste Hosen und kaputte Schuhe. Der Mantel war viel zu groß und der Mantelkragen unordentlich hochgeklappt. Und ein alter verbeulter Hut saß auf seinem Kopf.

Ich hatte sehr Angst vor dem wilden Mann. Aber meine Mutter rannte auf ihn zu, fing schrecklich an zu weinen, fiel ihm um den Hals und drückte ihn ganz herzlich. Der Mann heulte auch, und beide sagten kein Wort. Da fing ich auch erschrocken an zu heulen und fragte schluchzend die Mutter, was denn eigentlich los wäre und ob ein Unglück passiert sei. Da sagte sie, daß sie nur vor Freude weinen würden.

Ach du liebe Zeit, das hatte ich auch noch nicht gehört, daß man vor Freude weinen konnte ... und überhaupt, wie man so eine Schreckgestalt, so einen wilden Mann drücken konnte und sich dabei freuen sollte.

Da erklärte die Mutter, daß der Mann ein Cousin wäre, der gerade aus der möchlichst ausm Weg gieh un bei Begechnunge besonnersch höflich grüße sollte. Denn dej härre de Kriech gewonne un könnte us ogg schoarre, wenn mir Kenn bies zou de Amis wärn.

Aich hatt en meim korze Lewe noch koan su dunkle Moann geseh wej den Schwoarze, der off us Grondstück koom en irgendwoas Fremdes schwätze dät. Mei ällere Geschwister, dej doas verstoanne härre, woarn en de Schul, mei Modder en aich eloa dehoam en harre Ingst vier dem Schwoarze un aach, weil mir net verstoanne, woarre woll. Do zeichte off us Gaaße, en mir krooche en Schreck, weil mir glaabte, e wollt se schloachte, wu mersche doch sebst su dringend brauchte für weje de Milch en su. Do hatt de Moann begriffe, doaß mir Ingst harre. E zeicht lächelnd sei weiße Zieh, goab mer Schockeload, zeicht off e Gaaß en dät su, als wej wenne trinke wollt. Do hu merm erleichtert e gruß Dippe voll Gaaßemilch gegewwe.

Es hot noch ville Joahr gedauert, bir aich begriff, doaß net alle Amis schwoarz, en net alle Schwoarze Amis woarn.

De weuste Moann

Us Modder dät em Goarde Ukraut roppe, en aich dät er su e kloa bißche debei helfe. Do koom plötzlich en goanz weuste Moann off us zou. Der hatt e zerfurcht Gesicht, en orje Stoppelboart un laurer zerrissene Lompe o. En loange, dreckiche, lecheriche Moantel, zerfroanste Hose en gebotte Schouh.

De Moantel woar vill ze gruß en de Moantelkroache reußelich huchgeklappt. Un en aale verbeulte Hout saß offm Kopp. Aich hat ogg Ingst vier dem weuste Moann. Owwer mei Modder roannt offn zou, fing schrecklich o ze heule en fejl em im de Hals en drückt en als en als. Der Moann dät aach heule, en bare saare koa Wort. Do fing aich aach erschrocke o ze kreische en frecht schluchzend mei Modder, woas doa eigentlich lus wär, doaß se su heule däre en ob e Uglück bassiert wär. Do saat se, doaß doas Heule nur vier Freud wär.

Ei du lejwe Zeit, doas harr aich aach noch net gehörrt, doaß mer vier Freud heule konnt ... en üwwerhapt, wej mer su e Schreckgestalt, su en weuste Moann drücke konnt en sich debei freue sollt. Do moant dej Modder, doaß de Moann en Kusseng wär, der groad aus de Gefoangeschaft gekomme wär en gleich weirer zou seiner Modder wollt. Un aich sollt maich freue, doare de Kriech un all doas Schreckliche üwwerlebt hätt.

Do hu aich versucht, maich ze freue. Owwer leicht woarsch net, wu doch der Moann su ogg verroppt aussoach un aich en aach bisher noch net geseh

Gefangenschaft entlassen wäre und gleich weiter zu seiner Mutter wollte. Und ich sollte mich auch freuen, daß er den Krieg und all das Schreckliche überlebt hätte.

Da habe ich versucht, mich zu freuen, aber leicht war es nicht, wo der Mann doch so ungepflegt aussah und ich ihn bisher noch nie gesehen hatte ... und ich auch genug Cousins hatte, die anders aussahen.

Als er später mal gewaschen war, der Bart ab und die Haare geschnitten, und als er saubere Sachen anhatte, sah er schon nicht mehr so gefährlich aus. Und man konnte sehen, daß er noch ein junges Kerlchen war, das Schreckliches im Krieg erlebt hatte en gekoannt hat, un aich aach genung Kussengs hat, dej oannerschter aussoache. Wej e später mol gewäsche woar, de Boart oab un dej Hoorn geschnirre, un wej e sauwere Sache ohat, do soache schu naut mieh su gefährlich aus. En mer konnt seh, doare e jung Kerlche woar, doas Schreckliches em Kriech erlebt hatt.

Flüchtlinge im Dorf

Im ganzen Durcheinander mit dem zerbombten Haus sind wir so schnell wie möglich nach Daubhausen ins Nothaus gezogen, und da kamen auch schon ganze Scharen von Flüchtlingen.

Manche hatten Pferdewagen voller Sachen mitgebracht, aber die meisten hatten nur einen Handwagen, einen alten Kinderwagen oder gar nur ein paar schäbige Koffer dabei. Sie alle sahen abgebrannt aus, hatten zerrissene Kleidung an, und hohle, eingefallene Gesichter mit großen, traurigen Augen schauten uns unsicher entgegen.

Die Leute im Dorf mußten fast alle ein Zimmer abtreten, was sicher nicht leicht war, hatten sie doch selbst eine große Familie und wenig Platz. Die Flüchtlinge mußten in der Familienküche kochen und essen. Und weil sie oft keinen Hausrat hatten, alles von den Bauersleuten benutzen.

Ihre Aussprache war anders, und manchmal verstand man sie nicht, weil sie auch fremde Worte sprachen. Alle litten unter der Enge, zumal sie es vorher anders gewohnt waren. Und das Essen wurde knapp auch für die Bauern, die viele Lebensmittel abgeben mußten, was streng kontrolliert wurde.

Außerdem war Daubhausen ein Hugenottendorf mit rein evangelischer Bevölkerung, und die Flüchtlinge waren fast alle katholisch.

Viele der Flüchtlinge waren daheim reiche Leute gewesen mit Personal, kannten eine ganz andere Lebensart, hatten aber alles verloren und waren verbittert. So blieb es nicht aus, daß es viele Zankereien und Ärger gab und die Bauern diese Flüchtlinge zunächst einmal ablehnten, was man durchaus auch verstehen konnte.

Vor allem die Schulkinder machten keinen Hehl daraus, daß sie die Flüchtlingskinder nicht leiden konnten und haben sie geärgert und ausgelacht wegen ihrer komischen Aussprache, der armseligen Kleidung und schäbigen Schuhe.

Helfende Hände

Einen Vorteil hatten die Bauern trotzdem von den Flüchtlingen. Sie hatten eine billige Hilfe im Haus und Garten, im Stall und Feld. Damals gab es noch keine Vollerntemaschinen, wie heute zum Ausmachen von Kartoffeln und Dickwurz.

Alles mußte mit der Hand gesät werden, es galt Unkraut zu entfernen und

Flüchtlinge em Doff

En dem goanze Dorchenoanner mirm gebotte Haus sei mer bal nooch Dabhause en us Nuthaus gezooche ... en do koome aach schu goanze Schoarn vo Flüchtlinge. Moanche harre Gäulswoa voll Sache mitgebroocht, owwer dej meiste harre en kloane Hoandwoa, en aale Kennerwoa owwer nur e poar schäwwiche Koffer debei. En se soache verroppt aus, harre verressene Sache o, en hohle, engefallene Gesichter mit gruße, trauriche Aache guckte oam usicher entgeje. Dej Leu em Doff mußte all e Stobb oabgewwe, woas sicher net leicht woar, harre se doch sebst e gruß Familje un wink Platz.

Dej Flüchtlinge mußte en de Familjekich koche en esse. En weil se oft koan Hausrot net harre, mußte se alles vo dene Bauerschleu benotze. Se harre e oanner Aussprooch, en moanchmol verstoann mersche net, weil se fremde Wörter schwätze däre.

Se konnte all en de Eng net richtich lewe, wej ses vierher gewiehnt woarn. En des Esse woar knapp aach für dej Bauern, dej vill Lewensmittel oabgewwe mußte, woas streng kontrolliert woard. En außerdem woar Dabhause e Hugenottedoff mit nur evoangelische Leu, en dej Flüchtlinge woarn fast all katholisch.

Ville vo dene Flüchtlinge woarn dehoam reiche Leu gewest mit Dienstmaarercher en Knechte, harre e goanz oanner Lewensoffassung, harre alles verlorn en woarn verbittert. Su blibs net aus, doares vill Zänkereie en Ärjer goab, en dej Bauern dej Flüchtlinge erscht mol oabgelehnt hu, woas mer aach verstieh konnt.

Vier allem dej Schulkenn moache koan Hehl draus, doaß se dej Flüchtlingskenn net leire konnte, en se hu se gezerjelt en ausgelacht weje ihrer komisch Aussprooch en aach de oarmseliche Klaarer en schäwwiche Schouh.

Helfende Henn

Oan Vorteil harre dej Bauern vo de Flüchtlinge. Se harre e billich Hilf en Haus un Goarde, en Stall un Feld. Domols goabs noch koa Vollerntemaschine, wej heut zoum Gedoffel- owwer Dickworzausmache. Dej Soome mußte all mit de Hoand gestraat wern, es woar Ukraut ze roppe en em Feld dej Reihe Dickworz en Gedoffel ze hacke. All doas moache dej Flüchtlingsfraae en krooche dofür Milch en Ajer, Gedoffel en Gemeus. En es dät net loang dauern, do goabs dej erschte Hochzeire zwische den Doffbewohnern en de Flüchtlinge. Bal ging alles besser. Dej oarme Leu

Flüchtlinge, willkommene Erntehelfer.

im Feld Dickwurz- und Kartoffelreihen zu hacken.

All das machten die Flüchtlingsfrauen und bekamen dafür Milch und Eier, Kartoffeln und Gemüse. Und es dauerte nicht lange, da konnten die ersten Hochzeiten zwischen den Dorfbewohnern und Flüchtlingen gefeiert werden.

Und bald wurde alles einfacher. Die armen Leute bekamen staatliche Hilfe zum Häuserbauen. Und heute spricht keiner mehr von Fremden im Dorf, weil sie sich angepaßt haben und keine Fremden mehr sind.

Die jüngere Flüchtlingsgeneration weiß von dem Elend und den Anfängen im Dorf sowieso nichts. Sie alle haben das Dorfplatt schnell gelernt. Die jetzige Generation spricht nur noch Hochdeutsch, und es sind viele Städter aufs Land gezogen, weil es ihnen dort besser gefällt als zwischen Beton und Asphalt.

Ich befürchte, daß die schöne und einfache Landsprache endgültig verloren geht, weil nur noch ein paar Alte diese so richtig sprechen und anwenden können.

Waldwohnung

Eine Frau fand im Dorf keinen Platz mehr für sich und ihre sechs Kinder. Deshalb zog sie ins Jagdhaus tief im Wald. Und weil eine ihrer Töchter so alt war wie ich, sind wir Freundinnen geworden, und sie hat mich mal eingeladen.

Ausgestopfte Tierköpfe im Jagdhaus.

Das Haus im Wald war ganz aus Holz gebaut mit einer hölzernen Veranda vor der Türe. Wenn man hineinging, wirkte die Stube groß und dunkel, und es hingen überall Wildschweinköpfe und andere ausgestopfte Tiere an den Wänden. Alles war so richtig grauslich-schön im Petroleum- und Kerzenlicht.

Der Schulweg war sehr weit, und weil die Kinder nicht alleine durch den dunklen Wald in die Schule gehen konnten, ist die Mutter mitgegangen und hat ihre Kinder später wieder abgeholt. Sie alle mußten jeden Tag viele Kilometer laufen, aber sie hatten ein Dach über dem Kopf und mehr krooche stoatliche Hilf für zoum Häuserbaue. En heut schwätzt koaner mieh vo „Fremde“ em Doff, weil se sich ogebaßt hu en koa Fremde mieh sei.

Damals wie heute – verdiente Pause.

Dej jinger Flüchtlingsgeneration waaß vo dem Elend en dene Ofäng suwejsu naut mieh. En se hu all des Doff-Platt gelernt. En alleweil dej Generation schwätzt nur noch Huchdeutsch, en es sei ville Städter offs Doff gezooche, weils dene do besser gefällt, als wej zwische Betong en Asfalt. En aich hu Ingst, doaß dej schie en oafach Doffsprooch mol verlorn gitt, weil nur noch e poar Aale dej su richtich schwätze konne.

Waldwohnung

Oa Fraa fonn koan Platz mieh für sich en ihre sechs Kenn. Dej zug doann ens Joagdhaus dejf em Wald. En weil doas oa Maadche genaa su aalt woar als wej aich, do sei mer Freundinne woarn, en es hot maich mol engeloare. Doas Haus em Wald woar aus Holz gebaut mirer hölzern Veroanda vier de Dier. En wemmer eren koom, doann woar dej Stobb gruß, owwer dunkel, en üwwerall hinge Willsäuköpp un oannern ausgestoppte Dejern o de Wänn. Alles woar su richtich gruselich schie mirm Petroleum- en Kerzelicht.

Romantisches Jagdhaus als Notwohnung.

De Schulweg woar ogg weit, en weil dej Kenn net eloa dorch de dunkle Wald en die Schul gieh konnte, do es dej Modder mitgegoange, en hott ihre Kenn später werrer oabgehollt. Dej mußte jeden Doach ville Kilometer laafe, owwer se harre e Dach üwwerm Kopp en mieh Platz, als wej dej oannern Flüchtlinge, dej moanchmol mit er goanz Familje en oam Stübbche wohne mußte.

Mer konnt se fast im doas romoantische Wohnhaus mitte em Wald beneire, wenn nur de kaale Wenter mirm ville Schnej net

Platz als die anderen Flüchtlinge, die manchmal mit ihrer ganzen Familie in nur einem Stübchen wohnen mußten. Man konnte sie fast um ihr romantisches Wohnhaus mitten im Wald beneiden, wenn nur der kalte Winter mit dem vielen Schnee nicht den Schulweg und die Einkauferei zur Qual gemacht hätte.

Unsere Mutter hatte uns immer ermahnt, Flüchtlinge besonders höflich zu grüßen, weil sie so viel mitgemacht und verloren hätten, zumal wir beinahe selbst Flüchtlinge geworden wären. Wir sollten die Hänseleien und Zankereien unter den Schulkindern nicht mitmachen, weil vor allem die Kinder überhaupt nichts zu all dem Elend des Krieges konnten. Ich habe bald viele Freunde gewonnen, mich an die Aussprache gewöhnt und es gab überhaupt keine Probleme.

Und die Kinder lernten schnell das heimische Platt und fanden sich schneller und besser zurecht als die Erwachsenen.

Weihnachtsgaben

Mit der Mutter, die sehr weichherzig war, habe ich zusammen kleine Weihnachtspäckchen gemacht mit selbstgebastelten Strohsternen, mit bronze-bemalten Tannenzapfen, mit einigen Plätzchen und Äpfeln und einer kleinen roten Kerze dabei. Damit bin ich zu alten Flüchtlingsfrauen gegangen, die keine Angehörigen mehr hatten. Unsere Mutter sagte, das wären wir dem Herrgott als Dank schuldig, weil er ihre Familie vor so einem schrecklichen Schicksal bewahrt hatte.

Die Frauen haben sich gefreut und mit Tränen in den Augen erzählt, was sie alles besaßen und im Krieg verloren hatten. Ich habe ein bißchen mitgeweint und konnte nicht verstehen, weshalb es überhaupt Kriege gibt.

Friedhofsblumen und so

Ein altes Ehepaar war mit den anderen Flüchtlingen auch in Daubhausen gelandet und fand Platz in der Sommerküche von Bauersleuten. Und sie hatten sogar Wasser im Zimmer.

Um finanziell ein bißchen besser zurechtzukommen, hielten sie Hühner und Hasen in ihrem Zimmer. Der Mann hatte vom Krieg einen Schock behalten, konnte nicht richtig sprechen und der Speichel lief ihm aus dem Mund. Seine Frau hat sich rührend um ihn gekümmert und sagte immer wieder, daß er vor dem Krieg ein stattlicher Mann gewesen wäre, was ich gar nicht so recht glauben konnte, weil er jetzt eine zusammengefallene Jammergestalt war.

de Schulweg en doas Enkaafe zour Quoal gemoacht härre.

Us Modder hat us immer werrer ogehaale, dej Flüchtlinge besonnersch höflich ze grüße, weil se doch su vill mitgemoacht harre en alles verlorn, wu mer doch bal sebst Flüchtlinge gewoarn wärn. En mir sollte dej Zänkereie en Hänseleie inner de Schulkenn net mitmache, weil dej Kenn jo groad goarnaut zou all dem Elend im de Kriech konnte. En aich hatt bal vill neue Freunde gewonne, hu maich o dej komisch Aussprooch gewöhnt, en es woar üwwerhapt koa Problem net. En dej Kenn hu schnell us Platt gelernt un hu sich besser en schneller als wej dej Erwachsene zerechtgefonne.

Weihnachtsgoawe

Aich hu mit de Modder, dej ogg weichherzich woar, kloane Weihnachtspäckcher gemoacht mit sebstgebastelte Struhstern, mit Bronce ogemoolte Doannezappe, e poar Plätzcher en Ebbel ene kloa ruut Kerz debei, en sei domit zou e poar aale Flüchtlingsfraae gegoange, dej koa Ogehöriche mieh harre. Us Modder saat, doas wärsche dem Herrgott als Doank scholdich, weile ihr Familje vier su em schreckliche Schicksal bewoahrt hätt.

En dej Fraae hu sich gefreut en hu mit Träne en de Aache verzählt, woas se all harre en em Kriech verlorn hu. En aich hu e bißche mitgeheult, en hu goar net verstieh konne, worims üwwerhapt Krieche gibt.

Friedhobsblomme en su

Oa aalt Ehepoar es mit den oannern Flüchtlinge aach en Dabhause geloandt en fonn Platz en de Sommerkich von Bauernschleu, en se harre segoar Wasser en de Stobb. Im e bißche besser zerechtzekomme, harre se Hinkel en Hoase, alles en der oa Stobb dren. En de Moann hat vom Kriech en Schock behaale en konnt net mieh richtich schwätze, en es lejf em de Siewer ausm Mund.

Owwer sei Fraa hat sich berwarersch im en gekümmert en saat immer werrer, doare vierm Kriech en goanz oannern Kerl gewest wär, woar aich goarnet glawe konnt, wue alleweil doch su e zesoomegefallene Joammergestalt woar. Dej Fraa verstoann vill vom Vejh, en wemmer kloane Gaaße krooche, doann koomse, im bei de Geburt ze helfe.

Im sich e poar Penning ze verdejne, hot se feine Babeierblomme gebastelt für dej Friedhobsgestecke. Se moach aus ruut en weiß Kreppbabeier wonnerschiene Ruuse, Nelke en Chrysoantheme, dät dej Blomme kozz en haaß Kerzewoachs dunke, domit doaß se wasserfest woarde, moach en Stiel aus

Diese Frau verstand viel vom Vieh, und wenn wir Lämmer erwarteten, kam sie, um bei der Geburt zu helfen.

Um sich ein paar Pfennige zu verdienen, bastelte sie feinste Papierblumen für Friedhofsgestecke. Sie fertigte aus rotem und weißem Kreppapier wunderschöne Rosen, Nelken und Chrysanthemen, tauchte die Blumen kurz in heißen Kerzenwachs, damit sie wasserfest wurden, machte einen Stiel aus Draht und verkaufte sie.

Wegen der Tiere, der schönen Blumen und auch wegen der Frau, die so lieb war, bin ich immer wieder hingegangen, habe stundenlang zugeschaut und auch mal probiert, so schöne Blumen anzufertigen.

Als ich einmal nach Hause kam, mußte ich mich ständig kratzen, so sehr hat es überall am Körper gejuckt. Meine Mutter meinte, daß es ein Floh wäre. Da hat sie eine blanke Emailleschüssel mit Wasser gefüllt und auf einen Stuhl gestellt. Ich mußte mich nackt ausziehen und zur Schüssel stellen. Sie hat mit der Taschenlampe auf die Schüssel geleuchtet, um den Floh ins Wasser zu locken.

Ich habe zwar keinen Floh gesehen, aber nach ein paar Minuten habe ich frische Kleider angezogen, und der Spuk war vorbei. Trotzdem bin ich immer wieder zu der Frau gegangen, weil sie so herrliche Geschichten erzählen konnte und so schöne Blumen anfertigte.

Nudelschüssel?

Da war eine Familie, die hatte eine winzig kleine Wohnung gefunden, aber viel zu wenig Schüsseln, Töpfe und anderen Hausrat, den man zum Kochen brauchte.

Als ich ihre Tochter zum Spielen abholen wollte, mußte ich warten, weil sie noch nicht zu Mittag gegessen hatten. Der Vater badete gerade seine Füße in einer Emailleschüssel, und auf dem Herd stand ein Topf mit heißem Wasser. Da sagte die Mutter des Mädchens: „Franz, das Wasser ist schon lange heiß. Eil dich mit der Fußwäsche, ich brauche dringend die Schüssel, um den Nudelteig zu machen!“

Mir stand vor Schreck der Mund offen. Zum Glück hatte unsere Mutter uns immer wieder eingebleut, daß wir den Mund halten sollten, wenn wir etwas Komisches gesehen hätten. Daheim, wenn wir alleine wären, könnte man immer noch darüber sprechen. Als der Mann seine Füße abgetrocknet hatte, hat seine Frau schnell die Schüssel ausgespült und den Nudelteig gemacht, und alles ging ihr flott von der Hand. Meine Freundin lud mich zum Essen ein, aber ich lehnte dankend ab, weil wir schon gegessen hatten.

Droht en dät se verkaafe. Weje den Dejern, weje de schiene Blomme en weje der Fraa, dej su lejb woar, sei aich immer werrer dohiegegoange en hu stonneloang zougeguckt en aach sebst mol prowiert, su schiene Blomme ze mache.

En wej aich mol hoamkoom, do mußt aich maich als en als kratze, su hots üwwerall om Körper gejuckt. En mei Modder saat, doares en Fluh wär. Do hot se e bloank Emalljeschüssel mit Wasser gefüllt en offn Stouhl gestellt. En aich mußt maich splitternackich ausdou en zou de Schüssel stelle. Se hot mit de Dascheloamp off dej Schüssel geleucht, im de Fluh ens Wasser ze locke. Aich hu zwar koan Fluh net em Wasser geseh, owwer nooch e poar Minute hu aich frische Klaarer ogedo, en de Fluh woar weg. Trotzdem sei aich immer werrer zou der Fraa gegoange, weil se su schie verzähle konnt en debei dej schienste Blomme hikrooch.

Nudelschüssel?

Do woar e Familje, dej hat e winzich Wohnung gefonne, owwer vill ze wink Schüssel, Dippe en su Sache, dej mer zoum Koche en fürn Haushalt braucht. En wej aich do e Maadche zoum Spille oabholle wollt, mußt aich woarte, weil se noch net gegesse harre. De Voadder dät sich en er Emalljeschüssel dej Feuß wäsche, en offm Herd stoann en Krobbe mit haaß Wasser. Do saat dej Modder vo dem Maadche: „Froanz, des Wasser es schu loang haaß. Eil dich mirm Feußwäsche, aich brauch dringend dej Schüssel, im de Nudeldaig ze mache!"

Mir stoann vier Schreck de Mund off. Zoum Glück hot us Modder immer werrer gesaat, doaß mir de Mund haale sollte, wemmer woas Komisches geseh harre. Dehoam, wemmer eloa wärn, könnt mer doann dodrüwwer schwätze.

Wej de Moann sei Feuß oabgetrickelt hatt, hot sei Fraa groad dej Schüssel ausgespeult en de Nudeldaig gemoacht, en alles ging er schnell vo de Hoand. Mei Freundin hot maich zoum Esse engeloare, owwer aich hu gesaat, doaß mir schu gegesse härre. Aach dehoam hu aich loang koa Nudeln mieh gewollt, obwohl se doch su gout schmoache ... immer mußt aich o dej Schüssel denke: Wäschschüssel? Nudelschüssel?

Wu es dej Lewensmittelkoart?

En de oarm Zeit woarn dej Lewensmittel ogg knapp. Domit net ze vill Leu verhungern däre, goabs Lewensmittelkoarte, dej ville kloane Oabschnittcher

Auch zu Hause habe ich lange keine Nudeln mehr gewollt, obwohl ich sie doch so gerne aß ... immer mußte ich an die Schüssel denken: Waschschüssel? Nudelschüssel?

Wo ist die Lebensmittelkarte?

In der Nachkriegszeit waren Lebensmittel sehr knapp. Damit nicht zu viele Leute verhungern würden, gab es Lebensmittelkarten, die viele kleine Abschnittchen hatten, wo draufstand, was man dafür bekommen konnte. Natürlich mußte man auch dafür bezahlen, aber ohne Karte gab es überhaupt nichts.

Mit diesen Karten ging man in ein Geschäft und fragte, ob dieses oder jenes vorrätig wäre. Der Kaufmann riß dann den entsprechenden Abschnitt ab, kassierte das Geld und gab die Karte zusammen mit dem Eingekauften wieder zurück, und man hob sie sorgfältig auf.

Einmal sollte ich auf dem Schulweg einkaufen. Aber als die Mutter mir die Karte geben wollte, war sie nicht am üblichen Platz. Sie hat überall verzweifelt gesucht und sie nicht gefunden.

Wie hat sie gejammert aus Angst, daß wir jetzt hungern müßten. Da fiel ihr ein, daß eben eine Frau dagewesen war, die sehr klagte aus Sorge um ihre Kinder, weil sie nichts mehr zu essen im Hause hatten. Ob sie die Karte mitgenommen hatte?

Wie sehr hat unsere Mutter mit sich gekämpft. Schließlich sagte sie, daß ihre eigenen Kinder ihr wichtiger wären als die anderer Leute. Deshalb ist sie zu der Frau gegangen und hat mit Herzklopfen nach ihrer Karte gefragt.

Da weinte die Frau und hat sich entschuldigt wegen ihrer Not. Sie hat die Karte zurückgegeben, unsere Mutter hat auch geweint und gestanden, daß sie zwar Mitleid hätte, aber ihre eigenen Kinder doch auch Hunger hätten.

Dann gab sie der Frau, die kein Vieh hatte, eine große Kanne voll Ziegenmilch, hat dafür die Karte entgegengenommen ... und so war schließlich jedem irgendwie doch noch geholfen.

Beinahe selbst Flüchtlinge

Unser Vater war als Beamter für die Kriegszeit zu einer Militärverwaltung versetzt worden. Und weil Eger so weit weg war von Aßlar, da wollte er seine Familie nachholen. Er hatte unsere Mutter mit dem Motorrad abgeholt, sie haben sich eine Wohnung angeschaut und gleich alles für den harre, wu droff stoann, woas mer kreje konnt. Nadierlich mußt mer aach dofür bezoahle, owwer ohne Koart goabs üwwerhapt naut. Mit dene Koarte ging mer doann ene Geschäft en frecht, ob doas owwer doas do wär. Dej Kaafmoannsfraa riß doann de entsprechende Oabschnitt oab, dät des Geld kassiern en goab dej Koart soamt dem Engekaafsel werrer zerück, un mer dät se gout offbewoahrn.

Bal emol sollt aich offm Schulweg enkaafe. Owwer als us Modder mir dej Koart gewwe wollt, do woar sche net om übliche Platz. Se hot üwwerall verzweifelt gesucht en se net gefonne. Woas hot se gejoomert vier Ingst, doaß mer jetzt verhungern müßte. Do fejl er en, doaß ewwe e Fraa dogewest woar, dej aach ogg gejoomert hat vier Sorje im ihre Kenn, weil se naut mieh ze esse harre. Ob dej die Koart mitgenomme hatt?

Wej hot us Modder mit sich gekämpft. Schließlich saat se, doaß ihr dej ajene Kenn wichticher wärn als dej Kenn vo oannern Leu. Un es zou der Fraa gegoange en hot mit Herzkloppe nooch ihrer Koart gefrecht. Do hot dej Fraa geheult en sich entschuldicht weje ihrer Nut. Un hot dej Koart zerückgegewwe. Un us Modder hot aach geheult en gesaat, doaß se Mitleid hätt, owwer ihre Kenn doch aach Hunger härre. Do hot se der Fraa, dej koa Vejh net hatt, e gruß Koann voll Gaaßemilch geschenkt, hot dofür dej Koart mitgenomme, en aich konnt enkaafe. Su woar schließlich doch noch jedem irgendwej geholfe.

Beinah sebst Flüchtlinge

Auf dem Weg nach Eger.

Us Voadder woar als Beoamte für die Kriechszeit o e Militärverwaltung versetzt woarn. En weil Eger su weit eweg woar vo Aßler, do wollte sei Familje aach dohie holle. E hot us Modder mirm Motorroad oabgehollt, en se hu sich e Wohnung ogeguckt en gleich alles gerejelt für de Imzuch. Zoum Glück koom als woas dezwische, en es dät sich loang erauszeje. En wejs endlich suweit woar, saat us Voadder hoamlich zour Modder, doares niemoand hörrn konnt (weile sonst als Verräter erschosse woarn wär), doaß de Kriech verlorn wär un es e gruß Flüchtlingswell noochm Weste gewwe könnt.

Umzug geregelt. Zum Glück kam immer wieder was dazwischen, und der Umzug wurde ständig verschoben. Und als es endlich soweit war, meinte der Vater so vorsichtig, daß es niemand hören konnte (weil er sonst als Verräter erschossen worden wäre), daß der Krieg verloren wäre und es eine große Flüchtlingswelle zum Westen hin gäbe.

Es dauerte gar nicht lange, da trat ein, was der Vater prophezeit hatte. Welch ein Glück, daß wir in Aßlar geblieben waren. Wir hätten nämlich, wie die anderen Flüchtlinge, die neue Wohnung verloren, hätten Möbel und alles andere zurücklassen müssen und, wie es das Unglück wollte, vielleicht auch noch unser Leben auf der Flucht verloren.

En es dauert aach goarnet loang, do woarsch su weit. Woare Glück, doaß mer dehoam en Aßler gebliwwe woarn. Mir härre nämlich, wej dej oannern Flüchtlinge, die neu Wohnung verlorn, härre dej Möwel en alles zerücklorre murre en, wejs des Uglück wollt, vielleicht aach noch us Lewe off de Flucht verlorn.

Feiern im Jahresrhythmus

So viel Abwechslung wie heute gab es früher nicht im Dorf, wohl aber eine Reihe von immer wiederkehrenden Feiern.

Konfirmationen

Früher wurde am Palmsonntag Konfirmation gefeiert, und eine Woche vorher waren die Prüfungen, wo die Konfirmanden nachweisen mußten, was sie in den Vorbereitungsstunden gelernt hatten.

Zu den Konfirmationen gingen die Buben in schwarzen Anzügen mit weißen Hemden und die Mädchen mit ihren schwarzen Kleidern hinter dem Pfarrer her in die übervolle Kirche. Die Konfirmanden saßen in den vordersten Bänken, und es wurde erstmal ein normaler Gottesdienst abgehalten. Danach stellten sich die Kinder um den Altar herum auf, wurden eingesegnet und erlebten ihr erstes Abendmahl. Anschließend wurde zu Hause mit der ganzen Verwandtschaft und den Nachbarn gefeiert.

Damit man auch in den schlechten Jahren genug zu Essen hatte für die Feier, brachten Verwandte, Nachbarn und Freunde ein paar Tage vor der Konfirmation Zucker, Margarine, Kaffee, Eier, Mehl, Eingekochtes für die Obstböden und noch andere Backzutaten und kamen zum Feiern.

Unser Pfarrer besuchte jeden der Konfirmanden zu Hause. Wir zum Beispiel waren immerhin neun frisch in die Kirchengemeinde Aufgenommene, und überall mußte er ein Stück Kuchen essen und Kaffee trinken. Wir haben uns gewundert, wie er so viel Kuchen und Kaffee vertrug.

Ludwigs Konfirmation

Zwei Tage, bevor Ludwig konfirmiert werden sollte, ist unser Haus in Aßlar bombardiert worden. Alle Scheiben waren zerbrochen und unsere Mutter hatte Decken vor die Fenster gehängt, damit es nicht zu sehr zog. Sie hat Kuchen gebacken von den wenigen Backzutaten, die sie auftreiben konnte, alles für die Konfirmation vorbereitet und gleichzeitig das Nötigste gepackt, damit wir bald nach der Feier zu den Großeltern aufs Land konnten.

Die Konfirmation war morgens ganz früh, um halb sieben, weil bisher um diese Zeit noch keine Fliegerangriffe waren. Als der Pfarrer mit der Einsegnung und dem Abendmahl gerade fertig war, gabs auch schon Alarm

Dofflewe en de Joahreszeire

Su vill Oabwechslung als wej heut, goabs freuher net em Doff, owwer trotzdem woard vill en gern gefeiert.

Konfirmatione

Freuher woarde om Palmsonndoach Konfirmatione gefeiert, ene Woch vierher woarn dej Prüfungen, wu dej Konfirmoande zeiche mußte, woas se en de Vierbereitungszeit gelernt harre.

Zou de Konfirmation ginge dej Buwwe mit ihre schwoarze Ozig un de weiße Himber, en dej Maarercher mit ihre schwoarze Klaarer hinnerm Parre her en dej gerappeltvoll Kirch. Dej Konformoande sasse en de verderschte Bank, en es goab erscht mol en normale Gottesdienst. Doann stellte sich dej Konfirmoande im de Aldoar erim off, woarde engesechnet en krooche ihr erscht Abendmahl. En donooch woard dehoam mit de Verwoandtschaft en Nochbern gefeiert.

Domit doaß mer en de schlecht Zeit aach genung für dej Feier ze esse hatt, brooche Verwoandte, Nochbern en Freunde e poar Doach vier de Konfirmation Zucker, Magrinebodder, Kaffie, Ajer, Mehl, Engekochtes für Obstburre en noch oannern Backzoudoare, en koome noochher off dej Kaffiefeier. Us Parre koom en jed Haus zou de Konfirmoande, es woarn immerhie oacht frisch en die Kirchegemoa Offgenommene, en mußt üwwerall e Stückche Kuche esse en Kaffie trinke. En mir hu us gewonnert, weje su vill verdroah konnt.

Ludwichs Konfirmation

Zwaa Doach, bevier de Ludwich konfirmiert wern sollt, do es us Haus en Aßler vo Bombe gedroffe woarn, en alle Scheiwe woarn gebott, en us Modder hatt Decke vier die Fenstern gehängt, domit doares net su zeje sollt. Se hot Kuche gebacke vo dene oarmseliche Backzoudoare, dej se ergattert hatt, alles für die Konfirmation vierberat en gleichzeirich des Nierichste gepackt, domit doaß mir groad nooch de Feier zou de Großellern offs Loand konnte.

Dej Konfirmation woar mojens goanz freuh, im halb siwwe, weil im dej Zeit sonst noch koa Fliecherogriff woarn. En wej de Parre groad mit de Ensechnung enem Abendmahl fertich woar, do goabs aach schu Aloarm, und alle Leute sind so, wie sie angezogen waren, in wilder Panik zum Bunker gerannt. Als es Entwarnung gab, kam ein Lastauto, das Möbel für eine Nachbarsfrau aufs Land bringen sollte. Und weil das in der Nähe unserer Großeltern war, sind wir nur mit Handgepäck mitgefahren. Unsere Mutter und wir Mädchen haben uns noch in die Lastwagenkabine gequetscht, unsere Buben haben sich hinten auf die Möbel gesetzt und sollten klopfen, wenn wieder Flieger kämen, weil man das in dem lauten Führerhaus nicht hören konnte. Da kamen auch schon wieder Tiefflieger an. Wir sind alle aus dem Auto heraus mitten in die Hecken am Straßengraben geflüchtet. Aber ich glaube, wenn diese den LKW bombardiert hätten, wären wir alle auch im Gebüsch verloren gewesen.

Die Bomber hatten es „nur" auf die nahe Eisenbahnbrücke abgesehen, und wir hatten Glück und sind verängstigt, aber wohlbehalten bei den Großeltern angekommen.

Den Konfirmationskuchen haben wir vor lauter Aufregung in Aßlar zurückgelassen. Damit er nicht umkam, hat ihn eine Tante an zurückkehrende Soldaten verteilt, die es gar nicht glauben konnten, daß sie im Durcheinander der letzten Kriegstage 1945 solche Delikatessen bekamen.

Das Konfirmandenkleid

Wenn heute Konfirmationen gefeiert werden, bekommen die Buben neue Anzüge, die Mädchen neue Kleider, die durchaus nicht mehr tiefschwarz sein müssen.

Aber direkt nach dem Krieg gabs keinen Stoff zu kaufen und erst recht keine fertigen Kleider. Unsere Mutter war zwar Schneiderin, aber ohne Stoff konnte auch sie kein Kleid zaubern für meine Schwester, die Konfirmation hatte.

Da hat sie einen alten Anzug von Vater auseinandergetrennt und zunächst einmal kurze Hosen für die Buben aus dem rauhen Stoff genäht. Das Innenfutter des Anzugs - glänzender Taft - hat sie zurechtgeschnitten für ein Oberteil des Konfirmandenkleides. Sie fand im Nähschrank noch ein Restchen von mattem Futterstoff und hat mit diesen beiden Stoffrestchen solange herumprobiert, bis sie ein Kleid zusammenstoppeln konnte. Es war knapp genug und zum Glück war meine Schwester ein kleines, zierliches Mädchen.

Das Kleid hat wunderschön geglänzt wegen des Taftes, so daß man glauben konnte, es wäre was ganz besonders Kostbares. Allerdings mußte meine Schwester sehr aufpassen, daß sie sich vorsichtig bewegte und hinsetzte, en alle Leu sei su, wej se ogedo woarn, en willer Poanik zoum Bunker geroannt.

Wejs Entwarnung goab, do koom e Lastauto, doas Möwel für e Nochberschfraa offs Loand bringe sollt. En weil doas en de Näh vo use Großellern woar, sei mer mirm Hoandgepäck mitgefoahrn. Us Modder en mir Maarercher hu us noch en die Lastwoakabin enengequetscht, us Buwwe hu sich henne off die Möwel gesetzt en sollte kloppe, wenn werrer Fliecher käme, weil mer doas net en de laut Lastwoakabin hörrn konnt.

Do koome aach schu werrer Tieffliecher o. Mir sei all ausm Auto eraus mitte en dej Hecke om Schossegroawe. Aich glawe owwer, wenn dej de Lastwoa bombardiert härre, wärn mir trotzdem all getroffe woarn. Dej Bomber harres nur off dej Eisebohbrück oabgeseh, en mir harre Glück en sei verängsticht, owwer wohlbehaale bei de Großellern ogekomme.

De Konfirmationskuche hu mer vier laurer Offrejung en Aßler vergesse en stiehgelorre. Domit doare net imkoom, hot e Doande den Kuche o dej zerückmarschierende Soldoate verdaalt, dejs goarnet glawe konnte, doaß se em Dorchenoanner vo de letzte Kriechsdoache su Delikatesse krooche.

´S Konfirmoandeklaad

Wenn heut Konfirmatione gefeiert wern, doann kreje dej Buwwe neue Ozig, dej Maarercher neue Klaarer, dej goarnet mieh so schwoarz sei murre. Owwer direkt noochm Kriech goabs koan Stoff net ze kaafe en erscht recht koa fertiche Klaarer. Us Modder woar zwar Schneirerin, owwer ohne Stoff konnt se aach koa Klaad nähe für mei Schwester, dej Konfirmation hat.

Do hot se en aale Ozug vom Voadder ausenoannergetrennt en erscht mol dene Buwwe korze Hose vo dem rauhe Stoff genäht. Doas Innefourer vom Ozug - aus glänzerich Taft - hot se zerechtgeschnirre für e Owerdal vom Konfirmoandeklaad. Se fonn em Nähschroank noch e Restche vo mattem Fourerstoff en hot mit dene bare Stoffrestcher

Nähstube unserer Mutter (stehend).

Das „Restekleid".

damit die Nähte nicht ausrissen, weil der Taft nur ein Futterstoff und nicht so stabil ist wie richtiger Kleiderstoff.

Alle haben sich gewundert, wo unsere Mutter den wunderschönen Stoff für das tolle Kleid her hatte, und wie schön das blonde Mädchen im glänzend schwarzen Kleid aussah, auch wenn die schwarzen Schuhe ein wenig zu groß waren. Die hatten wir nämlich von einer Tante geliehen, und damit meine Schwester sie nicht verlieren konnte, mit Zeitungspapier ein wenig ausgestopft.

Wir haben das Geheimnis um das Kleid und die Schuhe nicht verraten. Unsere Mutter hatte in der Not noch mehr solche Wunder vollbracht, und auch meine Schwester und ich haben von ihr gelernt, aus jedem Fitzelchen was Schönes zu machen.

Meine Konfirmation

Bei meiner Konfirmation ging es schon nicht mehr so arm zu. Bevor wir konfirmiert wurden, mußten wir drei Jahre lang einmal in der Woche in die „Pfarrerstunde" gehen. Und ein halbes Jahr vor der Konfirmation sind wir sogar zweimal pro Woche ins Pfarrhaus gegangen. Das war ein altes, ehrwürdiges Haus, das gewiß schon viele Konfirmanden erlebt hatte und auch ein wenig danach aussah.

Wir mußten viele Hausaufgaben machen, Lieder und Bibelverse auswendig lernen, die der Pfarrer gründlich abfragte. Er erzählte immer, daß viele Soldaten und Kriegsgefangene froh waren, wenn sie sich in ihrer Not mit Bibelsprüchen und Kirchenliedern in dieser schweren Zeit selbst trösten konnten.

Am Sonntag vor der Konfirmation saßen wir Kinder dann um den Altar herum, der Pfarrer fragte ab, was wir gelernt hatten, weil wir der Gemeinde beweisen sollten, daß wir genug wußten, um in ihrem Kreis aufgenommen zu werden. An diesem Tag wurde anschließend nur mit der engsten Familie zu Hause gut gegessen, und zum Kaffee gab es feinen Kuchen.

Erst an der Konfirmation wurde richtig gefeiert mit Paten, Tanten und Onkeln, Verwandten und Nachbarn. Auch wenn diese vorher schon viele Backzutaten brachten, so bekam ich zur Konfirmation trotzdem noch Geschenke. Das waren Unterhosen und Unterhemden (in einem schrecklisuloang erimbrowiert, bis se des Klaad zesoomestoppeln konnt. Es woar knapp genung, un zoum Glück woar mei Schwester e kloa, zierlich Maadche. Des Klaad hot wonnerschie geglänzt weje dem Taft, doaß mer glawe konnt, es wär woas goanz besonnersch Kostboares. Allerdings mußt mei Schwester ogg offbasse, doaß se sich jo viersichtich bewecht en hisetzt, doamit doaß dej Näht net ausreiße däre, weil doch de Taft en de Fourerstoff net su stabil es wej richtiche Klaarerstoff.

Un alles hot sich gewonnert, wu us Modder den wonnerschiene Stoff für das wonnerschie Klaad herhatt, en wej berwarersch schie doas blond Maadche em glänzerich schwoarze Klaad aussoach, aach wenn dej schwoarze Schouh e bißche ogg gruß woarn. Dej haare mir nämlich vo er Doande geliehnt, en domit doaß mei Schwester se net verliern dät, mit Zeiringsbabeier e bißche ausgestoppt.

Mir hu doas Geheimnis mit dem Klaad en dene Schouh net verroore. En us Modder hot en de Nut noch mieh su Wonner higekritt, en aach mei Schwester en aich hu vo er gelernt, aus jedem Fitzelche woas Schienes ze mache.

Mei Konfirmation

Inzwische woarn mir sebst offs Loand gezooche, en bei meiner Konfirmation gings schu naut mieh su oarm zou. Bevier mir konfirmiert wern konnte, mußte mir drei Joahr loang oamol en de Woch en die „Parrestonn" gieh. Ene halb Joahr vier de Konfirmation sei mer segoar zwaamol en de Woch ens Parrhaus gegoange. Doas woar e aalt, ehrwürdich Haus, doas gewiß schu ville Konfirmoande geseh hat, en aach su e bißche donooch aussoach.

Mir krooche vill Hausoffgoawe off, mußte Lieder en Bibelversch´cher auswennich lerne, dej de Parre gründlich oabfreje dät. E verzählt immer, doaß ville Soldoate en Kriechsgefoangene fruh woarn, doaß se sich en de Nut mit Biwelsprüch en Kirchelieder üwwer dej schwer Zeit ewegtröste konnte.

Em Sonndoach vier de Konfirmation saße mir Kenn doann im de Aldoar erim, en de Parre dät oabfreje, woas mir gelernt harre, weil mir de Gemoa beweise sollte, doaß mir genung wußte, im en dem Kirchekreis offgenomme ze wern. O dem Doach woard oschließend dehoam nur mit de Familje fei gegesse, en zoum Kaffie goabs goure Kuche. Erscht o de Konfirmation woard richtich gefeiert mit de Petter en Gede, Doande en Unkel, Verwoandte en Nochbern.

chen bonbonrosé und viiiiel zu groß!). Und Nachthemden (wo ich doch Schlafanzüge bevorzugte). Es gab Taschentücher, aufwendig umhäkelt und manchmal mit eingesticktem Namen. Und schon einige Dinge für die Aussteuer. Manche Gäste drückten mir auch einen Umschlag mit Geld in die Hand. Dieses Geld verwendete die Mutter zur Bezahlung der Feier. Und von dem, was ich behalten durfte, habe ich mir ein Gästebuch gekauft, das ich heute noch besitze und wie einen kostbaren Schatz voller Erinnerungen hüte.

Nach der Konfirmation mußten wir noch ein Jahr in die Christenlehre gehen, und es wurde aufgeschrieben, ob wir auch wirklich in der Kirche waren. In der Stadt dagegen gab es nur ein halbes Jahr Konfirmandenunterricht. Und ich habe am Gymnasium eigentlich keinen Unterschied gemerkt, ob man nun so viele Jahre gehen und so viel lernen mußte wie ich, oder nur ein halbes Jahr: wir waren in dem Alter alle miteinander übermütige Teenager, da konnten auch die vielen „Pfarrerstunden“ nichts dran ändern.

Ostern

Die erste richtige Feier im Jahr war das Osterfest. Schon viele Wochen vorher wurden alte Kleider umgeändert, so daß sie wie neu aussahen. Und das „neue“ Osterkleid wurde in der Kirche getragen, auch wenn es kalt und regnerisch war. Die neugestrickten weißen Kniestrümpfe wurden angezogen, selbst wenn Schnee lag. Die Buben zogen ihre kurzen Hosen an und Kniestrümpfe, als ob Sommer wäre, und unsere Mutter konnte es nicht verhindern.

Kurz vor Ostern wurden alle Zimmer gründlich geputzt, die Vorhänge gewaschen und das Haus nach monatelanger schmutziger Ofenheizung gründlich durchgelüftet, damit der stickige Winter ausgetrieben wurde und das frisch duftende Frühjahr Einzug halten konnte.

Am Karfreitag gab es nach dem Kirchgang Fisch mit Kartoffeln und Gemüse aus dem eigenen Garten, weil man nicht wie heute zu dieser Jahreszeit etliche Sorten Salat kaufen konnte.

Am Ostersamstag wurden die Ostereier gefärbt. Wenn die Eier zusammen mit Zwiebelschalen gekocht wurden, waren sie braun. Je mehr Zwiebelschalen man zum Färben verwendete, um so dunkler wurden die Eier. Und wenn man ein Stoffstückchen um die Eier wickelte und mit einem Zwirnsfaden befestigte, dann hatten die Eier ein Stoffmuster. Wer Geduld hatte, legte auf Stoffrestchen ein wenig Moos, kleine Blättchen Löwenzahn, Bren-

Aach wenn se schu vierher Backzoudoare gebroocht harre, su brooche se zour Konfirmation trotzdem noch Geschenke mit. Se goawwe mir Innerhose en Innerhimber (en em schreckliche rosa en vill ze gruß). En Noachthimber (wu aich doch nur Schlofozig odät), en Daschedücher, fei imhäkelt en moanchmol mirm engestickte Noome. En schu e poar Sache für e Aussteuer. Moanche Gäste drückte mir aach en Imschloag mit Geld en dej Hoand. Doas Geld krooch die Modder, domit doaß se dej Feier bezoahle konnt. En vo dem, woar aich behaale dofft, hu aich mer e Gästebuch gekaaft, doar aich heut noch hu en doas en richtiche Schatz es mit all seine Erinnerunge dodren.

En nooch de Konfirmation mußte mer noch e goanz Joahr en dej Christenlehre gieh, ens woard offgeschriwwe, ob mer aach wirklich en de Kirch woar.

En de Stoadt goabs nur e halb Joahr Konfirmoandeonnerricht. Aich hu em Gimnasium eigentlich koan Unnerschied gemerkt, ob mer su ville Joahrn gieh en vill lerne mußte als wej aich, owwer nur e halb Joahr: mir woarn en dem Alter allminoanner Läuskenn, do hu aach dej ville Parrestonn naut dro geännert.

Ustern

Dej erscht richtich gruß Feier em Joahr woar des Usterfest. Schu Woche vierher woarde aale Klaarer imgeännert, su doaß se wej neu aussoache. En doas „neu" Usterklaad woard für en die Kirch ogedo, aach wenns noch kaalt en rejenerisch woar. En dej neugestrickte weiße Knejstrümp woarde ogedo, aach wenn Schnej loag. En dej Buwwe däre korze Hose en Knejstrümp o, als wej wenn Sommer wär, en us Modder konnts net verhinnern. Korz vier Ustern woarde alle Stowwe gründlich gebotzt, dej Vierhäng gewäsche, en des Haus nooch de monateloange dreckich Oweheizung gründlich dorchgelüft, domit doaß de stickich Wenter ausgetriwwe woard en des frische, duftiche Freuhjoahr ens Haus enzeje konnt.

O Koarfreidoag goabs nooch dem Kirchgoang Fisch mit Gedoffel en Gemeus ausm aje Goarde, weil mer net wej heut dej ville Sorte Seload im dej Joahreszeit kaafe konnt.

Om Ustersoamsdoag woarde dej Usterajer gefärbt. Wenn dej Ajer zesoome mit Zwiwwelschoale gekocht wern, doann wern se brou. Je mieh Zwiwwelschoale mer zoum Färwe nohm, im su dunkler woarde dej Ajer. En wemmer e Düchelche drimgewickelt en mirm Zwirnsfoarre festgebonne hat, doann krooche dej Ajer e Stoffmoster. En wer Gedold hatt, der legt off nesseln oder Gänseblümchen, was man so um Ostern schon draußen fand, wickelte alles vorsichtig um das Ei und kochte es im Zwiebelwasser. So kamen feinste Muster auf die braunen Eier.

Wer ein bißchen Geschick hatte, hat mit einem Seifestück Namen auf das Ei geschrieben oder etwas draufgemalt, und das Ei dann in Zwiebelschalen gekocht. Wo die Seife war, ist es heller geblieben, und von dem bißchen Seife war nichts zu schmecken, wenn das Ei beim Kochen ganz blieb.

Dann haben wir Moos gesucht und Osternestchen gebaut. Damit wir auch richtig suchen mußten, hat jeder für ein anderes Familienmitglied ganz heimlich ein Nest hinter Büschen und Hecken versteckt, und nur die Eltern wußten, wo alle Nester waren. Sie sind am Ostersonntag in aller Frühe aufgestanden, haben die Eier versteckt und ein Namensschildchen dazugelegt, damit jeder auch wirklich nur sein Nest suchen und finden sollte.

Ich hatte mir immer wieder vorgenommen, ganz früh wach zu werden, um meine Eier besonders schnell zu finden. Aber ich habe die „Osterhasen" nie beim Verstecken erwischt.

Wenn wir Kinder wach waren, sind wir mit Nachthemd oder Schlafanzug hinausgelaufen und hatten nur Pantoffeln an den Füßen. Außer den Eiern fand man nichts anderes im Nest, weil es nur sehr wenig Süßigkeiten überhaupt gab, die aber teuer waren und die wir uns nicht leisten konnten.

Trotzdem hatten wir unseren Spaß am Färben, Moossammeln, Nestbau und der Sucherei.

Osterwiese

Nach dem Osterkirchgang sind wir wie die anderen Dorfkinder zur Osterwiese gegangen, wo wir die Eier um die Wette möglichst weit geworfen haben. Die zerbrochenen Eier hat man dann gegessen, auch wenn manchmal Grashalme dranhingen.

Wir haben unsere Eier mit denen der anderen Kinder aneinandergedrückt. Wessen Ei ganz blieb, der bekam von dem anderen Kind ein ebenfalls ganzes Ei.

Ich hatte ein Wunderei, das überhaupt nicht kaputt ging. Alle Kinder kamen angelaufen und wollten auch mal gegendrücken, und das Ei ging und ging nicht kaputt.

Wir konnten es nicht glauben ... obwohl ... der Karl hatte schon zu Hause gesagt, daß es ein ganz besonderes Ei wäre, wie ihm der Osterhase verraten hätte, an den ich damals trotz der selbstgefärbten Eier noch glaubte.

des Stoffstückelche e bißche Moos, e kloa Blittche vom Löwezoahn, Brennessel owwer Gänseblümcher, woas mer su im Ustern drauße fonn, dät alles viersichtich ims Aj wickeln en doann em Zwiwwelwasser koche. Su koome feinste Verziercher off dej broune Ajer.

En wer e bißche Geschick hat, der hot mirm Soafestück en Noome offs Aj geschriwwe owwer ebbes droffgemolt, en doas Aj doann em Zwiwwelwasser gekocht. Wu dej Soaf woar, do eres heller brou woarn, en vo dem bißche Soaf hot mer naut geschmeckt, wenn dej Ajer beim Koche goanz bliwwe.

Doann hu mer Moos gesucht en Usternestcher gebaut. Domit doaß mer aach richtich suche mußt, hot jeder für e oanner Familjemitglied goanz hoamlich e Nestche hinner Büsch en Hecke verstickelt, en nur die Ellern wußte, wu alle Nester woarn. Dej sei om Ustersonndoach en aller Freuh enausgegoange, hu dej Ajer en de Nester verstickelt en e Noomensschildche debeigedo, domit doaß jeder nur sei Nest suche en fenne sollt. Aich hu mer immer viergenomme, goanz freuh wach se wern, im mei Ajer schnell ze fenne. Owwer aich hu den „Usterhoas“ nie beim Verstickeln erwischt.

Osternest

Wemmir Kenn wach woarde, sei mer em Noachthimb owwer Schlofozug enausgelaafe en harre nur Schlappe o de Feuß. Außer dene Ajer goabs domols naut oannerschter em Nest, weils nur wink Seußichkeire üwwerhapt goab, dej owwer ogg deuer woarn, en dej mir sich domols net leiste konnte. Owwer mir harre aach su usen Spaß beim Färwe, Moossoomeln, Nesterbau en de Sucherei.

Usterwiss

Nooch dem Usterkirchgoang sei mer wej dej oannern Doffkenn off dej Usterwiss gegoange, wu mer dej Ajer im die Wett möchlichst weit gewoffe hot. Dej gebotte Ajer hot mer doann gegesse, aach wenn moanchmol Groashalme en su drohinge. En mir hu us Ajer mit dene vo oannern Kenn gedetscht. Wem sei Aj debei net gebott ging, der krooch vom oannern Kend e goanz Aj.

Aich hatt e Wonneraj, doas üwwerhapt net gebott ging, en alle Kenn koome ogelaafe en wollte mol detsche, en doas Aj ging en ging net gebott. Mir konntes net gläwe, obwohl ... de Kall hatt schu dehoam gesaat, doares e

Die anderen Kinder aßen ihre zerbrochenen Eier und auch ich wollte mein Ei verzehren. Als ich das Wunderei an eine Mauer drückte, ist eine Ecke abgeplatzt und es war gar kein richtiges Osterei, sondern ein Gipsei, wie man es manchmal glucksigen Hühnern unterlegt ...

Alle Kinder haben mich ausgelacht, und ich mußte alle gewonnenen Eier wieder zurückgeben. Da habe ich voller Wut dem Karl das harte Ei an den Kopf geworfen, daß er eine Beule davon bekam.

Das Osterkleid

Unsere Mutter hatte mir mal ein besonders schönes Osterkleid genäht aus fast durchsichtigem Vorhangstoff und es mit lauter bunten Blümchen bestickt. Ich war sehr stolz auf mein schönes Kleid und zog es gleich am nächsten Sonntag zum Kirchgang an.

Nach der Kirche hatte ich mich hinter dem Zaunpfosten versteckt, bis alle Leute und auch der Pfarrer weg waren. Ich hatte nämlich gerade vor Messerschmidts Haus eine große Maschine gesehen und wollte mir die mal genau ansehen, was sicher verboten war.

Überall hatte die Maschine glänzend schwarze Flecken und stank, und sie hatte richtige Treppenstufen. Da bin ich hinaufgegangen, habe mal alle Hebel und Knöpfe probiert und dabei genau aufgepaßt, daß mein Kleid nirgends hängenblieb. Und ich habe nicht herausgefunden, was das für eine komische Maschine war.

Meine Mutter hat das merkwürdigerweise gleich gewußt, obwohl sie die Maschine überhaupt nicht gesehen hatte und hat geheult und gejammert: „Das schöne Kleid! Tagelang habe ich daran gestickt und mir dabei die Finger verstochen! Alles voller Teerflecken, die nicht mehr weggehen!"

Da habe ich mich sehr geschämt, daß ich schon wieder ein Kleid verklekkert hatte, wo ich doch versprochen habe, diesmal ganz bestimmt sauber zu bleiben, aber ich weiß selbst nicht, wie das jedesmal passierte. Ich habe nichts gemacht, nur ein bißchen geschaut und glaubte nicht, daß man davon schmutzig wird.

Erster Mai

Am ersten Mai waren ganze Völkerscharen unterwegs. Hier in der Gegend waren Greifenstein und die Dianaburg mitten im Wald das Ziel der Wanderer, die schöne Frühjahrs- und Wanderlieder dabei sangen.

Die Bauern kamen mit ihren Kaltblütern angeritten oder in der Kutsche besonner Aj wär, doas härrem de Usterhoas verroore, o den aich jo domols trotz de sebstgeärbte Ajer noch geglabt hu. Dej oannern Kenn asse ihre gebotte Usterajer, en aich wollt mei Aj endlich aach esse. En wej aich des Wonneraj o e Mauer gedetscht hat, do ere Eck oabgeplatzt ... en es woar goar koa richtich Usteraj aus Aj, sonnern e Gipsaj, woas mer de glucksiche Hinkel innerlegt !

En alle Kenn hu maich ausgelacht, en aich mußt alle gewonnene Ajer werrer zerückgewwe. Do hu aich voller Wut dem Kall doas Wonneraj o de Kopp geschmisse, doare e Beul krooch.

Des Usterklaad

Mei Modder hat mer mol e besonnersch schie Usterklaad genäht aus fast dorchsichtich Vierhoangstoff, en bestickt hat ses aach mit laurer bondiche Blümmercher, en aich woar ogg stolz off mei schie Klaad en däts gleich om nächste Sonndoag en die Kirch o. Nooch de Kirch hu aich maich hinnerm Zaunposte verstickelt, bis alle Leu en aach de Parre weg woarn.

Aich hat nämlich groad vier Meschmitts Haus e gruß Maschin geseh en wollt dej mol genaa ogucke, obwohls doch verboarre woar. Üwwerall hatt dej Maschin glänzerich schwoarze Flecke en dät komisch stinke, en se hat richtiche Treppestufe. Do sei aich enoffgeklerrert, hu mol o alle Hewel en Knöpp prowiert en hu als debei offgebaßt, doaß mei Klaad nirgends hängeblib, en hu net gewußt, woas doas für e Maschin woar.

Mei Modder hat doas komischerweise gleich gewußt, obwohl se dej Maschin üwwerhapt net geseh hatt, en hot geheult en gejoomert: „Doas schie Klaad! Doacheloang hu aich dodro gestickt en mir debei die Finger verstoche! Alles voller Teerflecke, dej naut mieh raus gieh!“ Do hu aich maich ogg geschoamt, doar aich schu werrer a Klaad verkleckert hatt, wu aich doch versproche hatt, desmol goanz bestimmt sauwer ze bleiwe un en koan Kouhstall net ze gieh.

Aich wollt jo aach sauwer bleiwe, owwer aich waaß sebst net, wej doas jedesmol koom. Aich hu naut gemoacht, nur e bißche geguckt en glabt net, doaß mer dovo dreckich wird.

Dianaburg, romantischer Aussichtsturm im Wald.

De erschte Mai

Om erschte Mai goabs goanze Völkerwoanderunge. Hej en de Gejend woar Greibstoa en dej Dioanaburg gefahren, es gab einen Maitanz in einer Blockhütte bei der Dianaburg, und alle Leute hatten sich, die Kutsche, Pferde und Fahrräder mit Maigrün prächtig herausgebracht. Das Maigrün waren meist frischausgetriebene Buchenäste ... und damit wurde die schöne Jahreszeit eingeläutet.

Maikundgebungen mit Politikerreden habe ich auf dem Land nicht erlebt. Ich glaube, da wäre auch niemand hingegangen.

Pfingsten

Um die Pfingstzeit wurde alle paar Jahre im Dorf zu einem Missionsfest eingeladen. Dann saß man im Pfarrgarten auf Bänken und hörte zu, wie fremde Pfarrer, oft sogar dunkelhäutige, von ihren Erlebnissen als Missionar in fremden Ländern erzählten. Dazu spielten Posaunenchöre, wir haben alle zusammen gesungen und gebetet, und es war sehr feierlich. Anschließend gab es Hefekuchen, die die Bauersfrauen gebacken hatten. Manchmal hatte man auch einen Gast zum Übernachten, und alles war überhaupt nicht langweilig, weil man dabei viele fremde Leute kennenlernte, die spannende Geschichten wußten.

Der Wanderzirkus

Auch in unser kleines Dorf verirrte sich ab und zu ein Wanderzirkus. Und für einige Tage mußten diese Kinder zu uns in die Schule gehen. Neben mir saß ein Mädchen, das in der Schulstunde viel von ihren Pferdchen erzählte, daß ich den Schulschluß kaum mehr abwarten konnte. Weil wir ständig geschwätzt hatten, gab mir der Lehrer mal wieder eine Strafarbeit auf, dem Mädchen aber nicht. Da hätte ich es beinahe verhauen, aber zum Glück fielen mir die Pferdchen wieder ein, und ich bin gleich nach der Schule mit ihm zum Festplatz bei der Wirtschaft gegangen.

Das Mädchen hatte wirklich nicht gelogen, sie hatten mindestens sechs goldige Shetlandponys mit dicken Wuschelhaaren, eines schöner als das andere. Da wollte ich gleich mal reiten wegen der Strafarbeit. Aber das Mädchen sagte, daß wir erst bei den Bauern Heu und Stroh erbetteln müßten, damit die Pferdchen was zu fressen hätten.

Da haben wir einen großen Korb genommen und sind zu all den Bauern gegangen, die ich gut kannte, und haben den Korb ein paarmal voll zum Zirkus bringen können. Als ich wieder vom Reiten anfing, sagte das Mädchen, daß die Pferdchen erstmal in Ruhe fressen müßten. Ich sollte am anderen Tag in der großen Pause kommen, dann dürfte ich endlich reiten mitte em Wald doas Ziel vo de Woanderer, dej schiene Freuhjoahrsch- en Woanderlieder gesunge hu. Dej Bauern koome mit de dicke Erwetsgäul ogerirre owwer en de Kutsch gefoahrn, es goab Maidoanz en er Blockhütt bei de Dioanaburg, en alle Leu harre sich, dej Kutsche, Gäul owwer aach Foahrrirrer mit Maigreu erausgebotzt. Dej greune Äst woarn meist frischausgetriwwene Bucheästcher. En domit woar dej schie Joahreszeit engeläut.

Maikundgewunge mit Politikerrede en su hu aich hej offm Loand nie erlebt. Aich glawe, do wär aach koaner higegoange.

Pingste

Im de Pingste erim woar oab en zou em Doff e Missionsfest. Do sasse mir all em Parrgoarde off Bänk en hörrte zou, wej fremde Parre, moanchmol segoar dunkelhäutiche, vo ihre Erlebnisse als Missionar en fremde Länder verzähle däre. En Posaunechöre däre spille en mir hu all zesoome mitgesunge en gebet, en es woar immer e schie Feier. Oschließend goabs goure Hewekuche, dej die Bauerschfraae gebacke harre. Moanchmol hatt mer aach en Gast zoum Üwwernoachte, en alles woar üwwerhapt net loangweilich, weil mer dobei vill fremde Leu kennegelernt hatt, dej spoannende Geschichte wußte.

De Woanderzirkus

Aach en us Doff dät sich oab en zou mol en Woanderzirkus verirrn. En dene ihre Kenn mußte für dej poar Doach bei us en die Schul gieh.

Newer mir saß e Maadche, doas en de Schulstonn als vo seine Gäulcher verzählt hot, doar aich de Schulschluß goarnet oabwoarte konnt, im se ze seh. Weil mir als geschwätzt harre, krooch aich e Strooferwet off, doas Maadche owwer net. Do härr aichs bal verhaache, owwer do fejle mir werrer dej Gäulcher en, un aich sei gleich nooch de Schul mirm zoum Festplatz gegoange. Doas Maadche hatt wirklich net gelooche, dej harre bestimmt sechs goldiche Schetloandponys mit dicke Wuschelhoorn, oans schiener als wej des oanner.

Wuscheliges Shetlandpony.

Do wollt aich gleich mol reire vo weje de Strooferwet. Owwer doas Maadche saat, doaß mer erscht bei de Bauern Struh en Haa betteln müßte, domit doaß dej Gäulcher und es würde mir auch noch eine Eintrittskarte für eine Vorstellung geben, wozu ich ja kein Geld hatte.

Ich hatte in der Nacht fast keine Auge zugemacht vor Freude, weil ich doch die Pferdchen so gern hatte (und heute noch habe). In der Schule saß ich wie auf Kohlen und bin in der großen Pause weggelaufen, obwohl das streng verboten war. Und hatte nicht bemerkt, daß kein Zirkuskind mehr in der Schule war! Als ich zum Festplatz kam, war alles fort! Keine Pferdchen, kein Mädchen, kein Zirkuszelt, und ich habe vor Wut geschrien und war so daneben, daß ich am anderen Tag nicht in die Schule konnte.

Der Lehrer hat das Schuleschwänzen aber nicht vergessen, und ich mußte als Strafarbeit hundertmal schreiben: „Ich darf den Schulhof nicht verlassen!"

Ich habe gar nicht so lange stillsitzen können (wo ich doch sowieso Nadeln im Hintern hatte, wie meine Mutter immer sagte), um das alles zu schreiben. Da haben mir die Geschwister geholfen. Aber der Lehrer hat das gemerkt und der Vater mußte zur Schule, um das alles wieder hinzubiegen. Und für das Betteln von Heu und Stroh gabs viel Schimpfe ... und das alles wegen eines verlogenen Zirkusmädchens!

Die Kirmes

Die Kirmes war immer ein besonderes Ereignis im Dorf und sicher auch für manche Hochzeiten und Kindtaufen verantwortlich.

Weil der kleine Saal in der Wirtschaft nicht reichte, wurde ein großes Festzelt aufgestellt und üppig mit Tannengrün und bunten Girlanden geschmückt. Auf dem Festplatz drehten sich Karussells mit lauter Musik, eine Schiffsschaukel war ständig in Betrieb und es war ein Kreischen und Lachen zwischen den Schieß- und Losbuden. Und es gab eine riesige Auswahl an Süßigkeiten, die ich für mein Leben gerne aß.

Kirmesspaß Kettenkarussell

Das Kirmesgeld, das ich bekam, habe ich mehrfach in den Händen herumgedreht, um zu überlegen, was ich mir dafür kaufen wollte. In einer Losbude standen die feinsten Sachen, die man gewinnen konnte. Da habe ich mir erst mal ein Los gekauft, weil ich glaubte, damit dürfte man unter all den Sachen auswählen. Und habe böse herumgeschrien, woas ze fresse härre. Do hu mer en gruße Korb genomme en sei zou all dene Bauern gegoange, dej aich gout koannt. En hu de Korb e poarmol voll zoum Zirkus bringe konne. En wej aich werrer vom Reire ofing, do saat doas Maadche, doaß dej Ponys alleweil en Rouh fresse müßte, en aich sollt om oannern Doag en de gruß Paus komme, doann döfft aich reire, en es gäb mer noch e Entrittskoart für e Vierstellung, wu aich koa Geld net für hatt.

Aich hu en de Noacht bal koa Aache zougedo vier Freud, wu aich doch dej Gäulcher su ogg gern hatt (en heut noch hu). En de Schul hu aich wej off Kohle gesesse en sei en de gruß Paus eweggelaafe, obwohl doas doch streng verboarre woar. En hat net gemerkt, doaß koa Zirkuskend mieh en de Schul woar.

En wej aich zoum Festplatz koom, do woar alles fort! Koa Maadche, koa Gäulche, koa Zirkuszelt mieh. Aich hu vier Wut en Enttäuschung gekrische en woar su denewer, doar aich om oannern Doag net en die Schul gieh konnt. De Liehrer hat doas Schulschwänze owwer net vergesse, en aich mußt als Strooferwet honnert mol schreiwe: „Ich darf den Schulhof nicht verlassen!“ Aich hu goarnet suloang stillsitze konne, wu aich doch immer Noole em Hennern hat, wej us Modder saat. Im doas alles ze schreiwe, do hu mer mei Geschwister geholfe. Owwer de Liehrer hats gemerkt, en de Voadder mußt en die Schul, im dej Sach werrer hizebije. En für doas Betteln vom Haa goabs dehoam ogg Geschollenes ... en doas alle weje dem verlochene Zirkusmaadche!

Dej Kirmes

Dej Kirmes woar immer e besonner Ereichnis em Doff en sicher aach für moanche Hochzeire en Kenndaafe veroantwortlich. Weil de kloane Soal en de Wirtschaft net reiche dät, do woard e gruß Zelt offgebaut en üppich mit Doannegreu en bondiche Girloande geschmückt. Offm Festplatz drehte sich Karussells mit ogg lauter Mussick, e Schiffsschaukel woar dauernd voll, enes woar e Gekrisch en Lache zwische de Schejß- en Lusbure. Es goab e riesich Auswoahl vo Seußichkeire, dej aich für mei Lewe gern aß. Doas Kirmesgeld, doar aich krooch, hu aich als en de Henn erimgedreht, im ze üwwerleje, woar aich mer dofür kaafe wollt.

En de Lusbud stoanne feine Sache, dej mer gewinne konnt. Do hu aich mer erscht mol e Lus gekaaft, weil aich glabt, domit döfft mer inner dene Sache auswähle. En hu bies erimgekrische, weil aich naut gewonne hatt en der Moann mir mei Geld net mieh zerückgewwe dät.

weil ich nichts gewonnen hatte und der Mann mir mein Geld nicht mehr zurückgeben wollte.

Für mein letztes Geld bin ich mit dem Kettenkarussell gefahren, und es ist mir schlecht geworden vor lauter wildem Drehen. Aber es war trotzdem schön, die Leute mal von oben zu sehen und herabzuwinken und von den anderen Kindern beneidet zu werden.

Als mein Geld alle war, kam eine Freundin und sagte, hinter dem Karussell wäre ein Mann, der Mädchen Geld schenken würde. Da bin ich auch mit hin, es waren schon viele Mädchen da und der Mann gab jedem fünf Pfennig, wo er ans Bein packen durfte. Er fing bei den Füßen an - 5 Pfennig -, dann packte er die Waden - 5 Pfennig -, dann das Knie, und gab wieder 5 Pfennig. Aber weiter durfte er bei mir nicht packen, weil mir plötzlich einfiel, was meine Mutter immer wieder sagte, nämlich daß es Männer gäbe, die Mädchen anfassen wollten und das sehr gefährlich wäre, weil sie dann manchmal die Mädchen umbringen würden.

Aber mit 15 Pfennigen hatte ich genug Geld für Süßigkeiten und noch eine Karussellfahrt und bin weggelaufen. Als ich wieder auf dem Karussell saß, kam meine Schwester und fragte, wo ich das Geld für das Karussell und die Tüte Bonbons her hätte, und ich habe ihr alles erzählt. Da sind wir nach Hause gegangen und für uns war die Kirmes vorbei.

Bei so einer Kirmes wurde viel getrunken und es gab manche Schlägerei, vor allem, wenn es um die Tanzerei und schöne Mädchen ging. Auch der Kirmesumzug am Sonntag war schön, weil sich die Leute alle so festlich kleideten. Manchmal wurde ein lebendes Schwein im Handwagen mitgefahren, das war dann der Kirmeswatz, der verlost oder versteigert wurde.

In späteren Jahren saß statt des Schweinchens ein junger Bursche im Handwagen oder gar einem Kinderwagen, und den nannte man auch den Kirmeswatz. Er war meist ein wenig angeheitert, schwenkte die Flasche und sagte lauter dummes Zeug, damit alle lachen mußten. Wenn alles vorbei war, haben wir Kinder uns um die Girlanden gezankt, haben die ergatterten Stücke in unserem Zimmer aufgehängt, noch tagelang an die Kirmes gedacht und uns auf das nächste Jahr gefreut.

Advents- und Weihnachtszeit

Zum 1. Advent hatte unsere Mutter bereits Plätzchen gebacken, ganz einfache Sorten, weil wir ja nicht so viele raffinierte Zutaten hatten wie heute. Trotzdem haben sie uns sehr gut geschmeckt.

Für mein letzte Grosche sei aich oamol mirm Kettekarussell gefoahrn, en es es mer schlecht woarn vier laurer Rondserimdrehe. Owwer schie woarsch doch, dej Leu mol vo owe ze seh en enoabzewinke en vo de oannern Kenn beneidt se wern.

En wej mei Geld all woar, do koom e Freundin en saat, hinnerm Karussell wär en Moann, der dät de Maarercher Geld gewwe. Do sei aich aach hie, en es woarn noch mieh Maarercher do, en der Moann goab jedem fünf Penning, wue es Boa opacke dofft. E fing bei de Feuß o - fünf Penning - , doann packte o dej Woare - fünf Penning- , doann os Knej, en goab werrer fünf Penning. Owwer weirer doffte bei mir net packe, weil, do fejl mer en, wej mei Modder immer en immer werrer saat, doares Männer gäb, dej die Maarercher opacke wollte, en doaß doas ogg gefährlich wär, weil dej moanchmol dej Maarercher imbringe däre.

Aich hatt aach mit foffzeh Penning genung Geld für Seußichkeire en noch aomol Karussellfoahrn en sei weggelaafe. En wej aich werrer offm Karussell saß, do koom mei Schwester en frecht, wu aich doa doas Geld herhätt fürsch Karussell en dej Dott Bomboms. Do hu aich er alles verzählt ... en mir sei hoam gegoange, en für us woar dej Kirmes verbei.

Bei su er Kirmes woard vill getrunke, en es goab moanchmol aach e Schläjerei, vier allem, wenns im dej Doanzerei en schiene Maarercher ging. Aach de Kirmeszuch om Sonndoach woar schie, weil sich dej Leu all su

Festlicher Kirmeszug.

Wir hatten einen selbstgebundenen Adventskranz an den Decke hängen, mit roten Kerzen, silberbemalten Tannenzapfen und Schleifen verziert.

Am Nikolaustag kam für mich, das Nesthäkchen, der Nikolaus samt Knecht Ruprecht, ich mußte ein Gedicht aufsagen und wurde ausgeschimpft für all die bösen Sachen, die ich das ganze Jahr über gemacht hatte. Dann mußte ich versprechen, niemals mehr böse zu werden, immer die Hausaufgaben zu machen und die Schule nie mehr zu schwänzen. Ich habe gedacht, versprechen kann man das ja mal, habe die Süßigkeiten entgegengenommen und gemeint, daß der Nikolaus und Knecht Ruprecht in den Büchern aber ganz anders aussahen, als diese beiden hier.

Ich glaubte sogar, das waren Freunde meiner Brüder. Wie sonst hätten sie alle meine Sünden so genau wissen können? Außerdem hatten sie Mäntel an, wie alle anderen Leute auch. Aber, habe ich überlegt, sagst mal schön deine Verschen auf, und wenn du Glück hast, geben sie dir wieder ein paar Bonbons. Und meine Brüder standen dabei und haben sich gefreut.

Da habe ich jedes Jahr wieder Gedichtchen aufgesagt und die Bonbons entgegengenommen. Weil sie mir immer was Gutes mitbrachten, konnte es mir egal sein, ob das nun wirklich der Nikolaus war oder die Freunde meiner Brüder!

Die Adventszeit war immer besonders schön. Dann dufteten im Backofen die Bratäpfel, es roch nach Plätzchen und guten, süßlich-fremden Gewürzen. Wenn unsere Mutter nicht im Haus war, haben wir Plätzchen gesucht, aber immer nur ein wenig davon genascht, daß sie es nicht so merken sollte. Ich glaube aber, sie wußte sehr wohl, daß sie kurz vor Weihnachten sowieso nochmal Plätzchen backen mußte.

Diese Adventszeit war wirklich geheimnisvoll, weil ja jeder von uns für die Eltern und Geschwister etwas basteln wollte, ohne daß die anderen es vorher sahen. Meine Brüder fertigten die schönsten Laubsägearbeiten, die sie farbig anmalten, wobei der Geruch der frischen Farbe verriet, daß sie an Weihnachtsgeschenken werkelten. Meine Schwester hat gestrickt, gestickt oder genäht, und das gab auch Überraschungsgeschenke. Und immer, wenn ich mal ganz leise in ein Zimmer schlich, um was zu sehen, gabs einen Aufschrei, und es wurde schnell ein Tuch darübergelegt. Wenn möglich, haben sie die Tür abgeschlossen und auch das Schlüsselloch zugehängt, und ich habe vor Weihnachten nichts gesehen, weil alle so aufpaßten.

Ich war damals noch zu klein, um was Vernünftiges basteln zu können. Deshalb half mir meine Mutter, aus Plätzchenteig schöne Figuren zu backen, und das waren meine Weihnachtsgeschenke. Die Geschwister haben erausgebotzt harre. En moanchmol woard e richtich Sau em Hoandwoa mitgefoahrn, doas woar doann de Kirmeswatz, der verlust ower versteichert woard. En spätere Joahrn saß stoatt dem Säuche en Moann em Hoandwoa owwer en er Kennerschees, en den noannt mer aach de Kirmeswatz. En meist woare e bißche besoffe en schwenkt dej Flasch en saat laurer domm Zeuch, domit alle lache mußte.

Wenn alles verbei woar, hu mir Kenn us im dej Girloande gezänkt, hu dej gekritte Stückcher en use Stowwe offgehunke, noch loang o dej Kirmes gedoocht en us offs nächste Joahr gefreut.

Advents- en Weihnachtszeit

Zoum erschte Advent hatt us Modder schu Plätzcher gebacke, goanz oafache Sorte, weil mer jo net su ville raffinierte Zoudoare hatt als wej heut. En se hu berwarersch gout geschmeckt. Mir harre en sebstgemoachte Adventskroanz o de Deck hinke mit ruure Kerze, silwerich ogemoolte Doannezappe en ruure Schlüppcher verziert.

Selbstgebastelter Adventskranz.

Om Nikelausdoach koom für maich, doas Nesthäkche, de Nikelaus soamt Knecht Ruprecht. Aich mußt e Gedicht offsoa en krooch gescholle für all dej biese Sache, dej aich des Joahr üwwer gemoacht hatt. Doann mußt aich verspreche, nie mieh bies ze sei, immer dej Hausoffgoawe ze mache en koa Schul mieh ze schwänze.

En aich hu gedoocht, verspreche koann mersch jo mol, hu e poar Zuckerstoa gekritt en hu als üwwerlecht, doaß de Nikelaus en aach de Knecht Ruprecht en de Bicher doch su oannerschter aussoache, wej dej zwaa hej. Aich glawe owwer, doas woarn Freunde vo meine Breurer. Wej härre se doa sonst all mei Sünde su genaa wisse konne? En außerdem harre se su Mäntel o, wej alle oannern Leu aach! Owwer aich hu gedoocht, säst emol dej Versch´cher off, wenn de Glück host, gewwe se dir e poar Bomboms. En mei Breurer stoanne debei en hu sich gefreut. Du hu aich broav e Gedichtche offgesaat en dej Seußichkeire genomme. En se sei aach em nächste Joahr werrer gekomme en brooche immer woas Goures mit. Do konnt mersch egal sei, ob doas wirklich de Nikelaus en su woar owwer Freunde vo meine Breurer.

Dej Adventszeit woar immer besonnersch schie. Doa däre ausm Backowe sich sehr darüber gefreut, aßen die Plätzchen auch gleich auf und meinten, sie würden besonders gut schmecken, weil sie mehr Aroma hätten, wenn sie mit ungewaschenen Fingern ausgestochen würden.

Weihnachten

Kurz vor Weihnachten holten unsere Buben mit dem Vater zusammen einen Weihnachtsbaum aus dem Wald. Den haben sie passend zurechtgeschnitten und auf den Boden gestellt, und er reichte bis zur Decke. Dann wurde er mit Lametta geschmückt, das wir nach dem Fest immer wieder abmachten und für das nächste Jahr aufbewahrten.

Dann kamen silbrige Kugeln unterschiedlicher Größe an den Baum und Glöckchen, die richtig und ganz zart läuteten, wenn man sie vorsichtig anfaßte. Weiße Kerzen rundeten das Schmücken ab und dann durfte niemand mehr in das Zimmer.

Das Warten dauerte endlos, und wir haben aus Übermut unsere Mutter geärgert, alle Türen dauernd geräuschvoll auf- und zugemacht und glaubten, daß es nie mehr dunkel würde ... bis auf einmal ein Glöckchen läutete und der Vater aus der versperrten Stube herauskam und meinte, das Christkind wäre gerade dagewesen, hätte mich aber nicht sehen wollen, weil ich schon wieder mein Kleid bekleckert hatte.

Dann sind wir ganz langsam in die Stube hineingegangen, haben glücklich auf die Kerzen geschaut, die man in allen Kugeln noch einmal sehen konnte, haben dann einen vorsichtigen Blick auf die Geschenke geworfen und sahen nicht viel, weil sie so tief unter dem Weihnachtsbaum versteckt waren.

Wir haben Weihnachtslieder gesungen, uns gegenseitig gedrückt und geküßt und uns „Frohe Weihnachten" gewünscht ... und durften endlich unter dem Baum nachsehen.

Es waren immer wieder Überraschungen, auch wenn man schon ahnte, was es sein würde, weil es ja in den Nachkriegsjahren immer so ähnliche Sachen waren.

Es gab nämlich Strümpfe und Pullover, Handschuhe und Schals, eine warme Strickkappe, aber auch Puppenkleider und ein paar Spielsachen, wie zum Beispiel eine Anziehpuppe aus Papier und viele Papierkleider dazu, die man ausschneiden mußte.

Es gab aber auch stabile Spielsachen, wie die aus Sperrholz ausgesägten Tiere für den Bauernhof, oder ein Männchen, das eine Leiter hinabkletterte,

Brotebbel dufte, es roch nooch Plätzcher en goure, seußlich-fremde Gewözze. En wenn us Modder net do woar, doann hu mer dej Plätzcher gesucht, en immer nur su e bißche devo genascht, doaß ses net groad su merke dät. Aich glawe owwer, se wußt, doaß se korz vier Weihnachte suwejsu noch mol Plätzcher backe mußt.

Dej Zeit woar wirklich geheimnisvoll, weil jo jeder vo us für dej Ellern en Geschwister woas basteln wollt, en dej onnern doas vierher net seh sollte. Mei Breurer däre schiene Laubsäjeerwete mache en bondich omoole, wubei de Geruch vo frische Foabb verroore hot, doaß se o Weihnachtsgeschenke basteln däre. Mei Schwester hot gestrickt, gestickt en genäht, en doas goab aach Üwwerraschungsgeschenke. En immer, wenn aich mol goanz leise ene Stobb geschliche sei, im woas ze seh, doann goabs die Krisch, en es woard schnell e Duch drüwwergelecht. Wenn miehlich, hu se dej Dier oabgeschlosse en aach doas Schlüsselloch zougehängt, en aich hu vier Weihnachte naut geseh, weil se all su offbasse däre.

Aich woar domols noch ze kloa, im was Gescheuts ze basteln. Deshalb, do hot mer mei Modder geholfe, en aich hu ausm Plätzchesdaig schiene Figurn gebacke, en doas woarn mei Weihnachtsgeschenke. Dej Geschwister hu sich ogg drüwwer gefreut, däre se groad esse en saare, dej däre besonnersch gout schmecke, weil se mieh Aroma härre, wenn se mit ugewäschene Finger ausgestoche wärn.

Weihnachte

Wenns doann bal Weihnachte woar, hu us Buwwe mirm Voadder zesoome en Weihnachtsboam ausm Wald gehollt. Den hu se bassend zerechtgeschnirre en offm Burre offgestellt, ene dät bis zour Deck reiche. Doann woarde mit Loametta geschmückt, doas mer immer werrer oabmoache en fürsch nächste Joahr werrer nemme konnt. Doann harre mir silwerne Kucheln en unnerschiedlicher Größe, en Glöckcher woarn aach debei, dej richtich en goanz fei läure däre, wemmer sche viersichtich opackt. Doann koome weiße Kerze o de Boam, en jetzt dofft mer naut mieh en dej Stobb. En su mußte mer woarde en hu dej Modder geärjert, en alle Diern dauernd off en zou gemoacht en

Anziehpuppe aus Papier mit Wechselkleidung.

wenn man es anschubste, einen Hampelmann oder ein selbstgebasteltes Mühlespiel, wo man statt der hölzernen Figuren bunte Knöpfe nahm.

Die Buben hatten ihre Eisenbahn aufgebaut und transportierten damit Nüsse und Plätzchen. Und am anderen Tag probierten sie mit Jörg aus, welche Lokomotive stärker war. Sie zogen die beiden Lokomotiven auf, stellten sie entgegengesetzt auf die Schienen und ließen sie gegeneinander fahren. Unsere Mutter sah das gar nicht gerne, und nur weil Weihnachten war, schimpfte sie nicht allzuviel.

Meine Schwester hat sich viel Zeit für mich genommen. Wir hatten eine wunderschöne, von den Eltern selbstgebastelte Puppenstube mit schönen Möbeln drin und winzigem Puppengeschirr, und sogar einen Lichtschalter mit Beleuchtung konnte man bedienen.

Unsere Mutter war jedesmal froh, wenn die Feiertage vorbei waren. Ich habe das nicht begreifen können, weil es so schön war und man nichts helfen mußte wie sonst, sondern den ganzen Tag Zeit zum Spielen hatte. Ich konnte nicht verstehen, wie schnell die Feiertage jedesmal vorbei waren und man alles wieder wegpacken mußte bis zum nächsten Jahr.

Silvester

Silvester wurde früher zu Hause gefeiert. Wir luden ein paar Freunde ein und feierten mit Musik und Tanz ins Neue Jahr hinein. Selbstgemachte Bowle, belegte Brotstücke und Gurken genügten uns zum Essen.

Höhepunkt unserer Silvesterfeier war ein großes Feuer, das wir auf dem Dappelerberg ansteckten, von wo aus man weit ins Dilltal und nach Greifenstein schauen konnte und auch gesehen wurde.

Wenn um Mitternacht die Glocken läuteten, steckten wir unser Feuer an, wünschten den Nachbarn lautstark alles Gute und horchten auf die Posaunenbläser von Katzenfurt, die das Neue Jahr mit schönen Melodien anfingen. Und genau um 0.00 Uhr fuhr der Schienenbus vorbei, der seine Tröte anstellte, um uns und die anderen zu grüßen.

So ein buntes Feuerwerk wie heute gab es damals nicht. Trotzdem wurde auch geschossen von Leuten, die ihre Gewehre in den letzten Kriegsjahren gut versteckt, und deswegen nicht verloren hatten. Und unsere Buben verschossen selbstgebastelte Kanonenschläge und Magnesium, das ein schönes Leuchtfeuer ergab.

Unsere Buben und ihre Freunde hatten direkt nach dem Krieg alle gefundene Munition, brauchbare wie auch leere Hülsen, gesammelt und in der glabte, doares nie mieh dunkel wern dät ... bis off oamol e Glöckche läure dät, en de Voadder aus de versperrt Stobb erauskoom en saat, doas Chriskinnche wär groad dogewest, hätt maich owwer net seh wolle, weil aich mei Klaad schu werrer dreckich hätt.

Do sei mer goanz loangsoam en dej Stobb enengegoange, hu glücklich off dej Kerze geguckt, dej mer en alle Kucheln noch emol seh konnt, en hu doann en viersichtiche Blick off dej Geschenke gewoffe en soache net vill, weil se su dejf innerm Weihnachtsboam verstickelt woarn. Doann hu mer Weihnachtslieder gesunge, us gejeseitich gedrückt en geküßt en us goure Weihnachte gewünscht ... en doffte endlich innerm Boam gucke.

Es woarn immer werrer Üwwerraschunge, aach wemmer schu oahnt, woas mer krooch, weils jo en de meiste Noochkriechsjoahrn su ähnliche Sache woarn. Es goab nämlich Strümp en Pullover, Hennsche en Schoal, e woarm Strickkapp, owwer aach Bobbeklaarer, ene poar Spillsache, wej zoum Beispiel e Odoubobb aus Babeier, en ville Bobbeklaarer dezou, en alles mußt mer sebst ausschneire.

Es goab aach stabile Spillsache, wej dej aus Sperrholz ausgesächte Dejern fürn Bauernhob, owwer e Männche, doas e Lader enoabklerrern konnt, wemmersch oschupst, en Hoampelmoann owwer e sebstgebastelt Mühlspiel, wu mer stoatt hölzerne Figurn bondiche Knöpp zoum Spille nohm. En dej Buwwe harre ihr Eiseboh offgebaut en däre domit Nüss en Plätzcher spaziern foahrn. En om oannern Doach däre se mirm Jörg ausbrowiern, welche Lokomotiv stärker woar. Se däre dej Lokomotive offzeje, entgejegesetzt off dej Schiene stelle en offenoanner luslorre. Us Modder konnts goarnet seh en dät owwer nur su e bißche schelle, weils doch Weihnachte woar.

Silvesterfeuer

Mei Schwester hot vill mit mir gespillt, mir harre nämlich aach e wonnerschie vo de Ellern sebstgebastelt Bobbestobb mit feine Möwel dren un winzich Bobbegeschirr en segoar en Lichtschalter un Beleuchtung dren.

Us Modder woar fruh, wenn dej Feierdoache verbei woarn. En aich hu doas net begreife konne, weils su schie woar, mer naut helfe mußt wej sonst, sonnern de goanze Doach Zeit hatt ze spille. En konnt net verstieh, wej schnell dej Feierdoache verbei woarn en mer alles werrer wegpacke mußt bis zoum nächste Joahr.

Scheune von Horst's Opa zu allerlei Silvesterüberraschungen zusammengebastelt. Zum blanken Entsetzen unserer Eltern und Horst's Angehörigen, hatten die Buben in der Scheune herumgebastelt, und damit man sie bei ihren Basteleien nicht sah, hatten sie sich eine Ecke hinter dem Heu als Werkstatt hergerichtet. Und in all den Jahren, bis sie erwischt wurden, ist zum Glück nichts passiert!

Unsere Mutter schlug genau um Mitternacht die Bibel an einer beliebigen Stelle auf, hat einen Vers gelesen und diesen zum Jahresmotto ernannt.

Und gewiß hatte sie mit den Schutzengeln den Vertrag verlängert für ihre Kinder. Denn alleine hätte das kein Mensch geschafft, vier so wilde Kinder vor all den vielfältigen Gefahren zu beschützen, wie es unsere Mutter, unsere Eltern schafften.

Und dafür sind wir ihnen noch heute dankbar, auch wenn sie nicht mehr leben, und vergessen nicht, daß sie uns trotz aller Armut eine wunderschöne, unbekümmerte Jugendzeit bescherten und trotz aller Schwierigkeiten und Geldsorgen eine gute Ausbildung ermöglicht und damit den Weg ins Leben geebnet haben.

Sylvester

Sylvester woard freuher dehoam gefeiert. Mir däre e poar Freunde enloare en dehoam mit Mussick en Doanz ens Neue Joahr enenfeiern. Sebstgemoacht Boole, belechte Brutstückcher, Gurke en su dät us als Esse genüje. Höhepunkt vo user Sylvesterfeier woar e gruß Feuer, doaß mer offm Dappelerberg moache, vo wu aus mer weit ens Dilldoal en noch Greibstoa gucke konnt en aach geseh woard.

Wenn im Middernoacht dej Glocke läure däre, stickte mir us Feuer o, wünschte us en de Nochbern alles Goure en horchte off dej Posaunebläser vo Katzewert, dej des Neu Joahr mit schiene Melodije ogefoange hu. En genaa im Middernoacht dät en Schienebus durch Katzewert foahrn, der sei Tröt omoach, im us en dej Oannern ze grüße.

Su bondich Feuerwerk wej heut goabs domols net.Trotzdem woard aach geschosse vo Leu, dej ihre Gewehrn en de letzte Kriechsdoache gout verstickelt en desweje net verlorn harre. En us Buwwe verschosse sebstgebastelte Koanuneschläg en Mangnesium, doas e schie Leuchtfeuer ergoab.

Us Buwwe en ihre Freunde harre direkt nooch em Kriech alle gefonnene Munition, brauchboare wej aach leere Hülse, gesoomelt un en de Scheuer vom Horst seim Opa zou allerlei Sylvesterüwwerraschunge zesoomegebastelt. Zoum bloanke Entsetze vo use Ellern en dem Horst seine Großellern, harre dej Buwwe doch en de Scheuer erimgebastelt, en domit doaß mer sche bei ihre Basteleie net soach, harre se sich e Eck hinnerm Haa als Werkstoatt hergericht. En all den Joahrn, bis se erwischt woarde, es zoum Glück naut bassiert.

Us Modder dät genaa im Middernoacht dej Biwel o irgend oaner beliebich Stell offschlo, hot e Versch´che gelese en doas zoum Joahresmotto ernoannt. En gewiß hatt se mit de Schutzengel den Vertroag verlängert für ihre Kenn. Weil, eloa hätts koan Mensch geschafft, su vejer wille Kenn vo all dene vielfältiche Gefoahrn ze bewoahrn, wejs us Modder, use Ellern higekritt harre.

En dofür sei mir ihne noch heut doankboar, aach wenn se naut mieh lewe, en vergesse net, doaß se us trotz aller Oarmut e wonnerschie, ubekümmert Juchendzeit ermöglicht en trotz aller Schwierichkeire en Geldsorje e gout Ausbildung gegewwe en domit den Weg ens Lewe geebnet hu.

Anmerkung zu * auf Seite - 14 - (Hochdeutschversion)

Adolf Hennecke förderte als Grubenarbeiter das Mehrfache der geforderten Tagesnorm und wurde als Musterbeispiel für Ehrgeiz und Fleiß in der ehem. DDR hoch geehrt.

Anmerkung zu * auf Seite - 76 - (Hochdeutschversion)

Als Anreiz zum Einkauf bestimmter Markenartikel gab es z.B. bei Margarine und Haferflocken für Kinder Bilder, die man sammelte und in eigens dafür erhältlichen Alben einklebte.

Fotonachweis

Archiv Horst Geiß: 171 / 219

Archiv Hoffmann: alle anderen

alle Federzeichnungen: Marlit Hoffmann